教育评估文库

JICHU JIAOYU XUEXIAO PINGGU XINSHIJIE

基础教育学校评估新视界

上海市教育评估院　组织编写

陈效民等　著

高等教育出版社·北京
HIGHER EDUCATION PRESS　BEIJING

内容简介

　　本书既有对我国当前基础教育学校评估工作的新思考，也包括中外基础教育学校评估工作的历史回溯和现实借鉴。全书共八章，具体内容包括：科学发展观指导下对学校评估工作的思考、我国基础教育学校评估的历史回溯、我国转型期基础教育学校评估发展的现状——以长三角地区为例、基础教育学校评估的国际视野、基础教育学校的办学标准与评价指标、基础教育学校评估指标体系模块化的构想、基础教育学校评估的实施、基础教育学校评估方案与指标选评。

图书在版编目（CIP）数据

基础教育学校评估新视界/陈效民等著；上海市教育评估院组织编写. --北京：高等教育出版社，2012.4
（教育评估文库）
ISBN 978-7-04-033642-9

Ⅰ.①基…　Ⅱ.①陈…②上…　Ⅲ.①基础教育-学校管理-教育评估-研究-中国　Ⅳ.①G637

中国版本图书馆 CIP 数据核字(2012)第 021699 号

策划编辑　姚云云　刘金菊　　责任编辑　李黎阳　姚云云　　封面设计　王　雎
版式设计　范晓红　　　　　　责任校对　殷　然　　　　　　责任印制　张福涛

出版发行	高等教育出版社	咨询电话	400-810-0598
社　　址	北京市西城区德外大街 4 号	网　　址	http://www.hep.edu.cn
邮政编码	100120		http://www.hep.com.cn
印　　刷	北京奥鑫印刷厂	网上订购	http://www.landraco.com
开　　本	787mm×1092mm　1/16		http://www.landraco.com.cn
印　　张	13.5	版　　次	2012 年 4 月第 1 版
字　　数	260 千字	印　　次	2012 年 4 月第 1 次印刷
购书热线	010-58581118	定　　价	35.10 元

本书如有缺页、倒页、脱页等质量问题，请到所购图书销售部门联系调换
版权所有　侵权必究
物 料 号　33642-00

《教育评估文库》编委会

建立科学的教育评估理论
——《教育评估文库》总序

在人类发展的长河中,教育出现之际,教育的评估也就伴之而生。其评估不外乎由家庭、社会、政府或是由受教者、育人者、专家学者作为,或是对学生、教师、设施、课程等的微观性评估,或是对教育过程、教育内容、教育效果、教育策略等的宏观性评估。其范围之广与教育步步相应。就评估本身而言,又涉及评估标准、评估人员、评估方法、评估技术、评估结果、评估自身估计等诸多内容,并涉及了许多学科和技术。但评估不外乎是运用各种合理的手段对教育的各方面进行评价,以发现优良之举,找出不足之处,继而以公布排名、分级或评估分析报告的形式让公众知晓,以供选学之用;让教育方得知,以改进教学;让政府了解,以供决策之依据。

教育的重要性决定了人们对教育评估的关注度。目前,世界上许多国家都有专门的评估机构,国际上还成立了国际高等教育质量保障组织联盟(INQAAHE),亚太地区也成立了教育质量保障组织联盟(APQN),每年召开会议研讨教育评估的开展。

教育管理结构科学化决定了世界上大部分国家和地区教育管理和服务的"1+3"形式,即政府教育主管部门加上教育科学研究、教育评估和教育考核。我国许多省市自20世纪90年代中期开始就形成了这样的科学框架,并发挥了很好的作用。

教育本身的开放性和当今国际交流的发展要求每个国家和地区的教育要参与到相应的国际活动中去,并提出有水平的建议,共同提高教育水平。教育评估也是如此。

上海市教育评估院成立于2000年,前身是成立于1996年的上海市高等教育评估事务所。现在,上海市教育评估院已发展为拥有基础教育评估所、职成教评估所、高等教育评估所、医学教育评估所和综合教育事务评估所共五大评估所的从事各级各类教育评估的专门机构。为适应教育评估的发展与提升,上海市教育评估院除了参与评估、参与国内外交流外,还意在教育评估的理论和应用研究上建立更系统的内涵,于是决定出版《教育评估文库》。

《教育评估文库》是教育评估理论和应用研究成果的汇集,它包含了教育评估的基础内容,如《中国教育评估史》等一系列著作;也包括了涉及教育评估应用技术的汇编,如"教育评估标准"、"教育评估规程"等;还包括教育评估的专业理论,如"跨境教育认证"等;并涉及了评估本身评价的《教育评估的可靠性研究》等著作;当然也可包含对境外著作的翻译。总之,它涉及了教育评估的基础理论、专业基础、专业科学、应用技术等多个方面。我们的期望是一册又一册地出版,不断丰富文库。

《教育评估文库》将是众多学者的知识贡献,我们非常热忱地欢迎各方学人参与文库建设,共同托起教育评估的辉煌。

教育犹如奔腾不息之江,前浪不止,后浪又涌;教育又如连绵的山脉,一峰才登,又见高山。作为一名教育人,为此事业而奉献,无限欣慰;为此而建树,无限光荣。人们将永远感谢为教育而为的人,当然也包括为教育评估而为的人。以此为序,愿教育评估成功!

张伟江

2009 年 3 月

序

近年来,随着我国义务教育的基本普及,基础教育进入了一个新的发展阶段。教育公平和提高质量成为社会持续关注的热点,由此教育评估也逐渐从边缘走向中心。

对基础教育的改革与发展,可以从不同的角度进行解读和研究。在此,我们试图从学校教育评价的视域,进行思考和探讨。这些年来,我国基础教育学校评价的理论和实践伴随着丰富生动的学校改革实践有了长足的进步和发展,"但从总体上看,对素质教育如何进行评价及指标体系的建立尚在探索之中,更未被实践者所掌握"(朱小蔓:《素质教育评价:理念与思路》,《人民教育》2007 年第 9 期,32页);学校教育现实中存在大量的选拔性评价,与基础教育的均衡发展背道而驰;教育评价实施环境、教育评价实施主体和运行机制等方面也存在一些盲区和误区。因此,进一步明确当前基础教育改革与发展的任务,确立先进的学校教育评估理念,探索符合国情、符合基础教育学校评价规律的督导评估方法,建立起学校内部与外部评价、政府督导与社会评价结合的评价机制,从而让基础教育学校评价在科学发展观指导下健康发展,是我们从事教育评估工作者的使命。

本书试图将理论与实践结合,探讨基础教育学校评估中的一些新理念、新实践,故定名为《基础教育学校评估新视界》。本书第一章从科学发展观指导下的学校评估面临的新形势新挑战出发,分析勾勒了学校评估的时代任务。第二、三章回顾了进入新世纪以来国内基础教育学校评估的理论研究与实践发展的现状,以长三角地区为例试图做较为深入的介绍,从而让我们能从点和面的结合上把握现状和趋势。第四章国际视野部分则从理论发展、国别实践两条线给我们提供了国际同行的经验,尤其是四个案例选择有一定代表性。第五、六章聚焦基础教育学校办学标准和学校评估指标,集中分析了办学标准和评估指标的内涵、国内办学标准制定滞后的现状以及目前应对之策;这一部分还提出建立基础学校评估指标模块库的新构想。第七章从方案、流程、专家遴选和管理——详述学校评估的组织实施,本章中学校评估的元评估应该会引起我们的共同关注。为了给读者提供更多的可资借鉴的案例,第八章列举了部分基础教育学校评估方案和指标,并进行简评。

全书由陈效民策划和提出总体结构框架,并协调各章撰写。各章执笔人员如下:第一章杨琼撰写,第二章杨琼、严芳撰写,第三章陈效民、杨琼撰写,第四章黄丹凤撰写,第五章陈效民、杨琼撰写,第六章陈效民撰写,第七章朱丽、严芳撰写,第八

I

章严芳、杨琼、黄丹凤、朱丽共同撰写。全书最后由陈效民负责修改和统稿。

　　本书写作从一开始就得到张伟江教授的指导和鼓励,使我们能在从事繁忙的评估业务的同时,不断克服困难努力前行。同时在撰写中,我们参阅了大量国内外在学校评价领域的研究成果,受益匪浅。本书中凡直接引用的都已在脚注中指明,但一些研究成果对我们的启示很难一一注明,在此特表达谢意。

陈效民

2010 年 6 月

目 录

第一章　科学发展观指导下对学校评估工作的思考

《国家中长期教育改革与发展规划纲要(2010—2020年)》(以下简称《教育规划纲要》),是指导中国当前及未来教育发展的纲领性文件,必将对中国各级各类教育产生重要的影响。《教育规划纲要》明确地提出了我国要建立和完善国家教育基本标准,整合国家教育质量监测评估机构及资源,完善监测评估体系,定期发布监测评估报告。这些都凸显了国家改革和完善教育管理体制的决心,尤其对评估事业的高度关注和重视。这是科学发展观提出的全面、协调和可持续发展的要求在教育领域的具体而完整的体现,为教育评估工作指明了未来发展的方向和改革的路径。这就需要我们对如何更好地完善和发展学校评估工作进行理性的分析、思考和定位。

第一节　新形势下对基础教育学校办学目标的正确定位

基础教育是国民教育的基础,是人才培养的基础,是国家竞争力的基础。20世纪80年代以来,世界各国掀起了基础教育改革的浪潮,出台了许多有重要影响的基础教育改革政策与法规,推动基础教育的改革与发展。我国也不例外。改革开放以来,党和国家一直将教育管理体制改革作为教育改革的重心之一,并于1985年颁布了《中共中央关于教育体制改革的决定》,由管理体制改革拉开了中国教育改革的序幕。此后,我国出台了一系列的教育政策和法规来进一步加强和完善教育改革与发展,从而有力地推动了我国教育事业的快速发展和全面提高。基础教育学校在由改革开放之初的"两基"(基本普及九年义务教育和基本扫除青壮年文盲)目标的初步实现向现在的学校内涵化发展转型,向优质、均衡化发展目标迈进。因此,贯彻落实《教育规划纲要》和践行科学发展观,首先需要对新形势下基础教育学校的办学目标定位进行探讨。

一、基础教育学校发展进入到一个新的发展阶段

改革开放以来,我国基础教育取得了辉煌成就。"两基"的目标初步实现,素质教育全面推进,特别是"十六大"以来,我国基础教育实现了又好又快的发展,已经站在了一个新的历史起点上。其重要标志是:提高国民整体素质成为全党全社

会的高度共识,基础教育的战略性地位进一步确立;建立在公共财政基础上的义务教育保障机制基本确立并不断完善,省级统筹、以县为主的教育管理体制更加明确;政府实施的西部地区"两基"攻坚等一系列重大工程完成,广大农村和边疆地区学校面貌焕然一新,让所有适龄儿童都能接受义务教育的历史性任务即将完成;基础教育课程改革全面展开,素质教育不断深入,学校面貌和整体教育质量正在发生深刻而积极的变化;基础教育各项事业在新的形势下保持了良好的发展态势,教育普及程度进一步提高。[1] 从下表我们也可以看出基础教育学校发展进入了一个新的发展阶段,可以预见,未来我国的基础教育将在《教育规划纲要》指导下提升到一个更好、更高的层面和高度。

表1-1 基础教育发展变化一览

教育阶段	年份	1993年	2007年
九年义务教育	所占人口比率(%)	45.0	99.0
	小学学龄人口入学率(%)	97.7	99.5
	初中毛入学率(%)	73.1	98.0
高中阶段教育	普通高中在校生(万人)	656.9	2 522.4
	中等职业教育在校生(万人)	762.4	2 000
	高中阶段毛入学率(%)	28.4	66.0

(数据来源:选自教育部基础教育质量监测中心辛涛教授的文章《基础教育质量监测:教育质量保证的必然选择》)

表1-2 教育事业发展主要目标

教育阶段	年份	2009年	2015年	2020年
学前教育	幼儿在园人数(万人)	2 658	3 530	4 000
	学前三年毛入园率(%)	50.9	62.0	75.0
	学前一年毛入园率(%)	74.0	90.0	95.0
九年义务教育	在校生(万人)	15 772	16 100	16 500
	巩固率(%)	90.8	93.0	95.0
高中教育	在校生(万人)	4 624	4 500	4 700
	毛入学率(%)	79.2	87.0	90.0

(数据来源:《教育规划纲要》,第二章战略目标与战略主题,第四条)

---

[1] 姜沛民:《基础教育要承担起党的十七大赋予的新的历史重任》,《中国教育报》2007年11月1日。

二、基础教育学校的新发展对学校评估制度的挑战

当前,我国基础教育呈现出新的阶段性特征:学生有学上的问题已经基本解决,上好学的问题成为突出矛盾;数量和规模的问题已经基本解决,质量和结构的问题成为主要矛盾。从总体来看,全面提高教育质量,全面实施素质教育已成为今后各级各类教育包括基础教育的发展重点,也是当前教育改革和发展的中心任务。但在当前,全面实施素质教育面临诸多困难和挑战,特别是社会经济文化多种因素综合形成了强大的升学竞争压力,很多地方以升学率作为评价学生、教师、学校的主要标准。这样,片面追求升学率的倾向愈演愈烈,违背了教育方针,违背了教育规律,违背了素质教育的要求,必须采取切实措施加以改变。①

为此,《教育规划纲要》第三十三条提出了"要改革教育质量评价和人才评价制度。改进教育教学评价。根据培养目标和人才理念,建立科学、多样的评价标准。开展由政府、学校、家长及社会各方面参与的教育质量评价活动。做好学生成长记录,做好综合素质评价。探索促进学生发展的多种评价方式,激励学生乐观向上、自主自立、努力成长。改进社会人才评价及选用制度,为人才培养创造良好环境。树立科学人才观,建立以岗位职责为基础,以品德、能力和业绩为导向的科学化、社会化人才评价发现机制。"

改革开放以来,党和国家一直在不断完善教育管理的手段和方式,在出台的一系列教育法律法规中多次提到了教育评估手段的作用,并在《中华人民共和国教育法》(以下简称《教育法》)中将教育评估作为一项基本的教育制度予以规定。《中共中央关于教育体制改革的决定》是我国改革开放以后的第一部重要的教育改革文件,对中国的教育产生了深远的影响,其第四项规定:"教育管理部门还要组织教育界、知识界和用人部门定期对高等学校的办学水平进行评估,对成绩卓著的学校给予荣誉和物质上的重点支持,办得不好的学校要整顿以至停办。"1995年9月1日起施行的《教育法》第二章教育基本制度,包含八项制度和一项工作(扫盲)。其中第二十四条提出:"国家实行教育督导制度和学校及其他教育机构教育评估制度。"1993年发布的《中国教育改革和发展纲要》是指导我国教育面向21世纪如何改革与发展的重要文件,其中第十八条:"政府要转变职能,由对学校的直接行政管理,转变为运用立法、拨款、规划、信息服务、政策指导和必要的行政手段,进行宏观管理。要重视和加强决策研究工作,建立有教育和社会各界专家参加的咨询、审议、评估等机构,对高等教育方针政策、发展战略和规划等提出咨询建议,形成民主的、科学的决策程序。"1999年发布实施的《中共中央国务院关于深化教育改革全面推进素质教育的决定》第十一条指出:"在高中及其以上教育的办学水平评估、人力资源预测和毕业生就业指导等方面,进一步发挥非政府的行业协会组

---

① 周济:《全面开展质量监测,建立健全基础教育质量保障体系》,《中国教育报》2008年2月4日。

织和社会中介机构的作用。"国务院 2010 年审议通过的《教育规划纲要》提到要建立国家教育质量监测和评估机构,并就进一步完善教育评估制度和教育评估体系提出了一系列具体的规定和要求。这再次彰显了国家和政府对教育评估工作的重视,以及根据教育发展的需要和人民群众的需求加大改革力度的英明决策。

从上述国家出台的一系列教育政策和法规来看,学校评估制度正处在不断完善和发展的过程中,但是,在基础教育学校快速发展和由规模发展向内涵发展转型的过程中,学校教育评估制度也必然会面临一些挑战,亟需我们进一步重视和研究。首先,学校评估制度的价值取向问题,即学校评估制度何为的问题。是作为政府转变管理职能、进行宏观管理的手段,引导学校发展的方向标;还是社会了解和参与学校教育工作的一种途径和方式;抑或是多种目标共存? 这些需要厘清。其次,学校评估制度的指标和体系问题。《教育规划纲要》对学校评估制度的指标和体系的建立与完善均提出了明确的要求。我们如何基于基础教育学校的现状来贯彻和落实,并有效引导基础教育学校的发展等都值得我们深思和研究。

三、新形势下基础教育学校办学目标的定位分析

改革开放以来基础教育取得了令人瞩目的成就,基础教育学校也由规模化发展转向内涵式发展,以人为本,注重教育质量的改进和提升。在新的形势下,如何改进教育质量管理手段,如何贯彻落实科学发展观,更好地发展基础教育,满足人民群众多元化的教育需求,办让人民满意的教育,需要我们对基础教育学校的办学定位重新进行理性的思考和分析。

(一) 基础教育学校办学目标内涵和正确把握

学校办学目标是学校发展前景的形象设计,是学校未来要达到的办学质量标准。学校办学目标一旦确定,就具有强大的感召力和凝聚力。[①] 到目前为止,我国并没有在相关的教育法律法规中系统、明确规定基础教育学校在内涵质量方面的办学标准,但是对于基础教育学校应该达到的一些基本办学条件和具体的办学要求,以及学校的建设标准都有法律规定。学校教育内涵方面的要求大多体现在一些政策文件中,需要我们综合把握。

学校在制定、确立办学目标的过程中需要注意:第一,要保证学校的办学目标方向正确。正确的办学目标来源于正确办学思想和先进的教育观念。谁能把握住这一点,谁就能在学校的改革和发展中以新的思路、新的举措站在前列,使学校各方面与时俱进。第二,对办学目标的达到程度要作具体描述。因为没有目标的达到程度和标准,是无法对其进行考核、评价的。第三,实现目标的作用点的位置要正确确定。从目前的情况来看,一般学校在办学目标方向的确定上不存在问题,但在实现目标作用点的选择上往往出现偏差,使得工作结果偏离了学校的目标方向。

---

① 陈玉云:《学校办学目标设计与思考》,《教育发展研究》2007 年第 11 期。

如：从理念上讲,学校对实施素质教育的认识是清楚的,但在实践中由于过于看重考试排列名次,往往把学生的考试分数放在第一位,不少学校不惜采取种种手段和措施提高学生成绩,使全面实施素质教育成了一句空话,严重地违背了国家的教育方针;有的学校在提高办学硬件水平方面做了大量工作,而对教育思想观念的更新、学校教育教学的管理却重视不够,结果使大量的现代化的教学设备闲置或者利用率不高,造成严重浪费;有的学校为提升学校形象投入了大量时间、精力、资金,而不注意练“内功”,结果表面文章做了不少,其教育质量却不能令人满意。由此可以看出,实现目标作用点的选定,对能否保证办学目标始终沿着正确方向前进,高效率地完成目标任务,最终实现办学目标起着至关重要的作用。第四,要注意目标的预测特性。学校办学目标实际上是一种期望值,是希望未来学校要达到的某种境界,因此,学校在制定办学目标时,除必须对国家的教育方针政策、法律法规以及学校的任务有正确的认识外,还必须对学校的周边环境、人文情况和学校历史、现状作详尽的分析和研究,做好对未来的预测。只有这样,才能在制定学校目标时克服主观盲目性,使确定的办学目标在具备先进性的同时具备可行性和可操作性,从而起到为学校的各项工作指明方向,激励人们为实现目标而努力奋斗的作用。①

（二）基础教育学校办学目标的变化与发展

改革开放以来,国家出台的一系列教育政策与法规中多次提到有关基础教育学校的办学目标问题,这种关于办学目标的表述,随着经济社会的发展、教育的发展以及人民群众对教育的需求而不断适时地加以调整和完善。

第一,国民教育,注重基础性。

《中共中央关于教育体制改革的决定》首次提出:“义务教育,即依法律规定适龄儿童和青少年都必须接受,国家、社会,家庭必须予以保证的国民教育,为现代生产发展和现代社会生活所必需,是现代文明的一个标志。”从改革开放之初国家对基础教育的重视,尤其是对义务教育的重视可以看出,基础教育不仅在整个教育体系中处于中心地位,而且是一种国民教育,关系到国民生活的质量和水平。因此,基础教育学校办学目标首先应该是注重基础性,即以人为本,为个人的终生发展打基础,为国民素质的提高奠定基础。

第二,素质教育,注重全面性。

《中共中央国务院关于深化教育改革全面推进素质教育的决定》（以下简称《决定》）开篇提出:“全党、全社会必须从我国社会主义事业兴旺发达和中华民族伟大复兴的大局出发,以邓小平理论为指导,全面贯彻落实党的十五大精神,深化教育改革,全面推进素质教育,构建一个充满生机的有中国特色社会主义教育体系,为实施科教兴国战略奠定坚实的人才和知识基础。”

---

① 潘四发、吕文元:《从目标的特性来谈学校目标管理过程中应注意的问题》,http://58.118.0.28/plus/view.php? aid=2359.

《决定》指出:"实施素质教育,就是全面贯彻党的教育方针,以提高国民素质为根本宗旨,以培养学生的创新精神和实践能力为重点,造就'有理想、有道德、有文化、有纪律'的、德智体美等全面发展的社会主义事业建设者和接班人。""实施素质教育应当贯穿于幼儿教育、中小学教育、职业教育、成人教育、高等教育等各级各类教育,应当贯穿于学校教育、家庭教育和社会教育等各个方面。在不同阶段和不同方面应当有不同的内容和重点,相互配合,全面推进。在不同地区还应体现地区特点,尤其是少数民族地区的特点。实施素质教育,必须把德育、智育、美育等有机地统一在教育活动的各个环节中。学校教育不仅要抓好智育,更要重视德育,还要加强体育、美育、劳动技术教育和社会实践,使诸方面教育相互渗透、协调发展,促进学生的全面发展和健康成长。"

学校实施素质教育,是我国学校教育发展到一定阶段的必然趋势。这是我国教育领域中的一场重大变革,是一种转型。因此,实施素质教育,就必然要求基础教育学校在实施素质教育的过程中,面向全体,关心全体学生的身心健康发展,注重提升学生的综合素质。

第三,民族素质,注重公共性。

新修订的《中华人民共和国义务教育法》(以下简称《义务教育法》)第一条就规定:"为了保障适龄儿童、少年接受义务教育的权利,保证义务教育的实施,提高全民族素质,根据宪法和教育法,制定本法。"第二条指出:"义务教育是国家统一实施的所有适龄儿童、少年必须接受的教育,是国家必须予以保障的公益性事业。"第三条规定:"义务教育必须贯彻国家的教育方针,实施素质教育,提高教育质量,使适龄儿童、少年在品德、智力、体质等方面全面发展,为培养有理想、有道德、有文化、有纪律的社会主义建设者和接班人奠定基础。"为了实现上述的学校办学目标,《义务教育法》第五条规定:"各级人民政府及其有关部门应当履行本法规定的各项职责,保障适龄儿童、少年接受义务教育的权利。适龄儿童、少年的父母或者其他法定监护人应当依法保证其按时入学接受并完成义务教育。依法实施义务教育的学校应当按照规定标准完成教育教学任务,保证教育教学质量。社会组织和个人应当为适龄儿童、少年接受义务教育创造良好的环境。"此外,《义务教育法》还对学校办学标准提出了具体的要求,即"学校建设,应当符合国家规定的办学标准,适应教育教学需要;应当符合国家规定的选址要求和建设标准,确保学生和教职工安全。"

《义务教育法》的一大核心理念是基础教育是关系到民族素质的大事,应通过法律保障所有的基础教育学校,特别义务教育学校的公共性,即在公共财政支持下的义务教育学校应该均衡发展。教育部为此还发布了一项意见,即《教育部关于贯彻落实科学发展观 进一步推进义务教育均衡发展的意见》(教基一[2010]1号),要求将推进均衡发展作为义务教育改革与发展的重要任务,要以提高教育质量、促进内涵发展为重点,以此推进义务教育均衡发展,并提出要加强制度建设,依法建立和完善推进义务教育均衡发展的有效工作机制。

第四,提高质量,注重多元性。

《教育规划纲要》把提高质量作为教育改革发展的核心任务,这是新时期学校发展的必然要求,也是学校办学目标在新时期的具体体现。《教育规划纲要》在第一章工作方针中指出,"树立科学的质量观,把促进人的全面发展、适应社会需要作为衡量教育质量的根本标准。树立以提高质量为核心的教育发展观,注重教育内涵发展,鼓励学校办出特色、办出水平,出名师,育英才。建立以提高教育质量为导向的管理制度和工作机制,把教育资源配置和学校工作重点集中到强化教学环节、提高教育质量上来。制定教育质量国家标准,建立健全教育质量保障体系"。因此,在未来一个时期,我国教育包括基础教育,将坚持以人为本、推进素质教育。这是教育改革发展的战略主题,是贯彻党的教育方针的时代要求。其核心是解决好培养什么人、怎样培养人的重大问题,重点是面向全体学生、促进学生全面发展,着力提高学生服务于国家人民的社会责任感、勇于探索的创新精神和善于解决问题的实践能力。

提高教育质量、促进学校的内涵发展,将会是我国教育发展的中心任务。对于基础教育学校而言,则是在提高教育质量、促进内涵发展的过程中,更加注重均衡发展中的多元性。应该认识到基础教育,尤其是义务教育均衡发展,是国家的一项基本国策,在保证义务教育学校办学条件和建设标准一致的前提下,鼓励学校多元化发展,以此更好地满足人民群众对优质教育的多元化需求,这应该是所有的义务教育学校在办学目标中都应该考虑的基本要求。

第二节　基础教育均衡发展背景下学校评估的新视角

一、基础教育均衡发展的基本内涵和阶段

基础教育均衡发展旨在保障公民享有平等受教育的权利,是实现教育公平的重要标志。作为教育公平理念的基本实践,基础教育均衡发展越来越受到人们的普遍关注。

教育均衡,实质上是指在教育公平思想和教育平等原则的支配下,教育机构、受教育者在教育活动中,实行平等待遇的教育理念和确保其实际操作的教育政策和法律制度。教育均衡发展包括受教育机会均等,教育资源配置、教育过程均衡,教育质量和教育结果均衡。[1] 基础教育均衡发展,就是在教育公平思想和教育平等原则的支配下,国家、各级政府和教育部门制定的有关基础教育法律、法规和政策都要体现教育均衡发展的基本思想,地区之间、城乡之间、学校之间、群体之间的

---

[1] 翟博:《中国基础教育均衡发展实证分析》,《教育研究》2007年第7期,第22-30页。

基础教育资源必须合理均衡配置;各级学校和教育机构,在具体的教育教学活动中,要为每一个受教育者提供均衡的教育机会和发展空间。

1986 年,《义务教育法》第一次将实施九年义务教育以法律形式确定下来。20 年后,即 2006 年修订的《义务教育法》第六条明确提出"促进义务教育均衡发展";2007 年 10 月的十七大报告中也明确提出"优化教育结构,促进义务教育均衡发展"。尤其是 2010 年 7 月颁布的《教育规划纲要》中也指出"推进义务教育均衡发展","均衡发展是义务教育的战略性任务","率先在县(区)域内实现城乡均衡发展,逐步在更大范围内推进"。正如国务委员刘延东在 2009 年"全国推进义务教育均衡发展经验交流会"上所言:"推进义务教育均衡发展,是党和国家着眼现代化建设全局和经济社会发展的阶段性特征,着眼满足群众接受更公平和更高质量教育的新期盼,对义务教育发展提出的方向性和制度性要求。"可见,促进义务教育均衡发展已成为新时期我国教育发展的战略方针,也是我们研究义务教育和基础教育发展的全新视角。

由于区域间社会、经济和教育发展的基础不平衡,加之某些政策法规不完善或贯彻执行上的差距等,从总体上看,基础教育均衡发展是一个相对的、动态的、长期的过程。基础教育均衡发展的基本内涵应从以下几个方面理解。

首先,基础教育均衡发展与学校特色发展不是相互矛盾的,而应该相得益彰。基础教育均衡发展不是搞"一刀切",不是要求所有学校都按照一个水平和统一模式去办学;而是要在办学资源、师资水平相对均衡的情况下,进一步鼓励学校深化课程教学改革,办出自身特色,从而为每一个孩子主动并有个性的发展创造更多空间和可能。其次,基础教育均衡发展不是"削峰填谷",均衡并不是简单的平均,更不是低水平的发展,而是要求共同发展。

资源的均衡配置是基础教育均衡发展的基础,各级政府及教育行政部门应调整思路,做好战略规划,在经费投入和资源配置上,强化对困难区域和学校的政策倾斜,多一点"雪中送炭",少一点"锦上添花"。在政策层面和制度层面避免非均衡的导向,有效利用督导评估等手段正确引导基础教育学校均衡发展。

《中国教育报》副总编辑翟博曾提出,教育均衡发展特别是基础教育均衡发展可分为四个阶段:(1)低水平均衡阶段,也就是普及义务教育阶段。(2)初级均衡阶段,这个阶段主要以追求教育资源合理均衡配置为目的。(3)高级均衡阶段,这个阶段深化学校教育改革,加强学校教育内部建设,追求教育质量的均等,办出学校特色,让每个学生最大限度地发挥自己的特长和学习潜能。(4)高水平均衡阶段,教育资源极大丰富,不同受教育群体之间的差别极大缩小,每一个学生都能接受相对均等的教育,都能最大限度地发挥自己的特长和学习潜能、获得学业成功。[1]

---

① 翟博:《教育均衡发展需要明确哪些理论问题》,《中国教育报》2006 年 7 月 29 日第 3 版。

二、基础教育学校评估的新视角

基础教育的质量高低,关乎全体公民的基本素质。为实现基础教育均衡发展,政府有责任和义务通过制度性安排和各种政策手段建立和完善基础教育质量保障体系,创造平等受教育的条件,满足每一位适龄儿童的教育需求。基础教育均衡发展的基本理念和实践导向,为基础教育学校评估提出了更高的要求,也提供了崭新的视角。

第一,制订基础教育学校基本办学标准。进入新世纪,城乡免费义务教育全面实现,农村教育得到加强,教育公平迈出重大步伐。在基本实现"普九"(普及九年义务教育)的现状下,政府应将重点转移到均衡发展的教育策略上,在基础教育均衡发展的总体要求下,在国家层面制订城乡一体的义务教育学校基本办学标准,并配套相关的义务教育学校质量监测制度。国外的借鉴有:日本和韩国多年实行义务教育"平准化"政策,在教育财政投入上把保障教育机会均等放在首位。[①] 所有学校一视同仁,甚至城乡学校建设通常使用同一张图纸,尽可能避免薄弱校和豪华校之别。[②] 这些经验值得我们借鉴和汲取。

在 2006 年的《义务教育法》中明确"国务院和县级以上地方人民政府应当合理配置教育资源,促进义务教育均衡发展,改善薄弱学校的办学条件","缩小学校之间办学条件的差距"。在已颁布的《教育规划纲要》中也提出,"提高义务教育质量,建立国家义务教育质量基本标准和监测制度","建立健全义务教育均衡发展保障机制","推进义务教育学校标准化建设"。为此,政府作为义务教育学校最主要的办学责任主体,须切实承担基础教育均衡发展的重任。政府制订基本的办学标准,为义务教育学校的教育质量设立最低基准,划定质量底线,进一步推进义务教育阶段学校的办学条件标准化建设,是保证区域和城乡之间相对均衡的办学条件,缩小区域、城乡和学校间的差距,推进薄弱学校、农村学校的改造和发展的重要抓手。

第二,关注基础教育学校评估中的分类指导。现行的学校教育评估也需要转变观念,调整策略,针对不同类型和发展阶段的学校,采取分类指导的方式,以评估为导向,引导学校提升教育质量,充分发挥教育资源的使用效益,以期更好地实现基础教育的均衡发展。

全国各地区推行的实验校、示范校等一系列选优性的学校评估机制,虽然为学校的快速发展和质量提升发挥了重要的促进作用,但是随着选优评估与各类窗口工程和形象工程挂钩,滋生了盲目攀比和急功近利的不良风气,使得学校评估原本

---

① 孙启林、孔锴:《全球化视域下的基础教育均衡发展》,《比较教育研究》2005 年第 12 期,第 24 - 30 页。

② 张力:《均衡发展是义务教育制度的本质要求》,《中国教育报》2010 年 2 月 2 日。

的质量改进目标发生了异化,客观上导致一部分学校配置办学条件和师资水平标准过高,从而拉大了基础教育学校之间的差距,为基础教育择校提供了滋生土壤,背离了基础教育均衡发展的基本原则。因此,《义务教育法》规定:"县级以上人民政府及其教育行政部门应当促进学校均衡发展,缩小学校之间办学条件的差距,不得将学校分为重点学校和非重点学校。学校不得分设重点班和非重点班。"由此,基础教育领域的学校评估应紧紧围绕"均衡发展"的基本方针,通过评估项目的调整,从而有效抑制各种学校的评优选拔。

当然,义务教育阶段的学校评估中,不仅要关注教育资源的均衡分配,如对生均教育经费的投入和使用情况进行监督和评估,同时也应引导学校自主发展、形成特色,鼓励办学水平较高的学校探索革新,并帮助和带动区域内的薄弱学校,不断提高教育资源使用效益,实现区域内教育资源的共享,包括基础设施、教师资源和信息资源等。政府部门应委托专业评估机构研究制订一定区域内(如县内)义务教育均衡发展的评估标准,进一步明确政府在教育均衡发展中的主体意识,并科学监测义务教育学校的办学水平增值,加强对政府改善薄弱学校,缩小校际差距的问责。

高中教育阶段的学校评估中,则应审视评估指标的内涵,硬件从实,软件从严,理顺均衡发展与特色办学、创新发展的关系。《教育规划纲要》中提出"鼓励普通高中办出特色"。这就需要借助学校评估的制度设计,引导不同区域、不同类型、不同基础的学校,根据各自的实际情况,正视现存差异,创造性地探索特色发展之路,办出满足学生个性发展需要的特色学校,不断增强学校发展动力和活力,从而实现优势互补和整体提升。已有的实验性示范性高中,应根据新的要求,完善发展性评估的运作机制,在评估中关注引领和示范作用的发挥、优质教育资源的共享水平和办学特色和教育改革创新。

第三,突出效益评价和质量提升,促进基础教育优质均衡。当区域内普及义务教育基本实现,逐步加强教育资源合理均衡配置的同时,还应当加强学校内部建设,深化课程教学改革,追求教育质量的均等,办出学校特色,让每一位学生最大限度地发挥自己的特长和学习潜能。因此,在基础教育的学校评估中应突出对效益发挥的评价,而不是仅仅关注学校已有的人、财、物的投入。

第三节　对教育督导指标与教育评估指标关系的思考

一、基础教育学校质量保证的重要方式:教育督导与教育评估

理清教育督导与教育评估的关系问题是理解和把握教育督导指标与教育评估指标关系的重要前提,是依法有效开展教育评估工作的重要基础。《教育法》第二十四条明确规定:"国家实行教育督导制度和学校及其他教育机构教育评价制

度。"教育督导制度和教育评价制度是我国《教育法》规定的两项基本教育制度。教育督导制度和教育评价制度共存,独立于教育督导制度之外的教育评价制度是否会削弱教育督导机构督导评估的权威性?教育督导评估主体与其他评估主体做出的评估之间关系如何?尤其是当教育评估机构进行的教育评价和教育督导评估不一致时,哪种评估结果更具权威性?[①] 教育评估机构是否有存在的必要?这一系列问题成为人们关注的热点问题。

理解教育督导与教育评估的关系,关键是厘清两者的职能与职责。一般来说,根据评估主体及其需要的不同,可以分为以政府需要为导向的评估、以社会需要为导向的评估和以学校需要为导向的评估三类。各级人民政府、教育行政部门、各级人大、政协及有权依法监督教育机构开展教育工作的其他机关和组织,都可利用教育评估手段行使管理和监督职能,都可以成为教育评价的主体。各评价主体以各自目的开展的教育评价活动在各自领域具有各自的权威性。我国目前以政府为主的办学体制决定了政府导向的效力,教育评估还是以政府为导向的评估为主。从这个分类及意义上来看,教育督导和教育评估都是政府及其他机构保证基础教育学校教育教学质量的一种监督和管理方式。

尽管教育督导评估和教育评估有一定交集,但是在职能和职责上还是有所区别的。1991年4月26日国家教育委员会第15号令发布的《教育督导暂行规定》第一条规定:"为建立教育督导制度,加强对教育工作的行政监督,制定本规定。"第二条规定:"教育督导的任务是:对下级人民政府的教育工作、下级教育行政部门和学校的工作进行监督、检查、评估、指导,保证国家有关教育的方针、政策、法规的贯彻执行和教育目标的实现。"这是对教育督导工作的性质和督导范围的明确规定,从中我们可以发现,教育督导更多的是行政型督导评估,其特点是依法规进行、比较刚性,而且侧重的是督政。从地方性法规中,我们也可以看出教育督导的范围和对象与教育评估上的不同。1999年上海发布的《上海市教育督导规定》第二条中也明确规定:"教育督导,是指市和区、县人民政府依法对本辖区内教育工作进行监督、检查、评估、指导活动。"第三条规定:"教育督导的范围为本市中等以下各级各类教育及与教育相关的活动。教育督导的对象是本级人民政府的有关部门、下级人民政府及其教育行政部门、中等以下各级各类学校和其他教育教学机构。"教育评估的范围和对象则更为多元。尽管到目前为止,我国并没有出台基础教育评估方面的政策法规,但是我们从国家教育委员会令第14号《普通高等学校教育评估暂行规定》中可以略知一二。其第三条规定:"普通高等学校教育评估的基本任务,是根据一定的教育目标和标准,通过系统地搜集学校教育的主要信息,准确地了解实际情况,进行科学分析,对学校办学水平和教育质量作出评价,为学

① 汪莉:《现代教育督导研究:教育督导研究会第五届年会优秀论文集(下册)》,中国青年出版社2003年版,第496—497页。

校改进工作、开展教育改革和教育管理部门改善宏观管理提供依据。"同样地,基础教育学校评估也是政府转变管理职能和管理方式的时代要求。基础教育学校评估既是政府转变管理方式,由直接管理转变为间接管理的一种方式和手段,同时也可以对基础教育学校办学水平和质量进行分析,为学校发展服务。

二、理顺教育督导指标与教育评估指标的关系,推进评估标准研究

(一)制定和完善教育督导指标与教育评估指标是教育督导评估与教育评估工作走向专业化和科学化的必然要求

国家教委在《关于印发〈普通中小学校督导评估工作指导纲要(修订稿)〉的通知》(教督〔1997〕4号中指出,教育督导的目的有三:一是,督促政府及其教育行政部门履行职责,转变职能,加强领导,创设条件,办好每所学校;二是,督促、指导中小学校贯彻执行有关教育的法律、法规、方针、政策,遵循教育规律,深化教育改革,优化学校管理,实施素质教育,全面提高教育质量,培养社会主义事业的建设者和接班人;三是,引导社会、家长用正确的标准评价学校的办学水平,关心和支持学校工作。从中我们可以看出:督导评估的目标是服务于政府、学校和社会。为了做好这项工作,此通知在组织实施部分中对教育督导指标提出了明确的要求:第一,在指导思想、指标设定、权重分配上要引导学校全面贯彻国家的教育方针,深入进行教育改革,推行素质教育,全面提高教育质量。第二,定性与定量相结合,需要量化的指标,要认真研究论证,避免主观随意性。由此可见,制定和完善督导指标既是提高督导评估工作有效性的要求,也是督导评估工作逐步走向专业化和科学化的必然趋势。评估工作同样是一项科学性很强的工作,它必须在贯彻国家教育政策法规过程中,对评估方案和指标进行科学设计,并采取科学、合理的评估方式方法,提高评估的科学性和有效性,从而实现通过评估手段促进学校发展的目标。

(二)教育督导指标与教育评估标准的制定依据不同,在理顺两者关系的基础上,亟需开展教育评估标准研究

教育督导与教育评估的目标有差异,其实施的主体与组织程序等也不同,因此,在具体的实施过程中,督导指标与评估指标制定的依据必然也不同。《普通中小学校督导评估工作指导纲要(修订稿)》(以下简称《指导纲要(修订稿)》)规定了督导评估的七大方面内容:办学方向、管理体制和领导班子、教师管理与提高、教育教学工作、行政工作的常规管理、办学条件、教育质量。在制定教育督导指标的时候就必须体现这些方面的要求,并根据督导的目标进行指标设计以及权重分配。具体到督导评估工作的时候,需要根据具体的督导评估指标进行研究和设计。如上海市教育委员会、上海市人民政府教育督导室《关于印发〈上海市关于深化与完善"学校发展性督导评价"工作的若干意见〉的通知》中指出,"积极构建具有时代特征、上海特点、区域特色的'学校发展性督导评价'体系。区县教育督导部门要根据国家教育法律法规的要求,加强对学校的督导评估。要以实施素质教育为核

心、促进学校内涵建设为重点,面向每一所学校,督导评价要从关注学校外显的办学行为向关注学校内在的发展需求转变。要注重对学校依法办学行为的评价;注重对学校加强未成年人思想道德建设、教师队伍建设、中小学课程教材改革实施、学校文化营造、办学特色形成的评价;注重对学生全面发展、教师专业成长和学校进步的评价;注重对学校自我设计、自我反思、自主办学能力的评价,促进不同层次的学校的持续发展。要充分发挥教育督导诊断、导向、指导、激励的功能,既要加强对学校各类违背教育方针的办学行为的督导评估,又要为提高学校的教育质量和办学水平提供有效的专业支持与服务"。因此,就必须依据这些要求和目标进行督导指标的设计与完善。上海市中小学"学校发展性督导评价"指标纲要分为:学校办学基础性指标和学校发展指南两大部分。①

　　教育评估指标是教育评估工作中的核心环节,是有效开展教育评估工作的重要基础。相对特定的政府督导而言,学校评估指标不是依法而督,更多是依不同的评估主体的需要而进行。其对于各类不同的评估委托主体,即政府、社会组织、学校举办者和管理者以及家长的需求,更应具有普适性。到目前为止,虽然我国并未就教育评估标准作出相关的政策规定,但是从《教育规划纲要》的指导精神来看,制订教育评估标准相关政策规定是现在和未来一段时间我国教育领域中政府和各级教育机构高度重视的工作。《教育规划纲要》中首次提出要制定我国教育质量基本标准和监测制度,并将成立国家教育质量监测和评估机构,定期发布监测报告。由此,在对国家教育质量标准研究的基础上,亟需开展教育评估指标的研究,从而依法、科学地开展评估工作,更好地为政府、学校和社会服务,提升学校的教育教学质量。

---

　　① 上海市关于深化与完善"学校发展性督导评价"工作的若干意见,http://www.shjydd.net/jsp/news/newsView.jsp? newsID=457&newsType=21.

第二章 我国基础教育学校评估的历史回溯

教育评估的改革与发展是我国教育管理体制改革下的必然产物,是推进教育改革与发展的重要举措。基础教育评估同样如此。我国基础教育评估是随着拨乱反正、依法办学、质量保障等举措一步一步发展完善而来。随着《教育规划纲要》的颁布与实施,一个规范化、专业化和更加科学化的教育评估事业发展蓝图展现在人们眼前。为了更好地践行《教育规划纲要》的指导思想,需要在对基础教育学校教育评估进行历史回溯的基础上,反思既往,明确使命,展望未来。

第一节 国内基础教育学校评估理论研究概述

我国当代教育评估面临着这样的社会背景:经济体制上由计划经济向社会主义市场经济转变,政治上也迅速走上法制化发展道路,教育由精英教育向大众教育转变,发展方式上从注重规模和外延发展转向注重节约资源、内涵发展、讲究效益,教育管理由效率追求向效率与主体价值张扬协调平衡发展,教育管理方式由政府大包大揽的直接行政管理逐步向政府依靠中介机构等社会力量进行间接管理转变。这一社会背景表明:我国的教育管理发展中的"管、办、评"分离改革方向是正确的,并将越来越发挥社会组织的作用和倚重于教育评估的作用。学校和社会对教育评估也寄予了越来越多的期望和要求。

一、基础教育学校评估研究理论概述

我国基础教育学校评估理论研究历史并不长。本节基础教育学校评估研究的理论概述,是在文献分析的基础上,分析基础教育学校评估指标涉及的一些基本指导思想和理论依据。从文献分析来看,由于国家对高等教育实行五年一轮的定期评估制度,在社会中产生了重要的影响,所以相关研究文献比较多。此外,对基础教育评估的研究也有一些相关文献,这些相关文献主要侧重于对基础教育评估指标体系的基本理论的探讨。另外,关于基础教育学校评估方面的研究文献还体现在以下两个方面:一是将基础教育评估和教育督导相交叉加以阐述和分析;二是对地方基础教育评估作出调查和分析,或侧重城市农村中小学某一方面具体情况来研究基础教育评估。

第一,有关基础教育学校评估概念界定以及评估主体、类型与方法等方面的研究。

目前国内学术界对学校评估概念的争论点之一集中在学校评估与学校评价的概念界定。有学者认为二者概念是相同的,可以互用;也有学者认为学校评估侧重于定性分析,是估计的、预测的价值判断,而学校评价则侧重于定量分析,是科学的、精确的价值判断。①

现有的关于基础教育学校评估主体方面的研究指出了学校评估主体的现状、学校评估主体存在的问题及相应的建议。当前我国基础教育学校评估以国家、地方各级政府及教育行政部门的教育督导评估为主。存在的问题是评估主体资格、职责等缺乏统一的规范,评估人员专业素养不高,评估主体单一。建议督导机构要提高评估人员的专业水准,加强宏观指导,减少微观的行政干预,同时强化学校的主体参与和社会的多元参与,建立基础教育学校评估中介机构等。②

具体而言,我国基础教育学校评估的类型包括优质学校评估,实验性、示范性学校评估,合格评估,发展性学校评估,学校综合督导评估和各种专项督导评估等;各地还有各类等级评估,如三 A 评估、星级评估等的学校评估。评估类型主要表现为外部评估为主和终结性评估。③

学校评估方法方面,以传统的学校评估方法为主,同时也引入了新型评估方法。这体现了研究理念的转变,即从鉴定性评估转变为发展性评估。有学者从评估理念、评估主体、评估手段、评估过程等角度对发展性评估进行了分析,丰富了学校评估研究理论。此外,发展性评估中的增值评估越来越受到人们关注。

第二,基础教育学校评估的目的、功能和内容等方面的研究。

基础教育学校评估的目的和功能研究,一方面指出了传统的学校评估目的存在的问题,如分等评优,体现的是选拔、鉴定、评比的作用,仅起总结性的功能。另一方面,指出了学校评估目的和功能的改进方向,即通过鉴定中小学校的办学水平和办学质量,帮助学校改进存在的问题,发挥自身优势;不仅强调评估的导向功能、鉴定功能、诊断功能,更强调评估的发展性功能、调控功能和服务功能;也有学者在借鉴国外基础教育学校评估经验的基础上,提出学校评估的功能需要更多地从教育问责转向学校发展效益的评定,坚持以政府督导促进学校发展。④

有研究者研究了基础教育学校评估方案制定方面存在的问题,如方案设计者评估理论薄弱,不了解学校实际情况等;并提出了制定科学的评估方案的建议,如

---

① 刘永和:《地区性学校评估的现状及其对策》,《南京社会科学》2007 年第 8 期。

② 谢红超:《我国基础教育评估现状及思考——兼论基础教育评估的专业化》,《中小学校长》2010 年第 8 期。

③ 袁益民:《教育的和谐发展呼唤和谐的学校评估——关于建立我国学校督导评估新机制的建议》,《中小学管理》2009 年第 3 期。

④ 刘寒雁:《建立合理高效的中小学校教育评估体系》,《课程教材教学研究》2010 年第 6 期。

加强评估理论的研究与学习,方案的确定要经过科学论证并在实践中得到检验,整合评估项目与指标,设计灵活的评估周期,建立规范的专业评估程序,明确评估纪律等。[①]

基础教育学校评估内容方面的研究指出了学校评估内容的现状、学校评估内容存在的问题及相应的建议。从理论的角度看,学校评估的内容应该包括学校的办学目标、学校的管理能力、学校质量保障机制、教职员的专业技能和素质、学校与社区和家长的关系及资源的共享、课程的设置与开发管理、学校的设备与环境有效利用与管理等。在当前基础教育学校评估中,关注更多的是办学条件、生源、优秀教师、升学率等;存在的问题表现在:评估的内容主次不分或重硬件、轻软件,评估的项目方案、流程等配套不完整等;相应的建议主要有:重视对办学效益的评估、引导对学生结果表现的关注、对学校发展多元化的引导、对学校自身"增值性"的纵向评估等。

第三,关于基础教育学校评估标准、指标体系以及评估模式的研究。

国内关于基础教育学校评估指标体系的研究体现在:对制定中小学办学水平评估指标体系的理论研究,包括制定指标的指导思想、遵循的评估原则、指标体系的拟定过程、指标的测量手段、工具与计算方法等。基础教育学校评估指标体系存在的问题:重投入轻产出、重保障轻内涵、重全面轻特色等。因此在制定中小学校的评估指标之时,不仅要依据已有文件的精神进行深入调研和先期试验,还要与社会需要密切结合、了解国际中小学校评估的最新动态等。当前的学校评估指标结构包括办学条件、教育过程、教育质量,有学者提出还要包括"教育增值"这个指标。总体而言,四类指标包括基础性指标、发展性指标、学校个性发展指标和教育效益指标。[②]

我国现行的学校评估体制基本上属于集权管理的评估模式,即以各级政府督导为主的、比较单一的评估模式。有学者提出构建三位一体的学校评估体系,即政府的督导评估(包括上级主管部门的行政性评估)、社会中介机构开展的独立评估以及由学校组织的自我评估。三种模式的评估可以互相补充、形成合力,发挥各自的角色功能,从而形成多层面、全方位的评估体系。有学者从评估标准、评估指标体系、评估的机构和机制三个方面进行了充分的论证。在评估指标体系方面,提出制定国家级的分层分类的学校督导评估指标体系等;在机构设置方面,实行国家对教育督导部门的垂直领导和成立独立的教育督导机构或评估机构,建立中央、省、市三级督导评估机构系统等。[③]

① 谢红超:《我国基础教育评估现状及思考——兼论基础教育评估的专业化》,《中小学校长》2010年第8期。

② 刘寒雁:《建立合理高效的中小学校教育评估体系》,《课程教材教学研究》2010年第6期。

③ 乐毅:《构建"三位一体"的学校评估体系——标准的视角》,《教育理论与实践》2006年第13期。

二、基础教育学校评估研究待解决的问题

总体而言,我国基础教育学校评估理论研究取得了长足的进步。但从评估主体上看,基础教育学校评估以政府主导的行政性评估为主,社会独立的第三方评估的合法介入还缺乏理论的系统研究;学校自我评估也呈现出理论研究滞后于实践发展;从评估性质类型上看,终结性评估向形成性评估和发展性评估转变过程中虽然涌现了大量的实践经验,但缺乏有深度和分量的研究。

有学者站在西方的教育评价理论发展的角度,指出了我国的学校评估研究存在的问题,并提出了相应的建议。主要在于:学校评估研究缺乏一定的理论建构和理论基础,缺乏以量化为基础、结合质性描述和价值衡量的研究范式,评估方法和工具的研究相对空缺,缺乏元分析的思维方式与能力。并从理论建构、研究队伍、研究方法和工具方面提出了相应的建议。[1] 这样的建议对基础教育学校评估应有所启迪。

第二节　基础教育学校评估工作的实践与发展

一、基础教育学校督导与评估体制的初步构建

基础教育督导评估制度的恢复和重建可以追溯到 20 世纪 80 年代初,此时督导和评估功能并没有明显区分。90 年代,国家出台了一系列有关督导和评估的政策法规,如《中国教育改革和发展纲要》就明确提出要建立各级各类学校的质量标准和评估指标体系,推动了各地教育评估事业的发展。以上海为例,上海各区(县)对评估工作和研究十分重视。随着教育改革的深入,尤其是由应试教育向素质教育转轨,教育评估指标体系发生了很大的变化,构建以实施素质教育为目标、全面科学评估学校办学水平的评估指标体系成为实践和研究的中心。1997 年 7月,上海市人民政府督导室收集了上海各区(县)基础教育学校办学水平督导评估指标,并汇编成《上海市教育督导评估指标汇编》,以促进各区(县)间的相互交流和提高。

此外,全国各地还结合实际,成立了相应的评估机构。如江苏、上海、北京、广东、重庆等省市相继建立了教育评估院或教育评估专门机构,以保证包括学校评估在内的教育类评估的有效实施。江苏不但在全国较早成立了省级教育评估机构,同时专门发文,对教育评估工作进行了准确定位,加强对教育评估工作的统一领导,规定教育厅下属行政处室不可擅自新设评估项目,明确省级教育评估项目确立

---

① 李凌艳:《从西方教育评价理论发展的视角看我国学校评估研究》,《教育理论与实践》2010 年第 4期。

要由厅长会议决定。上海于 2000 年在原上海市高等教育评估所的基础上建立了上海市教育评估院,建院之初就成立了包括基础教育评估事务所在内的六个所室,配备了相应的人员编制,保障了学校评估工作顺利开展。北京市在市教育委员会的支持下,探索在民办机制下举办教育评估机构的尝试,成立了民办非企业性质的北京教育评估院。2009 年重庆市教育委员会发文,正式成立了重庆市教育评估院。值得注意的是重庆市教育评估院成立时就挂牌成立了重庆市基础教育质量监测中心。其职责为负责基础教育评估的理论与政策研究和技术研究;负责开发并建设基础教育评估的指标体系和信息资源;接受各级教育行政部门、各类教育机构和其他单位的委托,开展相应的基础教育评估及服务工作。为了进一步理顺工作关系,重庆市教育委员会还发布《关于加强教育评估工作的意见》,指出:重庆市教育评估院"按照行政管理体制改革,实行政事分开,建立'管教育、办教育、评教育'三分离机制的要求,受市教委和市政府教育督导室以及其他教育机构委托,涉及教育资格认证、等级评定、成果鉴定、水平评估和区域教育评价等'评'的工作由重庆市教育评估院负责组织实施。市教委有关处室和市政府教育督导机构负责教育评估(含教育督导评估)的政策制定、项目规划、结果发布、监督整改等工作;重庆市教育评估院受市教委和市政府教育督导室委托,负责教育评估(含教育督导评估)的标准研制与工具开发、项目组织与实施、培训咨询与服务等工作,并向教育行政部门和政府教育督导机构提交评估报告和政策咨询报告"。这是省市教育行政部门比较完整地对教育督导和教育评估职能进行定位的划分表述。这一时期,各地除了继续开展常规的学校督导评估工作以外,还纷纷开展了适应地区教育改革的各类探索性的评估改革。

二、国内部分省市开展的基础教育学校评估项目探索

改革开放以来,国家尤其重视教育评估在引领及推进教育改革进程的作用,在基础教育领域中,教育督导和评估在推进基础教育实现"两基"及义务教育学校均衡化发展方面发挥了重要的作用。我国出台了一系列教育督导和评估的方针政策,各地也都在结合本地基础教育发展现状的基础上,做了一些本土化的有益探索。

这些评估探索大致可分为几类。第一类是发展性学校评估,2003 年上海市教育委员会、上海市人民政府教育督导室发布了《上海市积极推进中小学"学校发展性督导评价"的实施意见(试行稿)》。上海开展的"学校发展性督导评价"的研究是一个综合性的行动研究,不仅涉及现行学校督导评价模式的变革和发展,而且涉及学校内部发展机制的构建和教育行政部门运作方式的转变。上海市教育督导室为此曾制定和颁布了《上海市中小学督导基础指标(试行稿)》和《上海市中小学发展指南(试行稿)》,将评价指标分为基础指标和发展指南两大部分。该项目启动时,全市有 9 个区的 16 所中小学参与实验。按照"着手于课题,立足于实践,加强

点面结合,突出制度创新"的指导思想,该项目自启动以来进展顺利,产生了明显的示范效应,全面带动了上海教育督导工作的研究、改革与发展。目前,"学校发展性督导评价"的指导思想和初步成功已辐射到全国各地。

第二类是尝试开展学校效能评估,如南京市江宁区教育局和江宁区政府教育督导室联合下发《江宁区中小学效能评估实施方案》,将评估指标分为输入和输出两个部分,主要是通过评估考察学校的办学绩效。

第三类是发挥学校在评估中的主体意识和作用,倡导学校广泛开展自评探索。北京市教育科学研究院基础教育评价所主持的"北京市中小学校内部评价机制"就是十分典型的例子。2005年北京市启动了新一轮初中建设工程,提出了"坚持因地因校制宜,注重内涵发展,软硬件并举,统筹配置资源,促进学校均衡发展"的原则,在努力扩大教育优质资源的同时,重点扶持农村地区和城市办学困难校。项目研究之初就确立了一个目标:"构建既简便又科学、既规范又实用的中小学学校内部评价机制。"特别强调发挥评价结果对促进学校自主发展和内涵发展的功能。该项目所指的中小学学校内部评价是指:学校在专业技术人员的支持下,依据学校发展的评价指标体系和标准,对照学校工作的实际情况进行事实判断和价值判断,以发现学校实际与标准之间的差距,将评价结果用于调整发展目标,修订发展规划,改进工作,实现学校自主发展和内涵发展的过程;是介于自我评价和外部评价之间的、有专业支持的、多主体参与的一种评价类型。项目的实施取得了很好的效果。一是学校内部评价机制的建立、实施以及数据库的建立,真实地记录了学校发展的过程,积累了完整的资料和数据,对促进学校进一步的发展,提高教育教学水平发挥了积极作用;二是为区(县)级教育行政部门决策提供了定量的信息依据;三是为市级教育行政部门决策提供了定量的信息依据。

第四类是将基础教育质量监测工作与教育评估工作结合起来。近年来重庆市教育评估院组织力量开展了基础教育评估督导与工作的调查报告,积极进行义务教育均衡发展区域监测评价模型的研究并取得了可喜进展和阶段性成果。重庆教育评估工作还开展了学校特色评估项目,此探索覆盖全市中小学,推动了学校在均衡发展的大目标下努力办出学校特色。

第三节　对我国基础教育学校评估现状的反思

长期以来,我国基础教育学校评估工作都与教育督导制度的推进都有着密切关联。20世纪80年代,我国基础教育督导制度的恢复重建直接促进了对学校办学水平和教育质量的评估。1986年,我国正式颁布了《义务教育法》,明确规定"国家、社会、学校和家庭依法保障适龄儿童、少年接受义务教育的权利"。为保证各级政府贯彻落实和有效执行该法律,分阶段、有步骤地普及义务教育,同年经国务院批准,原国家教委设立了督导司。这标志着我国教育督导制度的正式恢复建立。

此后,国家和地方逐步建立基础教育督导机构,负责对全国或本地区范围内义务教育的实施情况进行全面的视察、督促和指导。在基础教育督导制度框架下的学校评估工作,常常被等同于督学工作,或者定位为实施督导的有效手段,学校评估的主体、模式和指标都与督学的要求极为相似。

以落实基本国策和行政监督执法为核心的教育督导评估,多年来受到各级政府的高度重视。1991年和1997年我国先后出台了《普通中小学校督导评估工作指导纲要》及其修改稿,为建立健全我国基础教育督导评估制度发挥了指导性作用。之后,教育督导工作在加强国家对基础教育的监督、指导、协调,落实教育法律法规和政策意见,提高地方政府的办学积极性,保障教育投入,规范办学行为,引导学校全面贯彻教育方针,促进学校提高教育教学管理水平等方面发挥了重要作用。

随着"两基"任务基本完成和义务教育经费保障的逐步落实,我国基础教育进入了一个注重教育质量和学校发展的新阶段。与此同时,在政府转变职能和教育管理体制改革的大背景下,部分省市也陆续成立了相对独立的教育评估专门机构。20世纪90年代中后期,基础教育学校评估工作逐渐将侧重点从辅助教育督导转移到实现政府宏观管理和改善学校教育质量上来,更为关注学校自主发展,促进学校办学主体性,引导学校全面实施素质教育。例如各地方积极开展示范性高中评估、素质教育学校评估、基础教育现代化评估等各级各类评估项目,有些地区也开始探索由专业性的教育评估机构协助政府实施学校评估的方案。尤其是社会各界对于基础教育质量的关注和问责,成为推动基础教育学校评估的巨大动力,以至于《教育规划纲要》明确提出,"提高义务教育质量。建立国家义务教育质量基本标准和监测制度","开展由政府、学校、家长及社会各方面共同参与的教育质量评价活动"。① 基础教育学校评估不仅作为政府对基础教育宏观管理的有效手段,也成为各级各类学校树立社会声誉、实现自我发展的重要途径,同时也是社会了解教育的一种方式。

在肯定基础教育学校评估二十多年来所取得的成绩的同时,在教育评估过程中存在的一些问题也应该引起关注。

一、评估指标滞后于丰富多彩的办学实践

评估目标总是具有一定程度的原则性、抽象性和概括性,为此难以作为评估的具体内容和直接操作对象,评估指标则是对评估目标的具体化和可操作化。评估指标是依据评估目标,由评估对象分解出来,能够反映评估对象某方面本质特征的具体化、行为化的主要因素,是对评估对象进行价值判断的依据。② 为此,评估指标的内容对于学校办学理念和教育教学改革思路具有直接的导向作用,是学校推

① 《国家中长期教育改革和发展规划纲要(2010—2020年)》,http://www.moe.gov.cn.
② 陶西平:《教育评价辞典》,北京师范大学出版社1998年版。

进素质教育的重要指挥棒。

随着我国督导评估体系的逐步建立,20 世纪 80 年代基础教育督导制度开始恢复之时,一些省市就着手研制中小学校的办学水平评估指标体系。1991 年原国家教委下发《普通中小学校督导评估工作指导纲要》(以下简称《指导纲要》),《指导纲要》指出,"各省、自治区、直辖市和计划单列市要在调查研究的基础上,制订试点计划,同时依据《指导纲要》的内容,结合本地实际情况,制定具体的督导评估方案和指标体系"。于是全国各地在文件精神的指导下,开始构建中小学督导评估指标体系。1997 年《普通中小学校督导评估工作指导纲要(修订稿)》出台,提出要关注学校办学的层次性和多样性,对不同类型的普通中小学校可分别制订评估方案,以利于引导学校办出特色。可见,评估指标的适切性、导向性和兼容性问题,已经受到一定程度的重视。尤其是进入 21 世纪以来,我国基础教育中素质教育的培养目标深入人心,现代学校制度建设和课程教学改革探索如火如荼。我国基础教育学校逐渐走向内涵发展,办学主体多元化、产权多元化、办学形式多样化和发展模式多元化的基础教育体制机制正在逐步形成。这就要求基础教育学校评估从目标到模式,从标准到方法,都应该进行适时地创新和修订,以便有效发挥教育评估的引导和改进作用。

然而,一方面,综观我国基础教育评估指标的研制现状,我国还没有国家层面的基础教育评估指标体系。《普通中小学校督导评估工作指导纲要(修订稿)》中确定的办学方向、管理体制和领导班子、教师管理与提高、教育教学工作、行政工作的常规管理、办学条件、教育质量等七个方面,作为评估指标制订的依据,已难以满足基础教育发展的新趋势和新要求。另一方面,虽然示范性高中、基础教育现代化、素质教育实验学校等各级各类的评估指标层出不穷,但是基础教育评估指标的理论基础研究和方法论体系研究相对较少,且有待深入。

评估指标最突出的问题是统一性和普适性的问题,基础教育评估指标也不例外。目前全国各地绝大多数教育督导部门都采用统一的标准。比如一个省、一个市或一个区(县)采用一个标准,统一指导学校的教育实践。可是,我国地域辽阔,各地区文化传统、经济基础和教育条件等均有差异,即使是一个地区的不同学校也各具特色。用统一的评估指标对不同发展阶段的地区和学校进行教育评估,无视地区差异和发展不均的"一刀切"式评估,难以对学校的教育教学和课程建设等提出中肯的改进建议,也势必会阻碍引导学校个性发展和特色办学。标准化或统一性的评估指标适用于教育基础设施建设、基本条件等方面的评估,如经费投入、办学条件、教师学历学位要求等,而教学改革、课程建设和文化构建等内涵建设领域,就需要分层分类指导。用一个标准要求所有学校的发展、所有县区教育的发展,其结果必然是千校一面,各地教育发展模式单一,不利于教育创新和创新人才培养。①

此外,有的学校评估指标中软硬指标权重不均等,忽视隐性的、起关键作用的内涵发展指标;缺乏系统梳理,交叉重复、以偏概全,注重学校内部的教育活动,忽视学校与社会、家庭、社区和同行之间的交流学习。也有的评估指标仅仅注重教育现状的鉴定,而忽视教育的可持续发展和学校自我发展,无法适应丰富多彩的办学实践需要,没有发挥评估的引导性和激励性功能。有的甚至误导学校将办学重点放在显性指标上,或者将改进重点局限在几项未得高分的指标上,缺乏整体规划。

二、评估主体的单一不能满足社会各方对教育的诉求

教育评估是评估主体对评估客体进行的价值判断,既然是评估主体的价值判断,就不可避免地受到评估主体的价值观、意识形态和利益诉求的影响。不同的评估主体,得出的评估结论会存在很大的差异,评估主体的性质和地位直接决定了评估结果的导向和效用。那么,为了教育评估全面、客观、真实、公正地反映教育活动的实际情况,真正实现教育评估的诊断、改进、激励、引导的功能,就需要审视当前基础教育学校评估的评估主体,深刻分析评估主体的性质,依据基础教育发展的总体需要和教育评估的实际现状,从独立性、专业性和代表性等方面深入考量基础教育学校评估的主体。

基础教育作为我国国民教育体系的重要部分,处于优先发展的战略地位。为了保障基础教育的办学水平和教育质量,国家建立健全了专门的基础教育督导评估组织体系,并先后出台了多项关于基础教育学校督导评估的重大法律法规。1986 年,原国家教委设立督导司,这标志着我国教育督导组织机构正式恢复。1991 年原国家教委颁布的《教育督导暂行规定》明确了教育督导的任务是:"对下级人民政府的教育工作、下级教育行政部门和学校的工作进行监督、检查、评估、指导,保证国家有关教育的方针、政策、法规的贯彻执行和教育目标的实现。"此后,我国逐步建立了国家、省、地、县四级教育督导机构,建成了以政府为主的、从中央到地方上下贯通的政府教育督导评估体系。

伴随我国经济体制改革的推进,教育管理体制的变革也逐步深入,教育评估作为教育管理的有效手段而在各级各类教育中得到重视。1993 年中共中央国务院颁布的《中国教育改革和发展纲要》明确提出"各地教育部门要把检查评估学校教育质量作为一项经常性的任务"。1995 年 3 月颁布的《教育法》规定:"国家实行教育督导制度和学校及其他教育机构教育评估制度。"我国各省、地、市、县(区)等各级教育行政部门都充分利用教育评估权,通过下设的职能处室直接组织开展基础教育学校评估。20 世纪 90 年代末,也有部分省市的教育行政部门转变政府职能,将一部分评估职权通过行政委托的形式转移到一些具有相对独立性和专业性

① 黄崴:《我国教育督导体制现状、问题与改革路径》,《教育发展研究》2009 年第 12 期。

的教育评估机构,如上海市教育评估院、江苏省教育评估院、广东省教育发展与评估中心等。此外,部分民办非企业的教育评估中介机构也参与学校评估,如开展ISO9000 标准化认证。

总体而言,在我国基础教育领域,政府教育督导机构和教育行政部门依然是学校评估的重要主体,我国各地以政府名义出现的基础教育评估机构占到总数的80%以上,[①]官方性质的学校评估占有绝对的优势。我国目前的诸多教育评估机构仍具有浓厚的行政背景,甚至在评估过程中,教育行政部门直接遴选专家,左右程序,评估职责界定不清。这使得教育评估专业机构的主体性弱化,评估本身的中介性和独立性难以确立。此外,由于非政府部门或教育系统以外的社会成员和广大公众参与基础教育学校评估的渠道有限,平台不多,意识不足,对于学校评估活动的介入也十分有限。

同时,尽管许多学者大声疾呼教育评估主体应走向多元化,一些中小学校也积极鼓励家长、社区和社会各界参与学校评估活动,但实际上,目前从事学校评估的大多数主体仍然是单一的、自上而下的政府部门。很多教育评估的利益相关者没有参与教育评估活动,这样的教育评估难以代表不同利益群体的利益诉求,使得评估主体缺乏广泛的代表性,最终影响到教育评估活动本身的合理性以及教育评估结果的公信力。

一方面,单一评估主体的行政性评估,严重抑制了社会各界参与学校评估工作的积极性,阻断了家长、社区等教育系统以外的群体对于教育需求的表达渠道,限制了教育系统与社会其他领域之间的信息沟通。另一方面,学校作为评估客体,极易产生迎合评估主体的倾向,丧失自主开展自评工作的动力,甚至出现异化,出现评估造假,无视家长和社会对人才培养的需求。

评估主体的单一性还带来一些其他的负效应,如各级政府在加强对中小学的评估工作时,由于内部不同部门各自独立设立评估项目,缺乏统筹协调和沟通联络,均按照各自的评估目的和制订的评估指标实施评估,从而出现多头评估和重复评估的现象。这使得教育评估难以真正发挥对教育教学工作的诊断、改进、激励和引导作用。由此引发人们对于教育评估的质疑,政府也出台了相关文件限制评估项目的随意设置。[②]

三、对评估目的的误读影响了评估应有的功能发挥

教育评估具有多种功能,如"为了改进的形成性功能,为了选拔、鉴定和教学核实的总结性功能,为了激励和增强意识的心理或社会政治功能,执行权威的行政

---

① 鲍传友、杨玉春:《我国基础教育评估主体的现状、问题与对策》,《当代教育科学》2009 年第 15 期。

② 教育部:《关于规范普通中小学校检查、评估工作的意见》,http://www.chinaedu.edu.cn/e21sqlimg/html_temple/2007-06-19/article_18512.htm.

管理功能"，①等等。教育评估功能的多重性是基于教育评估的目的各异，也就是说，当评估的目的不同，其评估功能也就有所不同。为此，要发挥教育评估的应有功能，必须对教育评估的目的有正确的认识。

基础教育评估的目的除了甄别学校办学水平优劣，人才培养质量高低，作出合格或达标的结果认定；更重要的是引导学校朝着教育方针和教育改革的新思路前行，总结提炼学校教育教学的有益经验和办学特色，提供学校不断改进教育质量的良策，促进学校健康可持续发展。可见，在教育评估的鉴定、检查、选拔、激励、导向、诊断和改进的诸多功能中，最核心的是改进功能。对学校教育活动质量的各种监督和检查、评定和选优，是社会各界了解和考察基础教育的发展状况、实现教育质量问责的重要途径，也是教育行政部门实施宏观管理和指导、制定教育政策和规范的有效方法。其真正目的是形成一种激励先进的竞争氛围；或设定一个典型示范的质量标杆，引导学校朝着预定的发展目标和办学方向前进。在这一评估目的的解读中，必然引发学校自身提升教育质量的愿望，由此教育评估的诊断和改进功能就得以充分发挥。即借助学校评估，有针对性地寻找和分析教育教学过程中存在的问题和不足，客观认识学校发展的现状和趋势，从而为有效指导和改进学校办学提供反馈信息和可靠依据，最终实现学校办学水平提高和教育质量改进。

评估不是为了证明，而是为了改进。这一教育评估领域众所周知的理念，在实际的教育评估实践中却往往被忽视或误读。长期以来，我国基础教育督导评估体制中更加重视监督、检查政府贯彻教育法律的督政职能，在一定程度上影响了引导学校推进素质教育实施和教育质量提升的督学职能的充分发挥。

基础教育学校评估的最终目的是为了促进学校办学水平的提升、教育质量的改进，为实现教育目的服务。我国也正确地提出了"以评促建，以评促改，以评促管，评建结合，重在建设"的评估方针。然而，在当前的基础教育实践中，教育评估的目的却常常被简单化、片面化理解，甚至被曲解。一些教育行政部门在理性主义的管理理念指引下，将评估作为一种实现教育管理的手段，将行政的要求通过评估的方式下达，评估成为政府奖优罚劣的杀手锏，放大了教育评估的选拔、鉴定和证明功能，使基础教育学校评估的结果与考核、检查、奖励、评优挂钩，而忽视了评估的改进和发展功能。这种狭隘的观念指引下，将教育评估的功能局限于考核评比和奖优罚劣上，使得部分学校评估仅注重教育结果，不重视教育过程和办学实际。

正是由于正确教育评估功能导向的缺失，使得接受评估的学校只考虑评估结果对自身的利益影响，其参评动机产生扭曲，往往仅希望能得到褒奖，至少不受惩罚。② 加上基础教育学校评估本身的强制性和行政化色彩，在一定程度上导致评估客体办学特色的自我缺失，挫伤了评估客体自主办学和个性发展的积极性。教

---

① 瞿葆奎：《教育学文集·教育评价》，人民教育出版社 1989 年版，第 347 页。
② 何侃、陈金芳：《基础教育评价的问题分析与对策》，《教育评论》2007 年第 5 期。

育评估成了一些教育工作者心理上和工作中的负担,学校为了得到较高的评估结果而突击准备、应对检查,影响了正常的教育教学秩序。使得教育评估不仅没有发挥出其应有的发展性功能,反而对教育工作产生了一定的负效应。

对于评估结果的过分关注和对评估的功利性追求,使部分学校出现价值观的错位,使教育评估异化。学校为了应付教育评估工作,文过饰非、扬长避短,甚至弄虚作假、徇私舞弊。在这样的评估环境和评估文化影响下,教育评估的公平、客观、准确难以保证,教育评估的信度和效度也必然备受质疑。

第三章　我国转型期基础教育学校评估发展的现状——以长三角地区为例

转型期经济社会发展的诸多需求会迅速反映在教育领域,区域间人才和其他资源的重新分配、集聚、流动,给基础教育带来了资源的重新规划、配置和流动。长三角地区不仅处在中国经济发展的前沿,而且教育也较为发达。本章将以长三角地区为例,通过论述这一地区的基础教育发展现状,让读者体会转型期急剧变化的社会经济会给基础教育发展带来哪些变化,对基础教育学校评估提出什么新的需求。

目前,长三角地区教育正在从"学有所教"向"学有优教"跨越,进入了追求更加公平、更加优质、更加多样化,为每一个受教育者提供合适的优质教育的新阶段。素质教育不断推进,办学行为规范到位,基础教育课程改革成效显著,学校课程开发、课程资源建设和教师专业发展迈上新台阶。作为依法办学、提升教育质量的有力保障,学校教育评估发挥了十分关键的作用并取得了长足的进步。

第一节　上海市基础教育学校评估发展概况

一、改革开放以来上海市基础教育评估的发展变化

(一)上海市教育督导工作成效显著,以督政为重点的督导制度日益完善

改革开放以来,随着我国教育规模的扩展,教育质量问题日益成为教育管理的重点,各级政府开始加强对各级各类教育的督导和评估工作,并设立专门的教育督导评估机构,组建了专门的督导和评估队伍,基础教育评估进入了一个重要的发展阶段。这一时期,政府主导的督导评估是上海基础教育评估的主要形式。

1986 年 10 月,国务院批准教育部视导室变更为国家教委督导司,标志着我国教育督导制度正式恢复。上海于 1987 年 9 月成立了上海市教育督导专职部门,这为进一步增强区(县)政府严格履行义务教育法定责任和基础教育发展的目标责任制,推动各级各类学校全面实施素质教育,促进校长和教师专业化发展起到了积极的作用。

20 多年来,上海市教育督导坚持实践探索,不断实现自我突破与创新,取得的成效主要表现为以下四方面:一是大力开展依法督政工作,确保了贯彻教育法律法

规的政府行为的落实。特别是 1994 年市督导室研制各相关职责后,上海市政府下发了《上海市各级政府和市有关部门实施九年义务教育的职责》,被原国家教委肯定并在全国推广,同时也保证了上海中小学义务教育的各项主要指标在全国处于领先水平。二是坚持"督学为本"原则,进一步促进了各级各类学校实施素质教育和依法自主办学积极性、创造性的发挥。如与英国合作开展了"学校发展性督导评价"的研究和实践,此项工作体现了教育督导的创新与实践,已在全国督导部门产生了较大的影响,并已成为本市督导工作的亮点。三是大力加强督导制度建设,进一步促进上海督政和督学工作的制度化和规范化。1999 年 12 月,上海市政府颁发《上海市教育督导规定》,研究制定《上海市区县"加强初中建设工程"督导评估纲要》和《督导评估指标》等,为规范督导行为、推动督导制度化和规范化建设,促进学校办学水平的提高积累了一系列的经验。四是进一步加强督导队伍建设,全面提高督学专业引领督导工作的能力和水平。上海市已建立了一支由专、兼职督学和特约教育督导员组成的三结合队伍,并吸纳了一批政府部门管理专家、学校管理专家以及社会知名人士和专家的代表,在推动督导工作专业化的实践上取得了一定的进展,同时进一步增强了上海督导队伍的权威性和社会影响力①。这一阶段教育督导的两大任务是督政和督学,但无论是督政还是督学主要都是从执行法律法规的角度对政府或学校进行监督检查,督导的重点是督政。

(二)顺应教育改革的时代需求,评估内容逐渐扩大,评估指标研制开发日趋活跃

20 世纪 90 年代,我国中小学校逐步从应试教育转向素质教育,在素质教育发展理念的推动下,国家开始关注教育质量提升和评估指标研制等相关问题。1991年原国家教委下发了《指导纲要》指出:"各省、自治区、直辖市和计划单列市……制订试点计划,同时依据《指导纲要》的内容,结合本地实际情况,制定具体的督导评估方案和指标体系"。在这一文件精神的指导和推动下,全国各地开始了构建中小学督导评估指标体系的尝试。1993 年国务院颁布《中国教育改革和发展纲要》,明确提出要"建立各级各类教育的质量标准和评估指标体系。各地教育部门要把检查评估学校教育质量作为一项经常性的任务"。

为大力实施素质教育,1997 年 5 月,上海市根据《普通中小学校督导评估工作指导纲要(修订稿)》的精神,在总结"上海市中、小学办学水平督导评估指标体系(试行)"情况的基础上,形成了《上海市中、小学办学水平督导评估指导纲要(试行稿)》。1997 年 7 月,上海市人民政府教育督导室收集了上海各区(县)基础教育学校办学水平督导评估指标,并汇编成《上海市教育督导评估指标汇编》,以促进区(县)间的相互交流和提高。这部汇编共收录 19 个区(县)40 套评估指标(含部

---

① 上海市教育督导工作发展规划(2005—2007 年),http://www.moe.edu.cn/edoas/website18/23/info12323.htm.

分评估方案和实施细则），堪称上海督导评估指标之大全。

汇编中绝大部分区（县）的评估指标文本冠名为"办学水平督导评估指标"，可见评估主体是政府督导部门，评估内容是对学校办学情况进行全面评估。有5个区（县）的指标文本命名为"实施素质教育评估指标"，这说明当时从应试教育向素质教育转轨的力度在加大，许多教育行政和督导部门有了强烈的实施素质教育的意识，并且力求在指标中予以体现和反映。此外，杨浦区和宝山区指标文本分别名为"学校管理与学生基本质量指标"和"双高普九督导评估指标"，其评估内容与办学水平的全面衡量并无二致，但突出一些阶段性的重点工作。

（三）进入21世纪，上海市基础教育督导、评估、监测体系架构基本完成

新时期，随着教育评估理论的发展和"以人为本"的素质教育的广泛实践，基础教育的评估更多的是针对学校办学水平和教育教学质量的评判。同时，基础教育评估、依法督政和督学的教育督导体系与测量学生学习、发展状况的教育监测体系共同构建了基础教育全面质量保障的大系统。

2007年11月，教育部基础教育质量监测中心成立，正如原教育部副部长陈小娅指出："'两基'基本完成之后，我们要下更大的功夫来研究教育的内涵发展，这就要求基础教育必须有符合建设人力资源强国、建设创新型国家要求的质量标准来衡量、监测，给教育的改革发展以基础性的支撑。"[①]而后，各地相继成立地方性的基础教育质量监测中心。上海市于2009年成立了上海市教育委员会基础教育质量监测中心。监测中心的主要职责：第一，拟订上海市基础教育质量标准。包括中小学学生数学、语文、科学、外语、社会、艺术等学科学习质量标准和身心健康状况等相关领域的指标体系。第二，研究开发上海市基础教育质量监测工具，包括中小学学科和相关领域的监测工具。第三，受上海市教育委员会委托，具体实施上海市基础教育质量监测工作。拟订监测实施方案，组织实施监测工作，对监测数据进行处理、分析，向上海市教育委员会报送监测报告。第四，为各区（县）开展基础教育质量监测工作提供技术支持和业务指导。至此，上海市人民政府督导室、上海市教育评估院、上海市基础教育质量监测中心各司其职，分工协作，从不同的层面为上海教育质量提供保障。

二、上海市基础教育评估活动的范围、类型

为了加速转变政府职能，上海市努力探索"管、办、评"分离的教育管理新机制。2000年上海市教育委员会着手成立了直属事业单位上海市教育评估院，并专设基础教育评估室（2007年已改为基础教育评估所）。这标志着上海市基础教育督导与教育评估的组织架构完成，政府依法行政行为与教育社会服务功能互补新格局的形成。上海市教育评估院的基础教育评估项目逐年拓展，服务范围覆盖学

---

① 陈小娅：《建立具有中国特色的基础教育质量监测系统》，《中国教育报》，2007年12月17日。

前教育到高中教育各学段,从公办学校到民办学校,从常规的办学水平评估到各类专项评估,项目数量繁多,类型各异。

（一）义务教育阶段紧密呼应督导重点开展评估

众所周知,义务教育的责任在地方政府。上海市、区两级督导部门依法履行督政督学之职,开展各项依法办学、综合督导、分等定级,从而推进义务教育的发展。与此同时,教育行政部门委托专业评估机构开发指标、设计项目,从而进行达标基础上的优质办学的引导。该阶段有影响的重点评估项目是素质教育实验校评审。1999年,上海市教委启动首批"上海市素质教育实验学校"建设项目,之后组织评估专家组分赴20个区(县),先后对130所申报学校进行了评审,首批命名了94所学校作为市级素质教育实验学校。而后,各区(县)也相继研制了区(县)素质教育实验校、素质教育先进校和改革创新项目的评审方案,如浦东新区、普陀区和金山区等,为引导和激励区域义务教育阶段学校高标准、高质量实施素质教育发挥了重要作用。在此基础上,2010年上海市教委成立专题研究小组,委托上海市教育评估院着手研究新一轮素质教育实验校评审的方案和指标。

（二）实验性、示范性高中评估项目引领上海市高中发展

高中阶段的常规评估项目是上海市首批实验性示范性高中的规划评审、中期评审和总结性评审。1999年,上海市教委发布《关于本市开展"实验性示范性高中"规划评审的意见》(沪教委基[1999]28号),正式启动了上海市实验性示范性高中建设工程。历经10多年的创建过程,上海市分批建设并命名了50多所市实验性示范性高中,通过对素质教育的实验改革与示范引领,带动上海市基础教育整体水平的提升。上海市实验性示范性高中创建评审的设计注重创建的过程性,借助"规划评审——中期评审——总结性评审"三阶段的评审模式,让学校学会自主办学和主动发展,促进学校以自主制订发展规划为抓手,推动学校内涵发展和特色创建,不断提升教育质量。2009年,上海市教委为着力引导本市实验性示范性高中在推进素质教育中实现新突破,办出特色,形成自主发展的长效机制,又委托上海市教育评估院研制"上海市实验性示范性高中内涵建设的发展性评审"工作方案,试图实现本市实验性示范性高中建设的常态化管理以及评审机制的创新。

（三）各类专项评估项目满足教育改革发展多样化需求

上海市教育评估院除了参与和承担市教委基础教育处的常规评估项目之外,还积极承担了上海市示范性特殊教育学校评估等其他评估项目。除此之外,上海市教委德育处、体卫艺科处、语委办等相关部门也设计了部分基础教育评估项目。如上海市中小学行为规范示范校、上海市语言文字规范化示范校认定、体育传统项目学校评估以及上海市青少年校外教育机构评估等。

上海市中小学行为规范示范校评估作为上海中小学德育的品牌项目,历经多年,2003年9月上海市教委与市精神文明办联合颁发了有关文件,正式启动了上海市中小学行为规范示范校评审工作。该项目委托上海市教育评估院组织实施,按照文件规定："示范校每三年评选一次"。第一轮评审从 2003 年年底至 2004 年 11 月，评审涉及全市 19 个区（县）的 345 所中小学校，最终有 317 所中小学校通过并被授牌。2005 年底，为完善示范校评估管理机制，优化评估信息采集方法，增进互相交流，接受社会监督，评估院在原有的材料评审和现场评审的基础上，提出创建"市级行为规范示范校风采展示"专题网页的建议。在 2008 年度开展的第二轮示范校评审中，该网络展示平台发挥了信息采集高效性、便捷性和全面性的优点，使 19 个区（县）的 379 所中小学校的材料评审实现了网络化，为进一步推进示范校评估工作的健康持续发展奠定了坚实基础。

"2006—2007 年度上海市民办学校依法办学专项评估"是上海市民办学校有史以来最大规模全市性的评估。项目由上海市教委委托上海市教育评估院总承担，通过市区两级评估机构联动，对 144 所民办学校进行历时 6 个月的评估，提交了高质量的评估报告，为促进全市民办教育的健康发展提供了科学依据。

2007 年，上海市教委又将"以委托管理推进郊区农村义务教育学校内涵发展"项目委托给市区两级评估机构。这一项目正在尝试政府购买服务，探索将中心区优质中小学资源以委托管理的创新机制来推进农村义务教育的均衡发展。市教育评估院负责协调区（县）评估机构，对该项目前后两轮所涉及的 19 个区县 64 所学校的项目运作（包括初态评估、方案评估、中期评估和绩效评估四个环节）进行全程评估。这些项目的实施，有力地推进了基础教育内涵发展和均衡发展，支持了教育行政部门政府职能的转变工作，初步形成了"管、办、评"分离的机制，利于教育行政部门把更多精力投入到教育宏观政策的制定、实施以及监管方面，让学校教育的评价更加专业化。

当前，上海市基础教育领域市区两级政府教育督导与市区教育评估服务机构在教育管理评价上有着良好的沟通协调。督导机构更多地代表行政管理，有力地实施督政、督学的法定职责，各级评估机构也努力在公共服务中扮演好自己的角色。

三、上海市基础教育评估的特点与经验

（一）基础教育评估体现了时代特征，服务教育、改革创新

20 世纪 90 年代末期以来，为更快实现上海市"一流城市，一流教育"的宏伟目标，上海市基础教育事业不仅在办学条件等硬件方面，而且在课程、师资等软件方面都得到了较大的提升和发展。在此期间，上海市基础教育学校的评估事业也得到了快速发展，专业的评估机构应运而生，有力地促进了上海市基础教育事业的发展。由此，上海市基础教育学校的评估指标在结构和内容方面也呈现了明显的时代特征。一方面，基础教育学校的评估指标在内容方面与素质教育的要求和新时期学生发展的目标结合得更加紧密，并逐渐彰显上海市基础教育发展的时代主旋律，即更好地促进学生综合素质的提升和学生身心的全面发展。为此在内容方式

方面包括了学生主体性的作用、学生身心发展以及学校自主发展规划和学校办学特色等方面的评价,以此引领学校的自主发展和内涵发展。另一方面,基础教育学校评估指标更注重灵活性,实行"基础+发展"的结构,鼓励学校自主办学和特色办学;而且注重引入社会评价,鼓励社会和家庭参与学校评价,更好地满足人民群众的教育需求,办人民满意的教育。

(二)基础教育评估重视指标研发,走专业化发展道路

在基础教育以区(县)人民政府管理为主的办学体制下,具有明显区域特征的学校办学评估指标体系得到了不断地丰富和完善。随着发展性教育督导理念的引入,市政府教育督导室于 2004 年下发了《关于进一步深化完善本市中小学校发展性督导评价的实施意见》,此后还编制了一些指导性资料,如《学校发展性督导评估 80 问》、《学校发展规划 50 问》等。各区(县)根据上述文件或资料精神,对以前的督导评估指标进行了反思和改进,并积极探索以促进学校依法自主办学为目的的发展性督导评估。上海各区(县)都有本区的学校(幼儿园)办学水平督导评估指标,具有明显的区域教育发展特征,真可谓"百花齐放"。主要包括以下几种情况。

一种是根据区域教育发展的实际,以及新颁发的法律法规和指导性文件的要求,对以前使用的指标在结构和内容上进行适当调整,删去一些内容过时的指标,增加实施素质教育等方面的评估要求,这类评估指标体系的特征是以基础性为主。第二种是以促进学校依法自主发展为主线,评估指标体现发展性和以校为本的理念,其特征是将基础性(规范性)与发展性相结合,扩大督导评估的开放性,如虹口区制定的《中小学三年发展规划评审指标》、普陀区的《学校自主性督导评估指标参考要点》等。三是参照市督导室制订的《上海市中小学"学校发展性督导评价"指标纲要》,评价指标体系分为"办学基础性指标"和"办学发展指南"两部分,其中"办学发展指南"以"发展领域"(项目)形式供学校参考选用,两部分评估结果按一定比例纳入总分。其特征是让学校在把握办学规范(基础性指标)的同时,具有较大的自主发展空间,如闵行区的《学校办学水平综合督导评估指标》。

(三)市区两级评估机构携手联动,发挥各自优势

2004 年,为进一步完善科学合理的教育评估管理机制,在上海市教委支持下,由上海市民政局审批成立了上海市教育评估协会,下设教育评估机构专业委员会。经过数年发展,上海市共 22 个区(县)层面的教育评估机构成立,已经形成市、区(县)两级教育评估组织体系。为此,上海市目前除了市区两级政府督导部门依法履行督导职责外,已有市级专业评估机构——上海市教育评估院和 22 个区层面教育评估机构中心(教育评估事务所),这些机构也构成一个市区两级的评估机构网络。各区(县)层面的评估机构中,有的是区(县)教育局直属的事业单位机构,有的是民政或工商部门审批的民办非企业,性质各异,但功能相似。各区(县)教育评估机构从小到大,逐步发展完善,承担了区(县)督导机构以外几乎各种类型的

评估任务。在一些全市大型的评估项目上,市区两级评估机构联手合作,分工协作,往往市评估院研制评估方案,制订评估指标,市区两级评估机构分头、分步骤实施,从而有利于发挥两级评估机构的优势,实施效果良好。

上海市教育评估院着力加强评估能力建设,2007 年确立了"抓科研、上水平、树品牌"的发展策略,通过教育评估科研课题招标、教育评估专家库建设等一系列举措,逐步提升了评估机构的专业水准和行业规范性。2009 年《上海教育评估工作规程》、《教育评估标准汇编》,2010 年《教育评估案例精选与评述》等一批具有行业指导性和规范性价值的科研成果产生。市评估院作为中国教育学会基础教育评估专业分会副理事长单位,承办和参与了定期组织的各类研讨会、论坛和年会。市评估院基础教育评估所还编印《基础教育评估动态》,定期发放给所有区(县)评估机构和市教委有关部门,及时汇编本市最新的评估项目进展、各区(县)评估机构发展现状,以及国内外教育评估发展趋势和前沿理论。在此基础上,市教育评估院还组织各区(县)教育评估机构定期开展培训交流,搭建互动学习平台,共同提高评估业务水平。上海市教育评估协会还广泛征求市区两级各类教育评估机构的意见,积极探索教育评估机构的资质认证工作。

(四)积极参与国际项目,学习借鉴,与时俱进

当前,国际上进行教育质量监测评价的组织模式主要有三种:一是组建专门委员会,独立于教育行政部门,直接向国会或总理报告;二是政府机构以项目形式委托大学和研究机构进行;三是由教育行政部门,如督导室直接负责。采用哪种模式是各国根据自己的政治传统、国力和可能的投入、教育评估行业的专业化程度而决定的。

上海市从 2008 年开始着手筹备成立上海市教育质量监测中心。市教委发布的《2008 年下半年上海教育工作补充意见》提出:上海市将着力推进各类教育协调发展,加快率先基本实现教育现代化的进程。市教委积极开展教育质量检测与评估工作,参与国际和国内教育质量测评并借鉴其经验,开展中小学学业发展水平的评价,推进教育工作的完善和改进。

上海市各区(县)结合本区教育的实际情况,开展区域范围内中小学校学业质量的科学评价、分析、反馈和指导的理论研究和实践探索。许多区(县)还建立了基于网络信息技术的质量监控系统。

2009 年,上海市参加了经济合作与发展组织(OECD)开展的国际学生评估项目(PISA),标志着上海正式参与了国际性的基础教育质量监测与评估的交流合作。PISA 的测评框架与传统评价不同,不是对学校学科学习结果进行测评,而是未来的、前瞻式的评价,是评测学生们在多大程度上能将学到的东西推及其他,以及在新的环境中应用他们学到的知识和技能。为实现这一目标,第一,PISA 采用比学科更为综合的评价领域,如阅读、数学、科学;第二,强调素养,重知识应用,而非简单复制;第三,融入现实生活情境,这是 PISA 命题研究基础之一。

为了更好地参与该国际评估合作项目,上海市教委成立了由市教委分管基础教育副主任领衔的 PISA 中国上海项目工作组。

2009 年 PISA 测试,上海地区经过精心组织,共有 152 个样本学校的 5 115 名学生参加测试,获得了很多有用的数据信息,也锻炼了专业队伍。目前,上海市正在积极筹备参加 2012 年 PISA 国际测试。2012 年的主要测试领域是数学,上海市已组织了 7 位数学专家和 3 位科学教育专家组成专家组,完成了第一批和第二批试题评审工作。总之,通过参与 PISA 项目,上海市在基础教育质量监测与评价上增加了国际参照,学习了先进的测试理念与规范的测试评价手段,特别是熟悉了国际通行的基础教育评估领域的规则,参与其中并获得话语权,这对上海市基础教育评价与国际接轨具有十分重要的探索意义与战略意义。

四、上海市基础教育评估的发展展望

(一)基础教育评估专业力量亟待整合加强

当前,基础教育质量成为提升国家和地区竞争力的关键因素。上海市基础教育面临着一系列问题,如基础教育质量现状、二期课改的效果、教育投入的方向和方式、如何向不同阶段和不同家庭背景的孩子提供公平教育等。面对这样的任务和挑战,上海市基础教育的评估力量尚显薄弱和分散,与国际同类地区相比,专业化程度还不够。因此,构建上海市基础教育质量监测评价体系,对全市基础教育质量进行监测和各类学校办学状况进行评估,对促进全市基础教育事业内涵提升具有重要的现实意义。当务之急是把督导评估的力量进行优化整合,形成合力。同时,需要进一步完善相关法律法规,使督导评估职能分工明确,依法介入。

(二)基础教育评估指标体系的相关研究亟待深化

基础教育学校评估工作不论是在学校层面,还是在各级教育行政部门都得到了较大的关注,但是相关的理论和实践研究工作还亟待加大力度。事实上,随着我国教育管理体制改革的逐步深入,尤其是上海市"管教育、办教育、评教育"三分离管理机制的逐步完善,上海市的基础教育评估事业得到了较大的发展。如何进一步加大基础教育评估的研究力度以及研究水平,从而更好地指导实践,需要我们进一步加以分析和研究。上海市至今没有完备的基础教育各级各类学校的办学标准和与之相匹配的办学评估指标体系,对学校办学质量诊断和办学目标的认证手段也显滞后。

部分基础教育评估项目的指标较粗放,未形成科学完整的体系,无法全面反映学生发展,无法客观反映学校在学生成长过程中的教育价值;同时学生的行为规范、道德品行、个性品质、审美能力、创新精神和创新能力等一直缺乏科学的评价标准和评价方法。近年来,随着人们对教育的关注从外延转向内涵,对学校监测评价有了新的要求,学校教育教学质量的监测在指导思想和方法手段上均有更新。这些新要求、新变化如何在学校评估指标中得到反映,是我们面临的新问题。因此,应组织研究力量协力攻关,制订基础教育各类学校办学标准和与之配套的评估指标,开展对课程改革的过程评议以及政府基础教育政策的绩效评估,让基础教育评估真正为基础教育质量保障提供全面服务。

第二节　江苏省基础教育评估发展概况

江苏省是东部沿海发达省份。江苏省历来重视教育,21 世纪的江苏省教育以科学发展观为统领,以建设教育强省、率先基本实现教育现代化为目标,解放思想,开拓创新,实现了全面协调可持续发展,教育综合实力和整体水平位居全国前列,在建设高水平、高质量基础教育方面取得显著成效。江苏省现已基本普及 15 年教育:学前 3 年教育普及率达 59.6%,小学学龄儿童入学率达 99.94%,小学毕业生升学率达 100%,初中毕业生升学率达 97.3%,高中阶段入学率达 95%。

一、江苏省基础教育评估工作的启动与发展概述

根据《2009 年江苏省教育事业发展统计公报》,2009 年江苏省共有幼儿园 4 110 所,小学 5 013 所,初级中学 2 181 所,普通高中 710 所。

(一) 基础教育督导工作始于 1989 年,并取得了显著的成绩,有力地促进了基础教育事业的改革与发展

改革开放以后,为了提高国民素质、促进经济社会发展,我国不仅于 1985 年出台了《中共中央关于教育体制改革的决定》,将基础教育的管理权限下放至地方,由地方负责、分级管理,极大地调动了地方和学校的办学积极性和主动性。我国还于 1986 年颁布了《义务教育法》,大力普及义务教育。我国为此组建和成立了基础教育督导机构,专职督导国家义务教育办学状况。自 1989 年江苏省政府批转《江苏省教委关于在全省试行教育督导制度的意见》以来,江苏省教育督导制度的恢复重建工作和教育督导工作都取得了显著成绩。[①] 从江苏省人民政府教育督导团 2009 年工作要点可以看出,江苏省县级政府教育工作省级督导评估和考核工作已经推行了一轮,第二轮工作即将启动,以提高对县级政府教育督导工作评估考核工作的效能。

根据《省教育厅省政府教育督导团关于进一步加强和改进全省教育督导工作的意见》(苏教督〔2008〕2 号)精神,江苏省基础教育督导工作的重心是进一步健全和完善教育督导制度和工作机制,建立分级教育督导制度,健全县级政府教育工作督导评估和考核制度,建立对地方教育行政部门的督导制度,建立农村义务教育经费保障机制督导制度,建立实施素质教育督导制度和县域义务教育阶段教育教

---

① 江苏省教委关于加强教育督导和评估工作的意见,http://jydd.czedu.gov.cn/jiuban/czdd02.asp? newsid=134.

学质量督导监测制度,健全省督学责任区制度,完善督导结果报告、通告、公告、公示和督导检查限期整改制度,建立和健全教育重大问题报告制度,建立和健全教育督导表彰制度,注重过程督导和提前督导,健全督导评价标准中的"一票否决"机制。并在总结经验的基础上制定符合实际、操作性强的《江苏省教育督导工作规程》。同时,还启动《江苏省教育督导暂行条例》起草工作。

(二)改革教育管理的体制,成立专门教育评估机构,丰富和完善了教育督导和评估工作的方式方法

1997 年 4 月江苏省教育厅设立了专门的从事教育评估工作的机构,即江苏省教育评估院。江苏省教育评估院的成立标志着江苏基础教育督导与评估工作进入到了一个新的发展阶段。

江苏省教育评估院的主要工作职责是:承担江苏省教育厅研究确定的教育评估项目的组织实施工作;承担各级各类教育质量状况调查与评价工作;组织开展教育评估理论研究,参与教育评估政策制定;组织开展教育评估专业培训和咨询服务,指导基层教育评估业务工作;完成厅领导交办的其他工作。为此,江苏省教育评估院下设 6 个中层部门:院办公室、研究发展室、综合评估室、高等教育评估室、基础教育评估室、职业教育评估院。从中我们可以看出:江苏省教育评估院的评估职责基本覆盖了江苏省各个教育阶段的教育范围,从其开展的评估工作基本可以分析出江苏的教育评估大致状况。

二、江苏教育评估的项目类型与政策依据分析

(一)江苏省在成立专门的教育评估机构的基础上,逐步形成了江苏省的教育评估品牌项目

作为江苏省教育厅专门从事教育评估的机构,江苏省教育评估院成立十余年来,承担教育厅研究确定的教育研究项目的组织实施工作,承担教育指标和状况调查工作,认真开展教育质量评估理论研究,积极参与教育评估政策制定,主动进行教育评估专业培训和咨询工作,先后接受委托或授权开展评估项目有 20 多个。2010 年确定实施的教育评估项目主要有 8 项:县(市、区)教育现代化建设水平评估、江苏省优质幼儿园评估、江苏省普通高中星级评估、江苏省中等职业学校星级评估、高职高专人才培养工作水平评估、江苏省研究生学位论文抽检评议、硕士学位授权评估和独立学院专业抽检工作。①

(二)通过制定相关政策,规范并引导评估工作,促进评估事业有序、健康发展

我们以其中的一个评估项目为例,分析江苏省开展教育评估项目的相关依据。教育现代化不仅仅是江苏等一些发达省的教育发展的目标,而且也是国家在未来的教育发展目标。这在《教育规划纲要》中已经有明确的表述。江苏省开展的县

---

① 江苏省教育厅副厅长倪道潜在开幕式上的致辞,《基础教育评价参考》2010 年第 3 期。

(市、区)教育现代化建设水平评估,不仅在全国起步比较早,而且第一期的评估项目工作已经结束,江苏省教育厅已经对相关的评估工作进行了阶段性的总结。江苏省开展的县(市、区)教育现代化建设水平评估在全国具有领先的地位和作用。本文仅以教育现代化建设水平评估为例,分析江苏省开展教育评估工作的主要政策依据。

江苏省教育评估院开展上述评估项目的主要依据有:《中共江苏省委、江苏省人民政府关于加快建设教育强省 率先基本实现教育现代化的决定》、《省教育厅关于开展县(市、区)教育现代化建设水平评估的通知》、《关于做好 2009 年度县(市、区)教育现代化建设水平评估申报工作的通知》、《省教育厅关于印发〈江苏省县(市、区)教育现代化建设主要指标诠释〉的通知》、《省教育厅办公室关于印发〈江苏省县(市、区)教育现代化建设水平评估实施办法〉的通知》、《省政府办公厅关于转发省教育厅江苏省县(市、区)教育现代化建设主要指标的通知》等。从中我们可以发现:江苏省开展的教育评估项目具有很强的政策导向性,一方面评估工作与政府的教育目标紧密相关,甚至在一定程度上,正是通过评估工作的开展来带动并推动教育目标的发展;另一方面,教育评估工作的开展具有较强的递进与层次性。这体现在不仅通过政府发文来对评估工作进行正本清源,引起全省的重视,而且对开展的评估工作的关键环节如评估指标进行详细的诠释和分析,提高全省相关的单位对评估工作的理解和认可,从而提高人们对评估工作的认同感,实现以评促建之目的。

三、江苏省基础教育领域中的评估项目分析

(一)以构建区域性教育现代化为突破口,启动县(市、区)教育现代化评估

1. 江苏省启动了县(市、区)教育现代化评估

2005 年 6 月,江苏省委、省政府颁布了《关于加快建设教育强省 率先基本实现教育现代化的决定》,提出率先基本实现教育现代化是江苏省教育的奋斗目标。明确提出:到 2010 年,全省教育整体水平和综合实力要位于全国前列,达到或接近中等发达国家水平,率先基本实现教育现代化。2006 年 11 月,江苏省第十一次党代会进一步明确:到 2010 年全省全面实现小康的时候,教育要率先基本实现现代化。教育成为全省各行各业中唯一要求率先基本实现现代化的领域。2007 年 5 月,江苏省政府办公厅转发了教育厅制定的《江苏省县(市、区)教育现代化建设主要指标》,正式启动县(市、区)教育现代化评估。江苏省开展全省教育现代化建设水平评估的定位十分清楚,县(市、区)教育现代化评估的重点是基础教育。评估中既考察县(市、区)政府的责任,也看学校单位的办学水平。

2. 县(市、区)教育现代化评估重点是基础教育评估

2007 年 6 月 8 日,江苏省教育厅发出《关于开展县(市、区)教育现代化建设水平评估的通知诠释》,明确由江苏省教育评估院实施评估,并于 2007 年 10 月组织

首批县(市、区)教育现代化建设水平评估。开展县(市、区)教育现代化建设水平评估是对区域教育的综合性的考核,是通过评估工作,促进县区教育改革与发展,推进建设教育强省、率先基本实现教育现代化的重要途径。江苏省县(市、区)教育现代化评估的评估对象是社会经济文化等较发达的县、市、区;评估内容重点是基础教育,包括学前教育和高中阶段教育,其次是中等职业教育、成人教育等;评估思路:达标评估是基础,促进区域地区以教育特色引领区域性教育现代化发展是根本。[①]

3. 江苏省县(市、区)教育现代化评估工作阶段性回顾

为进一步提高县(市、区)教育现代化建设水平,江苏省教育厅于 2010 年 1 月 22 日在南京召开了 2009 年县(市、区)教育现代化建设水平评估情况通报会。江苏省教育厅副厅长倪道潜同志在回顾以往几年江苏省县(市、区)教育现代化创建与评估情况时说:"在各级领导部门和所有学校的共同努力下,全省教育现代化建设取得了新的成效。"据不完全统计,纳入 2009 年评估范围的 26 个县(市、区)近年来直接投入教育现代化建设经费总计达到 73 亿元,有效地改善了各级各类学校的办学条件,迅速提高了教育信息化水平。办学条件的现代化为教育思想、教育管理、教师队伍的现代化建设,奠定了坚实的基础,创造了良好的环境,人民群众对教育的满意度进一步提高。26 个县(市、区)的创建迎评在苏中、苏北乃至于苏南产生了积极影响。2010 年 1 月 21 日,江苏省人民政府批准授予 2007 年和 2009 年通过评估的 62 个县(市、区)"江苏省教育现代化建设先进县(市、区)"称号。[②]

(二)重视发展性评估,创建普通高中星级评估的品牌模式

普通高中星级评估是服务江苏经济社会发展、推进高中教育可持续发展、办人民满意教育的创新工程。以评促建、以评促管、以评促发展是评估的根本宗旨。它以先进的评估理念、智慧的评估策略、规范的评估行为、最具代表性的专家队伍、多方联动的创建机制,成为发展性评估的品牌项目。[③]

1. 普通高中实施星级评估,促进高中教育均衡发展

2003 年 7 月,江苏省教育厅决定实施普通高中星级评估。普通高中星级评估是对普通高级中学(完全中学)实施的一种等级鉴定。鉴定标准分为五个等级:一星级,突出办学合格性。二星级,突出基础发展性,该类学校在一星级的基础上有发展,但发展仍属基础性质的。三星级,突出主体骨干性,该类学校有较好的办学条件和常规管理,各方面比较规范和稳定,有一定的声誉。四星级,突出实验示范性,该类学校办学条件基本实现现代化,管理到位,常出新思想、新经验,教育质量

---

①　区域教育现代化评估之探想,http://edu.ifeng.com/news/200912/1202_6978_1459235.shtml.

②　江苏省教育厅召开教育现代化评估情况通报会,http://www.chineseall.cn/news/newsDetail.action? news.id=43323&org.id=220.

③　江苏省教育评估院:《江苏省普通高中星级评估手册》,江苏教育出版社 2007 年版。

高,社会声誉好,在一定区域内有较强的示范性。五星级,突出国际可比性,该类学校有一流的办学条件、师资队伍和管理,文化底蕴深厚,在国内有很高的知名度,并与国外名校有很好的合作,属于高中学校里素质教育的典范、教育改革的样板、对外交流的窗口。

江苏省的星级评估实行省、市两级负责制。三、四、五星级学校的评估由江苏省负责,一、二星级学校的评估委托省辖市负责。省辖市教育行政部门负责指导所辖县(市、区)学校和直属学校的总体规划建设,指定相关机构承担一、二星级学校的评估任务;县级教育行政部门负责辖区内学校的建设指导,向省辖市推荐本地学校参加星级评估。

根据《江苏省普通高中星级评估方案》等文件精神,评估的基本程序是:(1)学校申请。学校学习和对照评估标准,发动教职员工自评,达到目标星级的要求,向教育主管部门提出评估申请。(2)教育主管部门推荐。凡申请三、四、五星级评估的学校,由县(市、区)教育主管部门向省辖市推荐,由省辖市教育主管部门组织预评,预评合格的向省推荐。(3)组织评估。在审核材料等工作的基础上,评估机构委派专家组赴校进行现场评估,专家组通过听、看、问、查等多种形式逐项检查达标条件,形成专家组意见。(4)专家评审委员会审核。评估机构组织专家评审委员会对各专家组的评估意见进行综合评审,形成审核意见。(5)教育行政部门审批。教育部门对评估机构报送的意见进行审批,并向学校颁证和授牌。

截至 2008 年 1 月,全省拥有三星级高中 253 所,四星级高中 176 所。五星级高中正处于创建阶段,将适时开评。随着高中优质资源的扩大,2010 年以后全省将不再存在一星级和二星级普通高中。①

2. 以评估为抓手,全面推进普通高中教育的改革与发展,体现星级评估的品牌效应

江苏省教育厅在 2009 年 8 月 19 日至 21 日召开的普通高中校长暑期学习研讨会上,江苏省教育厅领导明确提出:大力改善办学条件,办好每一所普通高中学校,积极开展优质高中评估创建活动,到 2015 年普通高中学校全部达到江苏省优质学校标准;全面实施素质教育,培育并形成一大批内涵丰富、特色鲜明的高中学校,为学生提供适合的、多样化、可选择的教育;政府加大对高中教育的投入,基本建立普通高中教育的经费保障机制,全省高中教育的整体办学质量和水平处于全国领先位置。从中我们也可以发现,江苏省教育评估工作的定位与在推进全省普通高中改革与发展过程中的重要作用,通过评估也提升了普通高中的整体办学条件和办学水平。②

---

① 江苏省教育评估院项目简介,http://jypgy.ccit.js.cn/pgxm_xmjj.asp? id=3.

② 沈健:《把江苏普通高中建成有影响、高质量、有特色的教育品牌》,http://jypgy.ccit.js.cn/details.asp? id=1199.

（三）开展优质幼儿园评估，扩大学前教育的优质教育资源

2007年2月，江苏省教育厅为进一步加强对幼儿教育的管理，扩大优质教育资源，提升幼儿教育的办学层次和水平，印发了《关于进一步规范幼儿园评估工作的通知》（苏教基[2007]2号）。此通知明确，"江苏省示范性实验幼儿园"的评估工作不再进行。从2007年起，全省幼儿园评估分为三类，即合格园、市优质园和省优质园。同时提出了"全省将用3至5年的时间使所有的幼儿园都办成合格幼儿园，部分幼儿园创建为市优质园，其中的1/3左右创建为'江苏省优质幼儿园'，苏南及经济发达地区，省优质幼儿园应达到总量的1/2"的奋斗目标。该通知规定省优质园的评估由江苏省省教育厅组织，江苏省教育评估院负责具体实施。

2007年4月，江苏省教育厅颁发了《关于印发〈江苏省优质幼儿园评估实施方案〉和〈江苏省优质幼儿园评估标准〉的通知》（苏教基[2007]14号），全面启动了江苏省优质幼儿园的评估工作。《江苏省优质幼儿园评估标准》共包括保教队伍、办园条件、安全卫生、保教水平和管理绩效5大指标、35条标准。此标准是一个发展性评估体系，它以《幼儿园管理条例》《幼儿园工作规程》和《幼儿园教育指导纲要（试行）》为指导，借鉴了江苏省示范园、优质园多年的建设经验，吸收了国内外幼教理论研究的优秀成果，突出了省优质幼儿园的基础发展性、主体骨干性和区域可比性。

江苏省优质幼儿园评估是对幼儿园实施的一种等级鉴定，评估的根本目的在于促进幼儿园全面发展，推动全省幼教事业改革，扩大优质幼儿教育资源，更好地满足广大人民群众接受优质幼儿教育的需求，对提升江苏省幼教发展水平具有十分重要的意义。

四、江苏省基础教育评估工作的特点分析

（一）评估工作与教育改革形成良性互动，提高评估工作的认可度

总结和分析江苏省教育评估的工作，特别是对江苏省的一些重点品牌评估工作进行分析之后，正如同江苏省教育厅的领导总结一样，江苏省教育评估工作主要体现了三个方面的特点，值得我们关注和研究。其一，教育评估工作紧密结合江苏教育工作，以评估促进江苏省教育工作的落实。2007年6月，江苏省政府办公厅转发了省教育厅、省委宣传部、省委组织部、省监察厅《关于规范中小学办学行为 深入实施素质教育的意见》，向各地各校提出了"五严"（严格禁止下达高（中）考升学指标，严格控制学生在校集中教学活动时间，严格执行国家课程计划，严格规范考试和招生管理，严格制止义务教育办学中的违法行为）的要求。江苏省教育评估院在相关指标的建设中强化"五严"要求，在材料评审中坚持"五严"要求，充分发挥评估的导向作用。其二，以评估促进江苏省重点工程的实施。2007年江苏省教育厅分析当时在江苏推进教育现代化的难点以及苏北、苏中地区的实际困难，继续通过实施农村合格幼儿园建设工程、农村中小学食宿条件改善工程开展职业学校星级评估，加强优质教育资源建设，提升各类教育师资队伍整体素质，

提升社区教育基础能力建设水平等综合性措施,全面提升区域教育现代化的建设水平。评估工作在其中发挥了重要的作用。其三,以评估促进评价制度的完善。江苏坚持以评促建、以评促管、以评促发展为目标,进一步完善有关数据的监测体系,对照教育现代化建设的主要指标调整统计口径,动态反映各地教育现代化的建设进程;加强预评估,在材料评审基本合格的情况下再选派专家进入现场考察,保证评估验收的客观与公正;研究县(市、区)教育现代化建设的新特点,对专家队伍、评估技术、评估质量管理进行优化,整体提升教育评估工作的水准,从而全面提高教育质量。①

(二)通过规范化、制度化的专业评估,引领学校的改革与发展,有效发挥了评估工作的示范和引领价值

江苏省教育评估院在其十周年院庆展示材料中,认为其10年辉煌和创新体现在几个方面,其中之一就是在国内率先研制出了《江苏省高职高专院校人才培养工作水平评估实施方案》、《江苏省普通高中星级评估手册》、《江苏省优质幼儿园评估手册》等,规范了评估行为。同时,在高职高专人才培养工作水平评估中率先实行6个专业的剖析方案,并在评估后10个工作日出具评估报告书。此外,为了确保评估工作的科学性、规范性和公正性,江苏省教育评估院率先向社会承诺"五不"评估纪律,全方位接受社会监督。所谓"五不"的评估纪律要求,即要求参评对象学校做到不弄虚作假、不私访评估专家、不超标接待、不馈赠礼金礼品、不安排与评估无关的活动。同时也要求每一个专家在执行"五不"纪律的基础上做到"五不",即不泄露专家组和被评单位需要保密的内容,不在教育厅公布评估结果前透露专家组建议结论,不拿被评单位的任何礼品、礼金、礼卡,不进入经营性娱乐场所,不向被评单位提出与评估无关的要求。

(三)教育政策在一定程度上规范了政府、专业评估机构与学校之间在评估工作中的各自权责,有力地保障了评估工作的顺利开展和有效实施

我国《教育法》第二十四条明确规定了"国家实行教育督导制度和学校及其他教育机构教育评估制度"。教育督导与评估工作还在《中华人民共和国义务教育法》等有关基础教育的法律法规中有进一步的详细规定。国家还出台了《普通高等学校教育评估暂行规定》(中华人民共和国国家教育委员会令第14号),以此来指导普通高等学校的教育评估工作。但是,在教育实践中如何理顺政府、评估机构和学校在评估工作中的权责关系,相关的配套法律法规还没有及时跟进。

随着基础教育事业的发展,如何在新时期、新形势下更好满足人民群众对多样化的优质教育需求,需要政府不断改进教育管理的方式方法,其中评估是有效推进改革与发展的重要手段之一。但是,在评估工作中,政府、评价机构以及学校之间

---

① 沈健:《在县(市、区)教育现代化建设水平评估专家工作会议上的讲话》,http://jypgy.ccit.js.cn/details.asp? id=1266.

的关系在法律层面并没有得到清晰的界定,因此,地方政府出台相关的配套措施,尤其是政策方面的扶持和引导至关重要。江苏省在这方面同样也进行了一些可贵的尝试和创新。

伴随着政府机构改革和职能转变,教育评估的制度建设也逐步加强并不断完善。如江苏省教育厅一直执行教育评估项目厅长会议讨论决定立项审批制度,先后出台了《关于建立江苏省教育评估院的原则意见》《江苏省教育厅关于进一步做好教育评估工作的意见》《江苏省教育厅关于加强教育评估管理的意见》等一系列政策文件,以正式文件的方式明确了评估机构的地位和职能,理顺了与行政部门、学校之间的关系。①

第三节　浙江省基础教育评估发展概况

浙江省自古有耕读传家、重教兴学的传统,是人文荟萃之地。1989年浙江省普及初等教育,1997年成为全国第三个通过"两基"总验收的省份,2004年在全国率先基本普及了学前3年到高中段的15年教育。目前15年教育普及率已达95.4%。根据《2008年浙江省教育事业发展统计公报》,浙江省义务教育中小学校共有6 200所,其中,全省小学有4 417所,初中有1 783所,全省高中段教育(包括普通高中、职业高中、普通中等专业学校、成人中等专业学校和技工学校)共有学校1 123所(含普通高中学校594所),基础教育各项主要指标保持全国领先水平。

一、健全基础教育督导机构体系,教育督导与评估工作全面开展

浙江省十分重视教育督导工作。1983年后,教育部要求逐步建立教育督导制度。1984年,温州市率先在教育局建立督导室。1984年至1989年6月全省11个市(地)的教育行政部门均建立督导室,并配备了专、兼职督导人员,教育督导工作转入经常化。各市教育督导部门在当地政府的领导和上级教育督导部门的指导下,除了做好常规的督政、督学工作外,还根据各地的实际,积极创新督导机制和载体,教育督导工作开展得有声有色,富有成效。如杭州市的创建学前教育强县和学前教育达标县活动,金华市的县(市、区)党政领导教育发展目标责任制考核工作,舟山市、义乌市和温岭市的学校发展性评价工作和湖州等市科学构建对乡镇党委政府教育工作督导评估机制(如湖州市示范性教育强镇、杭州市现代化标志性教育强镇、绍兴市和台州市教育基本现代化乡镇的创建)等。

1997年,浙江省人民政府教育督导室成立。全省11个市、90个县(市、区)均建有教育督导机构,有省、市、县三级专、兼职督学约1 500人。20世纪90年代以

---

① 政策保障、规范管理、专业引领,促进教育评估事业科学发展——重庆市教育评估院筹建与发展调研报告,http://jypgy.ccit.js.cn/details.asp? id=1168.

来,浙江省教育督导尝试建立并不断完善了"两基"年审、省教育强县强镇评估验收、对普通中小学的全面督导评估和高中段示范性学校的评估验收以及教育热点难点问题的专项督查等五项制度,坚持督政、深化督学,督政、督学齐头并进,终结评价和过程介入相辅相成,积极发挥教育督导"监督、检查、评估、指导"职责,教育督导工作卓有成效,获得了各级领导和同仁好评。1997 年,浙江省继广东省、江苏省之后通过了国家"两基"总验收,成为全国第三个通过"两基"总验收的省(区),并连续 8 年进行了"两基"年审工作。

1998 年 10 月,浙江省委下发了《关于在全省开展创建教育强县活动的通知》,成了吹响浙江教育新一轮发展的号角。2000 年,萧山等 14 个县(市、区)率先成为教育强县。为调动乡镇办学的积极性,1997 年开始,原省教委在全省范围开展了省教育强镇(乡)的创建活动,至今已先后核准 12 批省教育强镇,现在全省教育强镇(乡)总数已经达到 1 163 个,占全省乡镇总数的 85% 以上。

浙江省 1995 年开始建立省高级中学的等级评估制度,至今全省已有省一、二、三级高中(普通高中、职业高中和综合高中)509 所,占全省高中段学校的50.65%。2004 年,浙江省率先在全国实现了基本普及 15 年教育。2005 年,全省 90 个县(市、区)均实现了高标准高质量"普九"的目标。2008 年,磐安等 7 个县(区)成为省教育强县,全省教育强县数达 76 个,占全省县(市、区)总数的 84.4%。这些为提升县域教育整体实力、缩小地区差距、促进教育均衡公平发展以及加快建设教育强省和教育现代化进程奠定了坚实的基础。① 上述工作中,督导评估发挥了积极作用。

二、全省试行学校发展性评价,引导学校自主发展、多元发展

(一) 政府出台指导意见,全省试行学校发展性评价

浙江省教育厅 2009 年出台了《浙江省教育厅关于试行学校发展性评价的指导意见》(浙教督[2009]47 号),以此在全省试行学校发展性评价。学校发展性评价是由学校根据国家的教育方针、法律法规和浙江省有关教育工作的总体要求,结合学校实际情况,制定学校的发展目标,自主提出实施方案,以学校为主、教育督导部门参与的学校评价活动。学校发展性评价的对象和主体为中小学校(包括中等职业学校)。在有条件的地方试行幼儿园开展发展性评价。开展学校发展性评价的根本目的,是以指导学校制订发展规划为起点,监督规划实施过程为基础,评价学校规划达成度为重点,努力构建以实施素质教育为核心、学校自评和外部评价相结合、学校自主发展与行政监督指导相统一的学校评价机制,促进学校自主、持续发展。

(二) 学校发展性评价由基础性指标和发展性指标相结合,以学校发展规划为抓手,引导学校自主、多元发展

学校发展性评价指标由基础性指标和发展性指标两部分组成。基础性指标是

---

① 陈常龙:《浙江教育督导简介》,http://jydd.zjedu.org/tzgg/2009-3/1111151320845551001237798255.html.

根据国家的教育方针、法律、法规和浙江省有关规范要求制定的,体现了学校基本条件、学校管理和办学基本要求等方面,具有法定性和统一性。"发展性指标"是由学校依据教育改革和发展需要,根据自身发展的不同阶段和办学特色选择提出,具体包括发展规划、发展性评价项目、预期效果、自选项目等四大类别。具体说来,发展规划,注重规划制定的认可度和目标管理。发展性评价项目,评价要素包括班子建设、学校管理、文化建设、队伍建设、德育工作、教学改革、学生学习、信息技术、教育科研、自主评价等十大评价要素。教育督导部门通过督导评价,指导学校努力实现有关选定的发展性目标。预期效果,则从三个层面加以评价,即学生发展、教师发展和学校发展。自选项目,强调的是各地和学校根据实际,自设发展性项目和评价要素。

(三)学校发展性评价形成了一种新型的评价机制,注重发挥教育行政部门、督导机构与学校三方的引导、沟通与合作的新型关系

浙江省教育厅出台《浙江省教育厅关于试行学校发展性评价的指导意见》之后,各地教育督导部门组织学校进行发展性评价的目的、意义和方法的培训。与此同时,学校根据教育改革和发展的重点和自身实际,发动教职工参与制定学校发展规划和分年度实施计划;教育行政部门及教育督导部门组织有关人员和专家指导所属学校修订、完善发展规划。由教育督导部门将各校发展性评价结果以书面形式送同级教育行政部门,作为学校年度工作考核、校长任期工作目标考核、任免、奖惩、评先、评优以及绩效工资总量核定、分配的重要依据。

发展性学校评价,作为现代学校制度建设和校本管理的一项重要内容,建立学校发展规划的阶段自评制度,需要准确设定自评标准,严格规范自评程序,以实现诊断、整改、提高的自我完善机制和形成学校自我评价与外部评价互动的教育督导评价机制。

(四)学校发展性评价工作成效明显,得到了参与各方的肯定和认可

浙江省在 2009 年 11 月 26 日召开了全省学校发展性评价和督学责任区工作现场经验交流会。会上,温岭市、江东区、江山市、安吉县、鹿城区、绍兴县和义乌市北苑小学、舟山南海实验学校等分别作了经验介绍。浙江省的主要教育领导对此项工作给予了肯定,提出今后要深入推进学校发展性评价和督学责任区工作,引导学校实现自主、内涵发展。学校发展性评价和督学责任区工作的深入开展是规范办学行为、促进学校内涵发展的好抓手、好载体。学校发展性评价重要意义在于:真正还学校办学自主权,引导学校由一般性管理向精细化管理转变,实现将评价由重视终端评价向重视过程评价、增量评价的转变,从而不断满足师生的需求。

三、创新评估机制,开展形式多样的学校评估,促进基础教育的改革与发展

(一)浙江省教育行政部门尝试委托相关的教育机构开展评估工作

浙江省教育行政部门尚未成立直属的、具有独立法人地位的教育评估机构,而是将相关的评估工作委托给浙江省教育科学研究院承担。浙江省教育科学研究院，是在原浙江省教育科学研究所和浙江省高等教育研究所基础上于 1994 年成立，是浙江省教育厅直属事业单位。

浙江省教育科学研究院有五项常规工作，其中的一项常规工作是开展教育评估服务工作，包括接受教育行政部门委托，开展对各级各类学校（包括国际合作办学学校）办学水平、教育质量、专题项目的评估和办学资质的审定，为教育行政部门提供有关鉴定意见和评审报告；接受各级各类中专、技校、中小学、幼儿园、成人学校以及民办学校等办学实体的委托，诊断学校办学质量，评审学校人员资质，提供相应的审定报告和对策咨询报告；接受各级各类教育单位委托，开展社会性教育评估、教育评估理论研究、培训及信息发布、教育成果鉴定等。

建院以来，浙江省教科院积极协助有关职能部门开展办学质量与水平的评定，先后制定了《浙江省示范性职业中学评估方案》、《浙江省普通高等学校教学工作评估方案》、《浙江省普通高等学校夜大、函授教育评估方案》等，在学校教育评估实践中发挥了很好的作用。

（二）改革创新评估机制，发挥民办非企业中介机构的运作优势，形成浙江评估模式，服务教育改革与发展

现代政府管理的一个重要特征就是治理结构主体的多元化。新公共管理理论主张公共管理主体多元化。随着社会的不断发展，政府无法包揽所有公共事务，需要非政府组织、非营利组织参与承担。与政府相比，专业性的社会机构有明确的服务对象，具有更贴近基层、提供更具专业的服务的优势。这些特点，使专业中介机构在学校和公民间承担沟通、协调、承上启下等社会功能。可见，专业的社会中介机构在公共事务管理和服务过程中发挥着政府和市场不可替代的作用。[①]

目前，浙江省教育科学研究院设有四个所（室）和一个中心。一个中心即浙江省新时代教育评估中心。具体的评估工作由浙江省新时代教育评估中心组织和实施。浙江省新时代教育评估中心是浙江省教育科学研究院推进科研机构改革的产物，属民办非企业性质的中介机构。其工作运转模式为：市场运作，有偿服务，以收抵支，服务社会。这种运作模式体现了新公共管理的理念，符合教育管理体制改革方向，充分发挥了中介组织的作用，更好地服务于教育改革与发展。

浙江省新时代教育评估中心自 2004 年运作几年以来，主要从事的评估项目类型有浙江省等级学校评估、民办学校合作评估、重点普通高中评估等一些重要评估项目。浙江省新时代教育评估中心的运作模式带有明显的地方特征。下面以浙江省学校等级评估为例加以分析。浙江省新时代教育评估中心的工作流程大致是：浙江省教育厅收到评估申请后，派浙江省督学对申报学校进行实地考察；考察通过

---

① 黄元龙：《新公共管理理论的启示》，http://mzt. zj. gov. cn/il. htm? a = si&key = main/15&id = 4028e481234a4f7a01236e24b61c009a。

后,省教育厅向市、县两级教育行政部门和申报学校下达评估通知书,同时委托浙江省新时代教育评估中心对申报学校进行评估;浙江省新时代教育评估中心组织的专家组提交评估报告后,提交省教育厅;最后由省教育厅公布和下达评估结果。① 浙江省新时代教育评估中心运作的程序表明,教育行政部门将评估任务以委托的形式交给专业评估部门进行操作,然后利用评估部门的评价结果开展指导工作。这种通过专业化的教育评估机构实施的评估工作,使教育行政部门能集中精力致力于教育情况的调研、政策的制定、依法进行管理,同时也让有资源的中介机构提供专业的服务,从而切实促进教育督导和评估工作效能的提高与职能的完善。

---

① 浙江省新时代教育评估中心学校等级评估工作程序,http://www.zjedusri.com.cn/show.php? IID =%20257.

第四章 基础教育学校评估的国际视野

教育评估理论是开展评估工作的理论支撑。随着社会的发展及教育研究和实践的推进,教育评估理论不断演进,涌现出了诸多流派和观点。在此过程中,教育评估的价值观逐步从一元走向多元;评估的功能逐步从管理走向服务和发展;评估的技术方法也日益注重质性方法和量化方法的并举。教育评估理论的发展为基础教育学校评估提供了多元的视角及方法,出现了众多新的、体现多元价值观的学校评估类型。其中,以改进为取向的学校发展性评估、以问责为取向的学校绩效评估、强调学校主体地位的自我评估和校本评估等学校评估类型在各国基础教育学校评估实践中都有着较为广泛的影响。本章以美国的学校认证、办学绩效评估,日本的学校自我评估和以色列的校本评估为案例,聚焦于各类学校评估机制和评估标准,分析学校评估的发展趋势。主要表现为:评估以推进学校问责和持续发展为价值取向;绩效问责和改善模式成为学校评估的主导模式;评估方法上,采用学校自评和外部评估相结合的方式,自评在促进学校自我发展中的重要性日益得到凸显;评估标准强调多元与统一相结合,强调办学绩效,注重评估标准的解释与配套评估工具的开发;评估过程中,强调多主体的共同参与、平等协商与价值认同等。

第一节 西方教育评估理论发展形态的基本划分及特点分析

一、评估理论发展形态的基本划分及第四代评估理论的提出

教育评估理论是开展学校评估工作的理论支撑。纵观西方教育评估理论的发展历程,涌现出了诸多的流派与观点,引导学校评估的实践不断向前发展。当前,学界对教育评估理论发展阶段的划分存在争议。例如,王汉澜的《教育评价学》将教育评估研究大体分为三个时期:一是目标分析研究时期(也可称为泰勒—布卢姆时期,1933—1958年);二是多方位研究时期(也可称为大发展时期,1958—1980年);三是成为独立学科时期(1980年至今)。① 吴钢在《现代教育评价教程》中将西方教育评估的发展分为六个阶段:社会变革阶段(1800—1900年)、测验运动阶段(1900—1930年)、泰勒模式阶段(1930—1945年)、稳定发展阶段(1946—1957

---

① 王汉澜:《教育评价学》,河南大学出版社1995年版,转引自王俭:《基于价值尊重与价值认同的教育评价研究》,复旦大学博士学位论文,2007年,第54页。

年)、兴盛阶段(1958—1972年)、专业化阶段(1973年至今)。①

20世纪80年代末,著名评估专家埃贡·G.古贝和伊冯娜·S.林肯(Egon G. Guba & Yvonna S. Lincoln)出版了《第四代评估》(Fourth Generation Evaluation)一书,受到了研究者的广泛关注,并产生了较大影响。该书指出教育评估已经经历了三种理论形态。具体而言,第一代评估为"测量时代",盛行于19世纪末至20世纪30年代的测验时期,评估工作的重心是编制各类测验量表,以检测学生的某些心理、智力等特征,评估者的角色是技术性的。第二代评估为"描述时代",盛行于20世纪30年代至50年代后期,以泰勒模式为代表,强调对教育活动的绩效与目标匹配程度进行描述,评估者的角色是描述者。第三代评估为"判断时代",盛行于20世纪50年代后期至70年代末,强调在力求价值中立的基础上对评估对象作出判断,评估者在其中扮演评判员的角色。

随后,古贝与林肯对上述三代教育评估理论存在的三大主要缺陷进行了分析:一是"管理主义的倾向",主要是指管理者(如评估委托人、评估资金提供者等)控制评估方案的制定、评估工作的开展及评估结果的公布等一系列评估事务,将评估作为管理和行政干预的手段,容易造成评估者和评估对象之间产生紧张对立的情绪,影响评估工作的信度和效度;二是"在采纳价值多元化方面的失败",社会本质上是价值多元的,前三代评估理论宣扬"价值中立",但在评估中却又不可避免地将自身的价值作为评判的标准,缺乏同各利益相关者的沟通协商,忽略了其他利益相关者的价值观念,因而评估工作难以得到普遍认同;三是"过分强调调查的科学范式",即过分强调"科学实证主义"的方法,而忽视了其他方法(如质的方法等),使评估过程缺乏贯通性和灵活性,评估工作不全面。同时,由于"科学"被公认为是价值中立的,进一步强化了评估工作价值无涉的表象。②

在此基础上,古贝与林肯提出了第四代评估——"响应式建构主义评估",主张打破以往评估中的管理主义倾向,改变自上而下、评估标准单一、评估主体一元的评估格局,强调评估的促进发展的功能,关注各类评估利益相关者的多元价值观,通过沟通协商形成共同"心理建构",使评估活动得到各方的普遍认同。

二、回应、协商与共同建构:第四代评估理论的要点

第四代评估主张:"评估就是对被评事务赋予价值,它本质上是一种心理建构,评估描述的并不是事物真正的、客观的状态,而是参与评估的人或团体关于评估对象的一种主观性认识,是一种通过'协商'而形成的'共同的心理建构'。"第四代评估包含如下理论要点:

---

① 吴钢:《现代教育评价教程》,北京大学出版社2008年版。

② [美]Egon G. Guba, Yvonna S. Lincoln:《第四代评估》,秦霖、姜燕玲等译,中国人民大学出版社2008年版,第23-34页。

"回应"与"利益相关方"：古贝和林肯将第四代评估命名为"响应式建构主义评估"，将"回应"作为评估的出发点，即对评估利益相关者各方的评估要求作出回应。回应的对象包括评估活动的代理人（即评估的委托者、评估结果的使用者和评估工作的执行者）、受益者和受害者。回应的内容是利益相关者对评估工作的相关主张、关注的问题及各类争议。

"价值多元"与"共同建构"：第四代评估认为绝对客观的真实并不存在，评估过程并不是描述和判断事物的"纯客观"状态，而是参与评估的利益相关者关于评估对象的一种主观认识，在本质上是一种心理建构的过程。同时，由于评估工作牵涉各方利益相关者，他们都是评估的主体，持有不同的价值观和评估视角，拥有不同的心理建构过程。因此，第四代评估主张通过沟通协商，最终形成共同的心理建构，达成共识。

"协商"与"认同"：第四代评估将评估利益相关者之间的有效协商作为达成共同建构的基本途径，通过协商充分听取各方意见，不断协调价值差异，最终形成共识，使评估结果得到普遍认同。①

三、西方教育评估理论发展的特点分析

（一）评估价值观的多元化发展

正如《第四代评估》所述：西方前三代评估理论中存在的主要问题之一是"在采纳价值多元化方面的失败"。"测量"、"描述"和"判断"时期的评估者追求绝对中立和"纯客观"，宣扬"价值无涉"，忽视了价值多元这一社会本质。20世纪60年代，种族、性别、代际之争、党派之争等使得价值多元化的问题得到了重视。由此，教育评估中的价值多元化也日益受到关注。在系统总结了前三代评估理论不足的基础上，古贝与林肯将"价值的多元化"作为第四代评估的核心理念之一，主张评估过程应当吸纳各利益相关者共同参与，充分听取不同方面的意见，协调各类价值标准之间差异，形成共同的心理建构，最终使评估活动及结果获得各方的普遍认同。由此可见，评估的价值取向从一元走向了多元。在此基础上，教育评估的功能日益转变，体现多元价值观的各类评估模式、评估标准、评估技术等也不断涌现。

（二）评估功能的转向

不同时代的评估理念体现不同的评估功能。评估在功能转换上经历了管理性功能、服务性功能、发展性功能的相继变革。总体而言，在"测量"和"描述"时代，教育评估最初的功能取向主要为管理性功能，其要解决的核心问题是通过评估体系的科学化改造为评估者提供作出价值判断的客观证据。到了"判断"和"响应式建构主义"时代，随着CIPP评估模式、应答模式等评估模式的相继提出，评估的服

---

① 卢立涛：《回应、协商、共同建构——"第四代评价理论"述评》，《内蒙古师范大学学报（教育科学版）》2008年第8期。

务性功能日益受到关注。评估服务性功能主张为不同主体提供有用信息,以便满足各利益相关者的需求。在此基础上,强调为评估客体提供参与评估机会,将其作为评估主体进行自我判断,并借此获得持续发展,由此凸显出评估的发展性功能。上述评估功能的转变并非绝对的"更新换代",而是依据实践需求,"在不同阶段中主旨地位的渐次凸显或不断增新"。①

(三) 评估技术方法的完善:从单纯量化走向质、量并举

正如上文所述,"过分强调调查的科学范式"也被看作是前三代教育评估理论的主要问题之一。前三代评估理论过分强调"科学实证主义",单纯强调量化的方法,忽视了质性方法的使用,形成固定、严格的评估程序,使评估工作缺乏贯通性和灵活性。有鉴于此,第四代评估理论强调评估过程中的"响应"和"建构","它突破了传统的量化方法,提出要在自然情景下运用质性方法收集数据,并让相关利益方通过协商形成共同的心理建构。第四代评估理论提出者认为,传统的量化的调查方法是'线性的、封闭的',而建构主义评估方法则是'往复的、互动的、辩证的、开放的'。它能更加深入事物的本质"。②

第二节　西方教育评估理论指引下基础教育学校评估类型的发展

纵观西方教育评估理论的发展,经历了从事实判断走向到价值判断,从一元走向多元、从工具理性走向价值理性、从注重量化到质、量并举的演进过程。③ 前三代教育评估理论以及在此基础上提出的第四代评估理论为学校评估提供了多元的视角及方法,涌现了众多新的、体现多元价值观的学校评估类型,如发展性评估、绩效评估、增值评估、参与式评估、表现性评估、真实性评估、校本评估、自我评估等。下文将对当前在基础教育学校评估实践中产生广泛影响的三类学校评估类型进行概述。

一、以改进为取向的学校发展性评估

如上文所述,教育评估的职能经历了从管理向价值建构的转变。在此过程中,评估的改进和发展功能日益受到重视。从 CIPP 的过程评估到斯克里芬形成性评估和终结性评估分类思想的形成;到布卢姆将其完善为诊断性评估、形成性评估和终结性评估的三大分类;④再到第四代评估理论旗帜鲜明地指出要打破管理主义

---

①　张向众:《中国基础教育评价的积弊与更新》,教育科学出版社 2009 年版,第 148-150 页。

②　李凌艳、李勉:《从西方教育评价理论发展的视角看我国学校评估研究》,《教育理论与实践》2010 年第 2 期。

③　同上。

④　辛涛、李雪燕:《教育评价理论与实践的新进展》,《清华大学教育研究》2005 年第 6 期。

的倾向,评估不应是管理和行政干预的手段,不应以鉴别和奖惩为重心,而是通过各利益相关者的协商与沟通,逐步消除价值差异,促进学校和师生发展的过程。由此,学校发展性评估应运而生,并不断发展完善。

发展性评估最早是由英国开放大学教育学院的纳托尔(Latoner)和克里夫特(Crift)于20世纪80年代初提出,以学校发展作为评估对象,强调通过多方参与、沟通协商,促进学校的自主发展和可持续发展。发展性评估有别于原有的选拔性评估和水平性评估,是在发展的整个过程中进行的。评估者和学校共同协商制定发展目标,并创设条件,促进学校努力达到发展目标。发展性学校评估是对传统学校评估的重大革新。主要表现为:"在评估的目的上,由侧重鉴别和选拔转向侧重发展,从关注结果的评估转向关注诊断性评估和过程性评估;在评估的内容上,注重全面质量管理,从办学的理念与目标、办学条件、领导与管理、课程与教学、教师队伍建设、学校办学效益等多个方面进行全面、综合的评估;在评估方法上,强调多样化,注重把质性评估与量化评估结合起来;在评估主体上,强调评估主体的多元化,重视自评和互评的作用,强调评估对象的参与性,改变过去那种自上而下、评估对象被动接受结果的状态等"。①

二、以问责为取向的学校绩效评估

绩效评估最初广泛运用于企业管理领域,后逐渐推广至包括教育在内的各个社会领域。学校绩效评估可以理解为"对从目标设定、资源使用、过程安排到效果显示的学校教育活动全过程实施的动态评估",②目的在于提高办学效能。它有别于传统教育评估中"一把尺子"衡量学校、注重静态结果的倾向,而是强调教育资源的合理配置与有效利用,遵循教育资源的"投入—产出"框架,关注学校在原有发展基础上所取得的教育增值效应。

20世纪中期,美国通过了《中小学教育法案》,实施"问责运动",学校绩效评估作为问责的主要手段开始推行。最初,学校绩效评估主要关注学生的学业成就,目的在于促使学校达到最低学生学业标准,具有浓厚的政府管理色彩。随着评估理论的发展,学校发展取向日益受到重视,绩效评估开始强调对学校的发展效益作出判断,关注的重点转向学校管理成效、学生学习成效和教师专业化提升等方面,注重对学校发展过程中的投入与产出效益进行评估,从教育资源整合优化的视角诊断和解决问题,提升学校发展效能。

三、凸显强调学校主体地位的自我评估和校本评估

在传统的以甄别和管理为取向的评估中,学校作为评估对象,往往在评估中被

---

① 卢立涛:《国外发展性学校评价研究综述》,《外国教育研究》2008年第10期。
② 邓国胜等:《事业单位治理结构与绩效评估》,北京大学出版社2008年版,第178页。

边缘化,处于被动接受地位,鲜有话语权,评估者和被评估者往往处于对立状态。随着评估理论的不断发展,学校评估日益强调各利益相关方的共同参与、积极互动,并以此作为形成共同心理建构,使评估活动得到各方价值认同的重要路径。而作为发展主体的学校无疑是评估活动中最重要的利益相关方。同时,鉴于现代学校管理体制改革下校本管理的推行,学校在评估中的主体地位日益得到重视,学校自我评估及校本评估也随之兴起。

有研究者将学校自我评估定义为:"以学校自主为基点、全员参与为形式,以学校的战略规划、具体目标的实施为对象,以学生的学习为导向,按照学校认可的评估标准,在学校范围内开展的定期的评估活动,目的是激发学校管理人员和教职工的主体性和主动性,及时改进不足,从而保证学校各项目标的实现以及办学质量持续提高。"[①]学校自我评估与外部评估的根本差别在于它是以学校为主体对自身的教育教学活动进行价值判断,是一种内需式的评估活动,有助于学校提高自我认识的能力和解决问题的能力,构建起内部质量保障机制,从而提高学校发展的内驱力,实现全面、协调和可持续发展。

与学校自我评估相近的一个概念为学校本位评估。总体而言,两者都强调学校在评估中的主体地位,是学校组织内部的一种行动研究,作为学校自我改进、自我发展的常规性机制而存在;区别主要在于校本评估以学校为主体,但并不限于学校。它强调评估以学校为中心,考虑学校的具体情境,但主张在更为开放的环境中解决学校内部的问题。[②] 因此,校本评估是内部评估和外部评估相结合的,内外部评估主体共同实施评估活动,相互沟通协商,形成互补,进一步提升评估的信度和效度。同时,校本评估真正建立起学校内部的评估机制,促使学校获得可持续发展。由此可见,第四代教育评估的发展性、协商性、合作性等理念在校本评估中都得到了体现。

第三节 国外基础教育学校评估个案

随着教育理论的发展和各类学校评估类型的不断涌现,各国的学校评估实践日益丰富多元。尤其是20世纪80年代以来,"质量"成为了各国基础教育改革与发展的关键词,提升教育质量成为了共同的追求。为此,许多国家和地区采取了一系列举措,改革基础教育管理体制,制定国家和地区教育标准,构建系统的教育评估框架。其中,学校作为一个整体,在质量提升和质量问责中的核心地位日益突出。下文以美国、日本和以色列的部分学校评估措施为例,聚焦于各类学校评估机制和评估标准,分析学校评估的发展趋势,为我国基础教育学校评估提供借鉴。

---

① 乐毅、朱雪雯:《学校自我评估:一个备受关注的领域》,《教育发展研究》2004年第6期。
② 田莉:《校本评价的理论内涵、实践样态与分析框架》,《全球教育展望》2009年第11期。

一、学校认证——以西部学校和学院认证协会学校认证委员会为例

认证是美国基础教育中历史悠久且较为普遍的一种教育评估方式,分为专业认证和学校认证两类,在基础教育阶段主要为学校认证。概括而言,美国学校认证即由具备资质的地区性学校认证机构,根据既定的认证标准,对提出申请的基础教育学校进行评估,以使学校获得社会的认可。认证的作用主要如下:一是为公众提供学校质量的专业证明,帮助学校建立信誉;二是促进学校不断进行质量改进工作;三为新建立的学校提供样板和示范。① 认证以提升学校办学水平,保障学生的学习环境和质量为终极目标,认证的过程便是促使学校质量获得持续提升的过程。

(一)认证机构

出于学校自律和保障教育质量的需要,自19世纪80年代起,美国陆续成立了6个地区性的学校认证协会。② 此类认证协会由本地区内的相关学校自愿结盟而成,维持共同认可的标准,具有行业自律的性质,是独立于政府的中介机构。各地区性教育认证协会是集各类教育在内的综合性鉴定组织。通常,基础教育鉴定机构是其中的一个分支机构。

西部学校和学院认证协会成立于1962年,下属有三个专业认证委员会:高级学院和大学认证委员会、社区和初级学院认证委员会、学校认证委员会,它们分别负责不同层次的学校认证工作。学校认证委员会主要对加利福尼亚等地区的各类中小学提供认证服务。学校认证委员会由来自学校、政府和公众的代表组成,其中公众代表不少1/7。机构职责的主要职责是通过认证程序促使学校不断地提高教育质量,并向社会公布通过认证的学校名单。③

(二)认证程序

学校认证委员会制定认证手册,明确认证宗旨、认证标准、认证程序及所需表格等信息,并提供相关的认证案例,为学校提供具体指导。大致包括如下程序:

(1)申请阶段:由学校提出认证申请,认证协会通过初始访问等形式对学校的认证申请作出裁决,确定是否授予学校认证资格。

(2)认证阶段:首先,学校开展自评,并提交自评报告。其次,学校认证协会在对自评报告进行分析的基础上,派出专家小组进行实地考察。专家小组通过研究自评报告、观察学校具体运作情况、对相关人员进行访谈等形式对学校作出评估,形成评估报告。在此基础上明确学校的认证周期(认证周期通常视学校具体情况而定,一般6年为一个周期,但也可能是3年至1年不等,或直接否决)。

---

① 邱白莉:《美国非官方组织的基础教育鉴定标准》,《中小学管理》2007第8期。

② 分别为:新英格兰地区协会(1885年),中部地区协会(1887年),南部地区协会(1895年),中北部地区协会(1985年),西北部地区协会(1917年)和西部地区协会(1924年)。

③ 王媛媛、吴钢:《美国区域性中小学认证制度的探索——以美国西部学校和学院认证协会为例》,《外国中小学教育》2008年第3期。

（3）后续阶段:学校根据评估报告中提出的问题撰写相应的改进行动计划。在此基础上,学校对年度工作进行总结,并定期向学校认证协会报告。认证协会为学校提供咨询和指导,并根据既定的认证周期,对学校进行后续评估。[①]

认证周期内,如果学校到没有达到既定的标准,其认证资格就会被取消。如果学校达到了既定的标准,将由认证协会授予证书。整个认证过程是循环进行的,一次认证结束便意味着另一次认证的开始。由此可见,认证是在学校自愿申请的基础上,由学校自评、专家组现场评估、评估后的后续改进三个环节组成的一个完整的评估过程,并且这一个过程是持续性的,体现出不断促进学校发展的认证主旨。

（三）认证标准

学校认证委员会为不同地区的学校制定了不同的认证标准。表4-1为学校认证委员会所制定的基本认证标准。[②]

表4-1　西部学校和学院认证协会学校认证委员会基本认证标准

一、学生学习体系	1. 办学目的	学校制定出明晰的办学目的,能反映学校的治学理念和哲学。
	2. 学校管理	学校管理:①制定政策,与学校的办学目的相吻合,且为预期学习目标的达成提供有效支持;②政策执行;③结果的监控和评估。
	3. 学校领导	学校领导:①决策,确保学校集中资源,实现预期学业目标;②赋权,鼓励教职人员参与学校管理;③营造参与共享、注重学生学习绩效的氛围。
	4. 教职员工	学校领导及教职员工均胜任各自的工作,认同学校的办学目的,不断提升自身的专业发展,为学生学习提供保障。
	5. 学校氛围	学校有安全健康、有益学生成长、能反映办学目标的氛围,尊重学生个体差异,彼此信任关爱,能提供专业支持,并对每一位学生的成长寄予厚望。
	6. 学生进步	对学生预期学业目标的达成情况进行持续评估,并在一定范围内进行公布。
	7. 学校发展	学校领导采取有效措施,促进学校自身发展:①制定工作计划,促进全体学生学习质量的提升;②获得社区支持;③有效指导学校工作;④对工作计划的实施进行监控和问责。

---

① 王媛媛、吴钢:《美国区域性中小学认证制度的探索——以美国西部学校和学院认证协会为例》,《外国中小学教育》2008年第3期。

② 参见西部学校和学院认证协会学校认证委员会网站,http://www.acswasc.org/about_criteria.htm.

二、课程教学	1. 教学内容	为每位学生设置具有一定的难度和挑战性,有连贯性和相关性的课程,体现学校办学目标。课程的有效实施能为预期学业目标的达成提供保障。
	2. 教学手段	教师:①掌握教与学的相关的专业知识;②设计、运用多种教学方法,激发学生积极的学习状态,以实现学校办学目的,达到预期学业目标。
	3. 评估方法	对教师和学生进行经常性评估,使评估融入教和学的过程。评估结果运用于:①学生学业成绩与预期目标间的差距;②课程教学的评估与完善;③资源配置。
三、学生成长支持系统	1. 支持系统	为学生提供各类校内外支持性的服务、活动和机会,帮助学生克服学习困难,达成预期学业目标。
	2. 家长社区参与	采取各类措施,整合家长与社区的资源,融入学校的支持系统,为学生成长提供支持。
四、资源管理与开发	1. 资源	资源能满足学校的日常运作的需要,能有效实现学校的办学目的及预期的学业目标。
	2. 资源规划	以学校未来发展为基础,制定实施与之相符的资源规划。

二、办学绩效评估——以美国各州实践为例

20 世纪中期,美国通过了《初等和中等教育法案》,明确规定了学区必须按年度实施评估,同时把年度结果以报告形式递交上级政府,具有了教育问责制的特征,普遍被学者视为现代教育问责制的起点。其后,教育问责成为了美国教育改革中的一个关键词。问责的重点逐步由以教育投入为主的输入层面向以学生学业成绩为主的输出层面转移,问责的主体、内容和形式日益明确。1999 年《学童教育卓越法》和 2001 年《不让一个孩子掉队法案》强调地方政府和学校的责任及相关措施,将教育问责制提到法律的高度,并使教育问责制在全美范围内进一步得以推广。有研究者对教育问责制给出了如下定义:政府通过立法确立参与教育活动各方的责任与权利,制定内容标准和表现标准,定期评估活动成效并辅以奖惩措施,从而激发各方潜力以达到最终提升教育质量的目的。[①] 其中,学校层面的问责主要以办学绩效评估为手段。各州的学校绩效评估做法各不相同,总体而言包括如

[①] 张喜军:《美国教育问责制探析》,上海师范大学硕士论文,2006 年。

下三个要素：

（一）评估标准

学校绩效评估的标准主要分为两大类：一是内容标准，即核心课程标准。各州普遍建立了统一的、严格的课程标准，对学校教与学的内容及应当达到的标准作出明确规定，以此作为改进教学、进行绩效评估的依据。二是学校表现标准，主要为学生学业表现的期望水平（the expected level of student performance）、达标学生比率、学校达标所需时间等。2001 年《不让一个孩子掉队法案》中制定了"适当年度进展"的动态性指标（adequate yearly progress，AYP），综合学生在阅读、数学、毕业率或出勤率等方面的进步情况，对学校作出评估，强调学校和学生的动态发展。

（二）考试与评估

确定评估标准后，州普遍实行统一的学业水平考试，测试的年级、科目和频率各不相同。在此基础上，综合考虑学生学业水平、学业进步状况、学生背景和学习环境等因素，据此对学校的办学绩效作出判断。

（三）报告与奖惩

各州普遍采取公布评估报告的做法，通过文本报告和网站公布的形式，对学生家长、社区、研究人员等相关利益方进行有区别性的评估结果反馈。同时，各州也制定了相关的奖惩措施，进一步加强绩效评估的问责力度。

三、学校自我评估——以日本《义务教育学校评估指导方针》为例

2005 年，日本教育审议会议提出了《创造新时代的义务教育》的报告，基本确立了日本义务教育结构改革的三个基本策略：一是国家设定基本的教育目标，国家有责任采取切实的基本措施保障教育目标的实现。二是教育实施面上推进教育行政地方分权改革，尽可能扩大市町村和学校的权限和责任。三是国家有责任对教育结果进行验证。[①] 基于上述教育改革策略，日本文部省与 2006 年发布了《义务教育学校评估指导方针》，推行新的学校评估制度。此指导方针的基本理念是"促进学校自律、持续的改善与发展"，对学校评估的目的、方法及标准作出了详细的规定，具有灵活开放的特点，学校可根据自身的实际情况参考执行。

（一）评估目的

此指导方针规定，学校评估的目的有三个：第一，学校设定关于教育教学及学校运营的目标，并对目标的达成情况作出分析判断，不断提升学校办学质量。第二，学校公布自评及外部评估的结果，取得学生家长及社区的理解与支持，构建值得信赖的开放型学校。第三学校主管部门根据评估结果，采取有针对性的改进措施，确保学校教育质量的提高。

---

① 包金玲：《日本新的学校评价制度政策动向》，《外国中小学教育》2009 年第 3 期。

（二）评估方法

此指导方针提出,学校评估主要分为三个阶段:一是学校自我评估及改进;二是外部评估及学校改进;三是评估结果的公布及学校主管部门的政策支持。

学校自我评估是在校长带领下,由全体教职员工参加,按照设定的目标和具体的计划等进行的评估。评估中可对学生、家长、居民等进行问卷调查。其基本程序为:制定办学目标;自我评估及自我提升;形成自评报告。

外部评估旨在提高学校自评的客观性,让教职员、学生家长和社区居民了解办学状况,并取得相应的理解与支持,促使学校的办学质量得到有效提升。其基本程序为:第一,成立外部评估委员会(由学校评议员、家长、学区居民、大学的研究者、他校的教职员、有学校教育经验或相关专业知识的人员组成);第二,实施外部评估,通过审阅自评报告及相关材料、听课、座谈、参观等环节,对学校自评的客观性进行判断,并对学校在提升办学质量方面的措施及其成效作出评估;第三,形成外部评估报告。

学校评估与学校改善密切相关,通过"规划—实施—评估—改善"(PDCA)循环管理系统,不断将评估结果充实到学校计划的调整中去。评估结束后,学校须向主管部门递交评估报告,并向学生家长、社区居民等公布评估结果。学校主管部门根据评估结果制定措施,改进学校办学质量。由此可见,评估的最终目的指向学校办学质量的提升。

（三）评估标准

《义务教育学校评估指导方针》中提供了一个指导性的评估标准框架。为使指标框架具有普适性,为学校提供更为具体的指导,标准框架基本涵盖了学校运作的各个方面。各校在使用过程中可以因地制宜,根据实际情况进行调整。

1．课程与教学

（1）教学目标、教学计划、课时数及实施状况。

（2）学生分领域学习状况评估①及评定结果。

（3）学力调查等的结果。

（4）与运动、体力相关的调查结果。

（5）学生对教学的评估结果。

（6）教师上课采用的说明、板书、提问等教学方法情况。

（7）视听教材、教育设备、教具等应用情况。

（8）体验性学习、问题解决性学习、学生兴趣与热情的激发、自主性学习等情况。

（9）学生个性化学习指导情况。

---

① 分领域评价,指将科目分为"兴趣、积极性、态度"、"思考、判断"、"技能、表现"、"知识、理解"等领域,教师设定各领域目标,对学生的目标达成状况进行评价的方法。

（10）教学、教材开发中校外资源的利用情况。

（11）乡土自然文化资源、传统文化活动等教育资源的利用情况。

（12）学校图书馆的利用及读书情况。

（13）各科分领域学习状况评估及评估的客观性与可靠性。

（14）课堂教学研究实施情况。

2．学生指导

（1）建立健全学生指导体制情况。

（2）人际关系构建及人际交往规范的指导情况。

（3）教育咨询体制的建立情况。

（4）防止教室内不正当行为的情况。

（5）与家庭、社区及相关机构的合作情况。

（6）及时发现问题采取行动的情况。

（7）与学生生活习惯相关的调查结果。

3．升学（就业）指导

（1）指导体制建设情况。

（2）勤劳观、职业观的形成，升学、就业选择能力及态度养成的指导状况。

（3）学生个人资料的准备，升学、就业信息的收集及使用，学生能力、适应性等的发现与挖掘。

（4）实习情况。

（5）升学、就业咨询的实施状况。

（6）升学、就业指导必要设施（如咨询室、资料室）的设置情况。

（7）与家庭、社区及相关机构的合作情况。

4．安全管理

（1）学校安全计划的制订与实施情况（包括安全管理体制的建设）。

（2）危机管理指导手册的编定与使用情况。

（3）教职员工及学生安全能力的培养情况。

（4）安全检查实施情况（包括上学交通的安全检查）。

（5）与家庭、社区及相关机构、团体的合作情况。

（6）学校防灾计划的制订及实施情况（包括灾害发生时的应急机制、防灾避难训练情况等）。

5．保健管理

（1）学校保健计划的制订及实施情况（包括学校环境卫生的管理情况）。

（2）健康诊断的实施情况（包括事前指导、事后处置）。

（3）心理关怀体制建立情况、健康咨询活动、防止药物乱用教育活动情况。

（4）日常健康观察、疾病预防、学生自我健康管理能力的培养等情况。

（5）与家庭及社区的保健机构（保健所、医疗机构）的合作情况。

6. 特别教育(特殊儿童教育)

(1)校内支援体制的建立情况(校内委员会、特别支援协调人员、校内研讨等)。

(2)交流及共同学习的实施情况(确保特殊儿童获得在正常班级学习的机会)。

(3)个别指导计划及教育支援计划的制订情况。

(4)与医疗等相关机构的合作情况。

7. 组织运营

(1)学校建立明确的管理体系及责任机制。

(2)服务监督情况。

(3)年级、班级管理情况。

(4)财务管理情况。

(5)学校事故处理情况。

(6)信息管理情况(公文的制作、收集、归档等,个人信息的保护等)。

8. 研修

(1)校内研修实施体制的建立情况。

(2)校内研修课题的设立情况。

(3)校内、校外研修实施情况(课堂教学研究、教材研究、指导方法研究等)。

9. 与家长、社区居民的合作

(1)与学校评议员、家长教师协会(PTA)等的座谈情况及学校运营协会的运营情况。

(2)学校家长教师协会(PTA)、社区团体联络情况。

(3)开放学校建设情况。

(4)家长、社区居民参与学校运营管理情况。

(5)信息提供情况。

(6)教育咨询体制的建设情况。

(7)幼小、小中、中高合作与衔接情况。

(8)来自家长、社区居民的具体意见与要求。

(9)对家长、社区居民的调查结果。

10. 设施、设备

(1)设施、设备的使用效果(富余教室、特别教室的有效利用)。

(2)设施、设备的检查情况(安全、保养、管理等检查)。

(3)良好学习、生活环境的培育。

四、校本评估——以色列的探索

1998 年,以色列教育评估专家戴维·内伏(David Nevo)在教育行政部门的支持下,大范围推行校本评估。评估的主要目的是协助学校发展其自我评估系统,并结合内、外部评估,以互补而非抵触的途径,为学校内在与外在的决策提供依据。为达成这一目标,校本评估在评估程序上做了全面的设计,并对如何建立起内部评估机制以及如何处理内外部评估的关系等问题进行了深入思考。

(一)评估程序

概括而言,以色列学校本位评估计划的运作主要包含四个主要阶段。一是基本训练阶段,组织区域性的评估培训工作,为校长和教师代表提供关于评估方案、资料收集分析等基本性培训,使他们对校本评估产生兴趣。二是建立学校评估团队阶段。学校建立起由3至4位教师组成的内部评估团队,选择一个评估对象,如学校计划、教学方案等,在外部评估专家的指导和协助下开展评估,锻炼内部评估能力。三是内部评估制度化阶段。在认同校本评估必要性和有效性的基础上,将内部评估工作制度化,将内部评估团队纳入学校组织体系,并保证每一位教师参与的权利。四是建立与外部评估的对话阶段。在具备内部评估能力的基础上接受国家或地区教育行政部门的外部评估。[①]

(二)评估原则与条件

为保障校本评估推进的有效性,内伏在亲身实践的基础上提出了若干实施原则与条件,主要如下:(1)评估者与评估对象间应是双向的关系,包含信息的双向交流及相互学习的过程;(2)内外部评估者之间必须相互尊重与真诚互信;(3)评估应被理解为一个持续的过程;(4)评估必须与教育教学实践密切相关;(5)内外部评估者均应对评估结果负责,形成共同责任感;(6)学校评估必须同时具有形成性与总结性功能,兼顾学校内部的改进发展与外部的问责需要;(7)"做中学"是学习如何评估的最好方法;(8)在学校本位评估中,内部评估是外部评估有效性的先决条件等。[②]

第四节　基础教育学校评估发展趋势的分析与借鉴

从上述学校评估案例可以看出,虽然各国基础教育学校评估的类型不一,具体做法各异,但都在一个或多个维度体现出了学校评估理论的发展方向,表现出一些共同的发展趋势。总体而言,评估以推进学校问责和持续发展为价值取向;绩效问责/改善模式成为学校评估的主导模式;评估方法上,采用学校自评和外部评估相结合的方式,自评在促进学校自我发展中的重要性得到日益凸显;评估标准强调多元与统一相结合,强调办学绩效,注重评估标准的解释与配套评估工具的开发;评估过程中,强调多主体的共同参与、平等协商与价值认同。

---

① 卢立涛:《国外发展性学校评价研究综述》,《外国教育研究》2008年第10期。
② 同上。

一、以推进学校持续发展为评估的价值取向

出于对有效教育、优质教育的追求,学校的持续发展和改进逐步成为了基础教育学校评估的共同价值取向。美国的《不让一个孩子掉队法案》、日本的《义务教育学校评估指导方针》及以色列所推行的校本评估项目等所构建的质量保障框架都明确以学校的质量提升作为宗旨。评估的主要目的不是为了考察学校是否执行了教育行政部门的相关政策,而是考察学校是否在政府政策的框架内,依据自身情况准确定位,制定和落实管理、教学等各项育人措施,为学生提供高质量的教育。在此基础上,为学校发展提供所需的支持,促进其改善和提升。换言之,评估活动不再是政府部门管理学校的手段和工具,而是判断学校办学水平,加强问责,促使学校质量不断改善和提升的工具。

学校持续发展的价值取向是评估的意识形态从管理者导向走向消费者导向的具体体现。传统的管理者导向的评估从教育行政部门的视角出发,以管理者的目标或管理去取代消费者的需求,强调目标达成,着重检查学校是否达成了管理部门所设定的各项教育目标。这导致评估的自我关照不足,后续跟进措施不到位。而消费者导向的评估从消费者(包括学校、教师、学生、家长和社会在内)的视角出发,着眼于消费者的需求和利益,强调后续举措的跟进和学校质量的持续改善。

二、注重绩效问责/改善评估模式

伴随着评估意识形态由管理者导向向消费者导向的转变,评估模式也随之调整。当前各国和各地区的基础教育学校评估的发展形态主要为第三代和第四代评估,强调评估的决策和问责功能,以及在沟通和协调基础上的学校质量改善,与此相适应的绩效问责/改善模式得到了更为广泛的应用。美国的学校认证、办学绩效评估,日本的"规划、实施、评估、改善"(PDCA)管理循环评估等都是这一评估模式的具体表现。

问责与改善是这一评估模式的两大着眼点,两者相辅相成。在各国和各地区的基础教育改革中,学校的主体地位日益凸显。为了充分发挥学校自身的创造性和自主性,政府在强化宏观调控的基础上,将管理重心下移,赋予学校更多的办学自主权。为了确保学校提供符合宏观教育政策框架、满足相关利益方需求的办学,政府选择问责模式,对办学绩效作出评估。在评估实践中,包括政府人员、相关领域的专业人员和社会公众在内的各类利益相关者共同参与其中,满足政府问责和社会问责的需求。同时,各国和各地区开始强调在问责的基础上,强调评估的后续跟进工作。利用评估结果的反馈,从政府和学校两个层面作出改善。政府基于评估结果调整相关政策,为学校改善办学提供支持;学校在评估中及时发现问题,并借助于专家和政府的支持,整合各类资源,调整各类办学计划和举措,实现自身的持续发展。

三、自我评估与外部评估的并立与整合

在评估具体实施中,各国和各地区一般都采用学校自我评估和外部评估相结合的形式。这一点,在校本评估的实践中表现得尤为明显。从各国和各地区的评估实践来看,学校自我评估的重要性日益凸显,普遍被视为学校发展的内因和根本动力,成为各类外部评估的基础。当前,学校自我评估主要有两个目的:一是指向学校的自我发展,将评估作为学校自主发展机制的重要一环,将其与日常教育教学有机结合,及时发现问题、分析调整,不断改善学校办学。二是加强理解与问责。学校将自评过程作为相关利益方(包括政府、教师、学生、家长和社区等)共同参与的过程,加强沟通和理解,强化学校对政府和公众的问责。为了提升学校自评的效能,各国和各地区普遍采用制定系统的自评框架、提供配套政策等形式,为学校提供指导和支持。

外部评估呈现多元化和专业化发展的特征。随着学校的多元发展和评估功能的细分,外部评估强调为不同发展阶段和不同发展需求的学校提供有针对性的服务,呈现出多元化的发展趋势。当前,国际上的基础教育学校外部评估主要包括两类:一是政府部门直接实施评估;二是政府部门设立或行业自发形成的中介组织实施评估。两者服务于不同的学校评估需求,可对其进行有机整合。如美国在中介组织进行中小学认证的同时,政府部门实施办学绩效评估和选优评估,共同构成了中小学质量保障框架。同时,外部评估的专业化发展也日益受到关注,集中表现为评估机构的专业化建设。具体而言,主要包括评估队伍的专业化发展程度、评估方案和评估标准等各类评估工具的专业化开发、评估环节的专业化设置等方面。

自我评估和外部评估有机整合是校本评估主要探索方向之一。一方面,强调以学校自评作为外部评估的基础,自评对学校的情况作出了系统梳理,便于为外部评估提供详实的信息,提升外部评估的可靠性。更为重要的是,在自评的过程中培育主体参与和自主决策的意识与能力,构建内部质量保障机制。与此同时,外部评估应对学校自评的客观性和有效性作出判断,进一步提高自评工作的质量。两者相互配合,责任共享,更好地兼顾学校改进和问责的需求。

四、评估标准的多元化发展与效能取向

(一)评估标准的多元与统一

不同类型的学校有着不同的办学目的,需要用不同的质量标准进行价值判断。并且,随着评估功能的细分,评估目的和评估主体也日趋多元。因此,评估标准的多元化发展已经成为了一种共识。例如:美国的学校认证、办学绩效评估和选优评估有着切合各自不同需求的评估标准。与此同时,部分国家和地区探索评估标准在统一基础上的多元开放,即制定统一的、指导性的学校评估标准框架,供地方和学校灵活使用。统一的学校评估标准框架有助于指导学校开展自我评估,规范学

校外部评估实践,确保学校教育达到一定的水准,满足社会发展的需求。在此基础上,考虑区域发展的不均衡性、学校办学的多样化及评估目的的差异,此类学校评估标准框架又是开放式的,突出指导性,目的在于为学校评估提供参考。各地区和各学校可以根据自身实际情况,在对评估标准进行调整后灵活使用。日本的《义务教育学校评估指导方针》便是典型代表,它既保证了各地区和各校在学校评估理念上的一致性,又为各个评估主体在评估中发挥主动性与创造性提供了充足的空间。

(二) 评估标准聚焦内涵发展,凸显办学绩效

随着学校办学从外延发展转向内涵发展,评估标准的焦点也从原先的办学条件、物质环境层面等转向了校本管理、课程教学、教师专业发展等层面;从分项评估转向了对学校整体办学质量、办学效能和可持续发展能力的评估。为了便于对办学绩效作出准确判断,各国普遍遵循"输入—过程—输出"框架,并将学生发展作为重要的输出指标。这一点在新加坡的学校自评中也有所表现。新加坡"卓越学校评估"设计了 5 项过程性指标和 4 项输出指标。其中,"以学生为主的各种程序与活动"是最为重要的输出指标。[①] (见图 4-1)

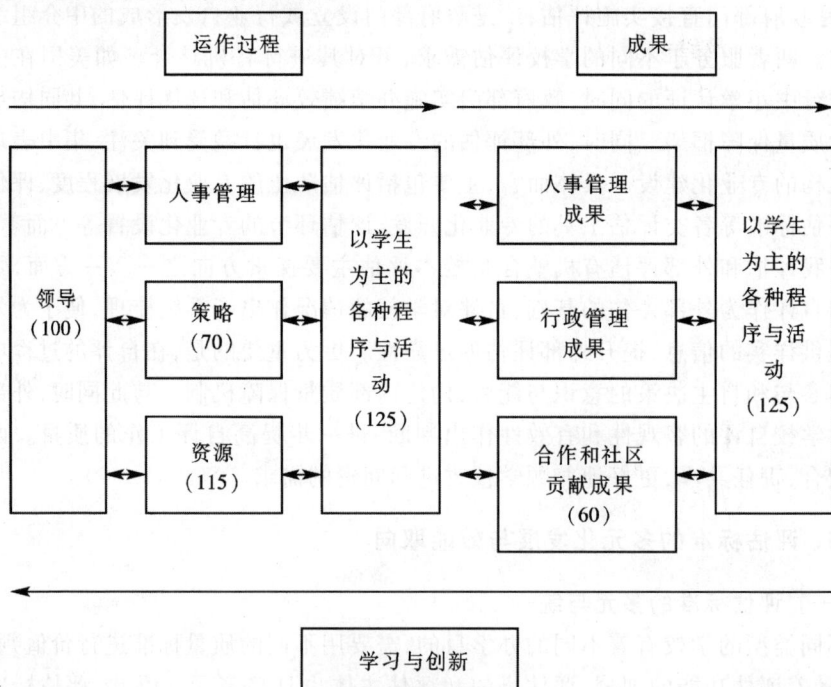

图 4-1 卓越学校模式

---

① 董立彬:《浅谈新加坡卓越学校模式的特点及启示》,《教育实践与研究》2006 年第 11 期。

（三）注重评估标准的解释和配套工具的开发

为了规范评估工作的开展,各国和各地区普遍重视评估标准的解释和配套工具的开发工作。一方面,对指标的内涵进行解释说明,便于在学校自评和外部评估的过程中达成共识。另一方面,根据指标设计问卷、数据库等配套工具,便于进行有针对性的信息收集与分析。

五、多主体间的平等协商与价值认同

随着应答模式的提出及第四代评估理论的兴起,参与取向的评价模式在实践中日益受到重视。参与取向模式是教育评估中心理建构思想的体现,强调评价过程中各利益相关者共同参与的重要性,认为评价就是各方相互协商,形成共同心理建构的过程。在这一理念的引导下,评估主体呈现多元化特征,吸纳包括教育行政部门代表、外部评估专家、学校内部成员(管理人员、教师团队、学生)、家长和社区等在内的各利益相关者共同参与学校评估。例如,美国西部学校和学院认证协会学校认证委员会由来自学校、政府和公众的代表组成,并明确规定公众代表不少于1/7。评估主体的多元化有利于多视角地了解学校,获得更加全面、客观、公正的评价结果。同时,学校由传统意义上的评估对象转变为占据主导地位的评估主体,改变了外部评估者单方面掌控评估全过程的局面,使学校在评估中充分表达自身的价值需求,进行自我认识、自我判断和自我决策,从而形成学校自主发展的内驱力。

在多主体参与的背景下,评估过程更加强调各主体间的平等对话、民主协商,以及对评估工作的普遍认同。各主体共同参与评价方案及标准的准备、评估资料收集分析和评估结果处理等各项评估活动,在多维度交流中不断缩小价值差异,最终使评估结果得到各方认同。例如,在以色列的校本评价实践中,强调评估者与评估对象间应进行积极的双向交流,内外部评估者之间必须相互尊重与真诚互信,在平等对话协商的基础上达成共识,并对评估结果负有共同责任。

第五章　基础教育学校的办学标准与评价指标

　　研究和建立各级教育质量标准是"十二五"规划及我国中长期教育改革和发展的重大战略。当前,我国基础教育阶段各级各类教育发展重心逐步从扩大规模转向提高质量、促进公平和注重内涵发展的新阶段,这就需要在全新理念指引下,组织力量建立新的学校办学标准,并与此同步配套研制相应的评估指标。而我们国家目前对基础教育学校办学标准尚缺乏完备系统的要求。散见在一些政策性文件中的办学标准,也是对学校建设的硬件要求比较具体,如各级学校的校舍面积,仪器、设备、设施和生均经费、师生比例等,但软件与内涵的表述则显缺失。这样的现状已经越来越不能适应教育改革与发展变化的要求了。

第一节　学校办学标准与评估指标

一、学校办学标准的内涵与特征

(一)学校办学标准内涵

　　办学标准是教育质量标准体系中的重要组成部分。在综合考量宏观、中观、微观教育质量标准时,我们看到,学校的办学标准处于中观层面,它是指"围绕学校与教育的管理、运行、投入保障,研究设计学校与教育的法规、管理、投入、师资队伍、保障以及投入、产出和运行成效等方面的指标及标准"。①

(二)学校办学标准特征简析

　　学校办学标准具有如下特征:

　　首先,学校办学标准具有权威性。教育是国家民族发展的百年大计。基础教育又是其中的奠基阶段,重中之重。重视教育质量标准是国际教育组织以及各国教育政策的共同趋势。美国的教育改革被认为是一种"基于标准的"改革。其1994年颁布的《2000年目标:美国的教育法》以立法的形式鼓励并资助各州建立学术标准和测试标准。日本、俄罗斯等国家也都以立法的形式颁布了教育质量标准。② 中国的《国家教育规划纲要》将"提高质量"作为教育改革发展的"二十字"

---

①　艾飞飞、张珏:《关于教育质量国家标准建设的思考》,《教育发展研究》2011年第7期。
②　乐毅:《关于制定我国国家质量教育标准的几点思考》,《教育理论与实践》2007年第7期。

（优先发展、育人为本、改革创新、促进公平、提高质量）工作方针的重要内容,并明确指出要"制定教育国家标准",这标志着国家教育政策的中心进一步从重视教育规模扩充走向重视教育内涵发展。从政策背景分析,重视教育质量国家标准也成为国际社会提升本国教育质量,进而提升综合国力的共识。教育质量国家标准一般要通过立法程序,或由国家行政主管部门批准发布,对各级各类教育的教育质量作统一规定,是教育质量国家机制确立和完善的重要标志。作为中观层面的学校办学标准也不例外。其权威性是不容置疑的。

其次,学校办学标准具有科学性。当前学校的办学质量越来越引起社会关注,作为办学质量衡量的尺度,学校办学标准当然应该具有科学性。然而什么是学校的发展,什么是学校的办学质量,则各有各的看法。因此,作为国家基础教育政策要求的集中体现,学校办学标准最能反映这种科学的把握。这种科学的把握体现在学校发展的协调性、全面性和可持续性上。

历来教育的发展包含外延和内涵两方面。外延式发展重在教育规模扩大和条件改善,内涵发展则是指关注教育的适应性,以及结构与资源的优化发展。学校的办学也同此理。办学标准的科学性,需要学校有如下协调性发展:第一,办学标准引导学校树立全面的发展观,既在外延、硬件上有可资衡量的标准,更引导学校在整体上适应新时期对人才的基础素质的需要,适应学生身心发展的需要和学校教育自身发展的需要,这样综合全面的考量才是科学的。第二,办学标准关注学校发展的协调性。它至少包括这样几个内容:学校办学要与社会发展相协调,基础教育阶段的学校与社区关联度十分密切。学校应有这样的使命感,既为在校学生提供最优的成长环境和成才途径,同时又要成为所在地区精神文明的高地和辐射源。学校既是社会发展的重要组成部分,又是社区文明进步的助推器。第三,学校发展还应和学生发展相适合。学校教育的重要作用在于促使学生个体的社会化。学校教育不但要从学生整体需求出发去提供适应的教育,还要努力从每个学生个性发展的不同需求去提供合适的教育,这就是现代教育对学校办学提出的新要求。第四,学校办学要与其自身发展规律相适应,比如办学规模与办学条件的改善要与师资条件等诸多因素相匹配。

办学标准的科学性,还体现在学校发展的可持续性要求上。这种可持续性从学校外部来讲,是社会环境的稳定、教育政策的连续性。从学校内部讲,办学目标定位准确、管理运行顺畅、师资稳定均是重要因素。还有一点常被忽视,就是学校办学要关注以人为本、以师生发展为本。在学校办学过程中,迷失办学方向,走入应试教育的怪圈,依靠增加课时,占用学生自主活动和自由支配的时间,用师生体力、精力的消耗来换取学生成绩的提高,以至于教师产生职业倦怠、学生放弃兴趣爱好、影响学生终生学习能力的形成和发展,这样的学校教育就谈不上可持续发展。

学校办学标准还具有全面性特征。我国是发展中的人口大国,同时也是教育大国。基础教育阶段学校数量庞大。由于我们国家地区发展的不平衡性,分布在各地的各级各类学校,也不可避免地受各地经济社会、地理环境、文化背景和发展阶段的影响,办学水平会存在较大差异。学校办学标准的全面性要求我们在制订办学标准时应该围绕基本要求设计基本标准。同时,设计发展标准要体现区域差异和教育发展水平的不同程度和阶段,从而对处于不同水平和阶段的学校实行分类指导。从另一个角度看办学标准全面性则是指考察学校教育时,从学校办学背景、办学投入、办学过程、办学效果等维度展开,全面制订各项标准,以避免以偏概全。

二、学校评估指标的内涵与特征

(一)评估指标的内涵

在教育评估活动中,评估指标是指评价目标集合中的元素。它是目标局部特征的表现,使目标具体化和可测量。通过综合各相关指标,就能获得某个特定评价目标内容的整体特征。系统化的、具有紧密联系的一组指标就是指标系统,指标系统反映全部的目标,即目标整体。

学校评估的指标体系,是学校评估工作的关键。指标体系是由评估指标系统、评估标准系统、评估计量系统组成的有机整体。其中,指标系统反映了指标间的结构关系;评估标准系统是对相应评估对象的各个部分及整体进行价值判断的准则和尺度;评估计量系统则既表示各指标之间的权重,同时也对测量与统计方法作规定。

(二)评估指标特征简析

学校评估指标应该是建立在学校办学标准的基础上,并且随着学校办学标准的发展而变化。这是学校评估指标制定的基础。学校评估指标常表现出如下特征。

首先是指标体系具有鲜明的导向性。学校办学的评估指标要全面、客观、准确地揭示学校教育工作的内涵,必须坚持科学的导向性原则。这种导向性体现在对学校办学标准的整体把握和反映,对基础教育政策和发展趋势等有深刻的认识和理解,全面掌握指标体系设计的理论与方法。指标的研发从实际出发,围绕教育目标,对教育活动进行全面、周密的调查研究,运用科学的系统分析方法,以事实材料为依据,对目标及其制约因素进行全面的、系统的分析、论证,采取科学的态度选择评估标准的具体内容。指标的鲜明导向还体现在它与办学标准的一致性。评估指标并不是凭空而来,它围绕办学标准和反映一定的评估目标,并能反映出学校教育目标的变化和发展;每一个评估指标是相对独立的,能够独立反映学校办学质量的某一方面的内涵和要求,同时,这些独立的评估指标又能与其他评估指标融为一体,形成一个完整的评估标准体系,强烈而又明确地导向办学标准的达成。

评估指标的另一个特征是系统的完备性,是指评估指标在结构上常表现为一个有机的结合,重点突出,层次分明。评估指标的整体要反映出基础教育学校的整体办学质量和质量保障要求,从各个侧面考察学校的办学状态水平;同时,不同的评估指标根据重要程度赋予不同的权重。概括来说,完备性既指对评估对象各评估要素的覆盖,也指向指标体系结构、评价标准系统以及指标权重和计量方法的配套完备。

较强的可操作性是评估指标的又一个特征。基础教育学校的评估,常需要一个定性与定量相结合的评价结果。一方面帮助学校进行纵向比较,即用现在的成绩同过去的状况比较,明确自身进步的速度;另一方面也帮助学校进行横向比较,即把同类型、同层次的若干个学校作为一个系统,以常模为基准,衡量每一个学校在系统内所处的相对位置,从而真实地反映出各个学校的当前办学状态、努力程度和进步幅度,促进每所学校在不同的基础上向前发展。为了达到使评价结果具有可比性这一目的,这就要求设计的评估标准具有可操作性:即评估标准体系中的每一项评估指标,不管是定性标准,还是定量标准;不管是模糊量,还是确定量,都可以通过一定的描述、测试和计量方法,得出相应的定性与定量结合的评估结论。这就是要求评估指标体系涉及的信息要容易获取,评估标准体系可操作性要强。

三、办学标准制定的国内外实践与发展趋势

到目前为止,我国并未出台系统国家的义务教育办学标准或者基础教育办学标准。由此在基础教育学校评估中出现了由于标准缺失或标准不清晰而造成的一些评估困境和亟待突破的瓶颈问题。

《国家教育规划纲要》是指导我国未来 10 年教育改革与发展的纲领性文件,必将对我国的未来 10 年的教育改革与发展产生重大的影响。《国家教育规划纲要》中有关教育评估的改革与发展的论述前所未有,彰显了国家对教育评估工作的高度重视。其中,不仅首次提出了教育评估体系的问题,而且提出要成立国家教育质量监测和评估机构;提出了建立国家教育评估体系,不仅符合科学发展观的指导思想,而且将会有效化解教育评估现状中遇到的一些评估困境。如《国家教育规划纲要》第四章第八条中指出,"提高义务教育质量。建立国家义务教育质量基本标准和监测制度。严格执行义务教育国家课程标准、教师资格标准"。第五章第十二条规定,"全面提高普通高中学生综合素质。建立科学的教育质量评价体系,全面实施高中学业水平考试和综合素质评价"。第十五章管理体制改革中第四十七条规定,"建立和完善国家教育基本标准。成立国家教育质量监测、评估机构,定期发布监测评估报告。加强教育监督检查,完善教育问责机制"。从上述条款规定我们可以看出,制定相关的教育基本标准,完善教育评估制度,将是我国教育改革与发展的必然方向。

从国际上看,建立学校办学标准和教育质量标准已经是各国通行的做法。比如英国建立全国统一质量的标准,将其作为督导评价的依据,这是英国加强国家教

育质量监控的主要体现。英国《1988 年教育改革法》出台后,国家对教育质量的控制明显增强,统一了国家课程和国家测试;随之将主要检测内容为课程和学业的督导评价制度是否要统一标准的问题也提上日程。1992 年,随着教育法案的颁布,英国第一批国家标准以及介绍如何使用标准进行评价的手册和文件也出台了,督导评价有了全国统一标准。在英格兰,国家督导评价标准是指《学校督导框架》。该框架分为"督导要求(Inspection Requirements)"和"督导计划(Inspection Schedule)"两个部分。苏格兰国家标准是指首次颁布于 1992 年的一套办学质量指标体系。这套办学质量指标体系共有 33 个质量指标,内容涵盖课程、成绩、学与教、给学生的支持、校风、资源以及领导、管理和质量保证七大领域。①

美国《中小学教育法案》中,确立了美国教育改革蓝图,并明确了五方面的优先事宜。其中,第一项就是帮助学生做好升入大学或开始职业生涯的准备。其中包括:第一是提高教学标准。呼吁所有州开发和采用能够帮助学生做好准备的数学和英语教学标准,各州可选择提高现有标准或者应用与其他州合作开发的公共标准。第二是完善评估体系。将支持、开发和使用新的评价标准,使其与保障学生升入大学或顺利就业的教学标准相匹配,用以衡量学生是否掌握了获得成功所必需的技能。新的评价标准将更及时地反馈社会所需技能,更准确地衡量学生的成长,更好地引导课堂教学满足学术的需求。

第二节　学校评估指标服务于办学质量保障体系

基础教育学校办学标准的制定不仅是教育改革发展的必然要求,而且体现未来学校教育改革与发展的指导方向。因此,制定学校评估标准,尤其是基础教育学校评估标准,需要考虑到我国的基础教育发展从规模外延转向内涵发展的需求和人民群众对优质教育的渴求。制定学校评估标准需要遵循一些基本的原则。其中,至关重要的是,基础教育学校评估标准指标应该是服务于办学质量保障体系。

一、办学质量保障体系的内涵与结构②

(一)质量保障体系的内涵与发展

教育质量保障体系的研究先是从高等教育质量保障开始的。20 世纪 80 年代中期,高等教育质量保障体系的问题提出后,迅速成为一种国际化运动,目前已经形成了有 80 多个国家和地区参与的国际性网络组织。进入 90 年代后,在高等教育质量保障思想的影响下,基础教育质量保障问题在许多国家和地区都被提高到

① 罗敏:《英国的学校绩效发展性评价及其启示》,http://hi. baidu. com/eduta _/blog/item/b90e6aa5af4d15f09052eed8. html.
② 陈玉琨,《教育评价学》,人民教育出版社 1998 年版,第 216–240 页。

了更高的层次来进行研究。近年来,我国也给予了高度重视。

教育质量保障体系是以对完美的教育质量不断追求为核心的质量文化为基础,通过校内外合作,全面保障教育质量的组织与程序系统,是现代教育评价的深化、结构化与体系化。教育质量保障在许多国家并不完全相同,但是,一般地说,教育质量保障受政府的支持,并在政府的资助下开展活动。通常,教育质量保障体系可分为外部质量保障和内部质量保障体系。对基础教育来说,专门从事或承担外部质量保障的机构是直接隶属于教育行政部门的,它代表教育行政部门对学校教育质量进行检查、监督或质量审计。内部质量保障体系是学校为提高教育质量与配合外部保障活动而建立的组织与程序系统。它与教育质量外部保障活动相互合作,以完成教育质量保障任务。

(二) 质量保障的主要模式与组织形式

基础教育质量保障的模式主要有:合同模式和输入、过程、输出系统保障模式等。合同模式强调的是,教育质量的保障可以通过对合同的保障而实现。近年来澳大利亚和美国等国家开始出现了一批所谓"合同制学校"。合同制学校由学校在广泛讨论的基础上,确定自己的办学目标与培养规格,并提出为达到这一目标所需要的政府提供的条件。上述方面得到政府的确认之后,由学校与政府签订合同,政府根据合同为学校提供条件,同时,定期对学校进行质量检查。合同制模式是注重教育产出的保障体系。

输入—过程—输出系统保障模式是运用系统论的分析方法而提出的一种保障模式。在构建学校教育质量保障体系时,香港教育统筹委员会在其发表的第七号报告书《优质学校教育》中认定,"学校教育质素指标,可分三方面来说:输入指标;过程指标;产出指标"。其中,输入指标用以显示学校的基本状况数据;过程指标用于检视学校行政运作及教学过程中表现;产出指标,香港教统会具体地列出了三项:学生学业成绩,学生自信,家长、教师与学生对学校的总体观感。对基础教育而言,输入—过程—输出保障模式是一个相对全面的模式。

教育质量保障通常分为内部质量保障和外部质量保障。对基础教育而言,外部质量保障活动一般是政府直接组织的。如香港教育质量的外部保障工作就由"政府部门的法定检查"与"教育署保障视学"组成。我国大陆基础教育外部质量保障是通过从国家到县、市一级的教育督导体系建立,通过督政、督学来实现的。教育质量保障是一项系统的复杂工程,需要内外部质量保障形成合力,因此,学校也需要建立自己的质量保障体系。

二、以完善学校办学质量保障体系为核心制定学校评估指标

(一) 制定评估标准,完善政府的宏观管理,保障基础教育学校的办学质量

改革开放以来,我国的教育管理体制改革的核心就是理顺政府、学校与社会之间的关系,政府管教育,学校自主办学,社会参与评估的管、办、评分离管理机制。政府简政放权,主要通过立法、规划、拨款、评估监管等手段和方式方法进一步完善政府的宏观管理,使得政府的管理更为有效。对此,《国家教育规划纲要》第47条"转变政府教育管理职能"条款中规定,"各级政府要切实履行统筹规划、政策引导、监督管理和提供公共教育服务的职责,建立健全公共教育服务体系,逐步实现基本公共教育服务均等化,维护教育公平和教育秩序。改变直接管理学校的单一方式,综合应用立法、拨款、规划、信息服务、政策指导和必要的行政措施,减少不必要的行政干预"。提供政府决策的科学性和管理的有效性。规范决策程序,重大教育政策出台前要公开讨论,充分听取群众意见。成立教育咨询委员会,为教育改革和发展提供咨询论证,提高重大教育决策的科学性。《国家教育规划纲要》特别提出建立和完善国家教育基本标准。成立国家教育质量监测、评估机构,定期发布监测评估报告。加强教育监督检查,完善教育问责制度。这就从政策层面明确了制定学校办学标准和办学评估指标与建立质量保障制度之间的关系。

(二) 以评估标准为基础,引领学校注重内部的自我诊断与自我保障作用

制定办学标准和评估指标,既是政府完善教育宏观管理、保障教育质量的需要,同时,也是学校加强内部质量保障的需要。学校内部质量保障的建立基础就是要以评估标准为基础,确立校内自我质量保障的基础和重心,形成自我诊断、自我完善、自我监控、自我发展的办学机制,从而保障学校的办学质量。

学校是实施教育的主体,从根本上说,需要校长和全体教师的主观努力,不断总结和完善,发展优势,克服不足,才能走上科学化管理的轨道。要达到这个目标,只有充分发挥学校的自身努力这个内因,教育督导的监督制约、评估激励作用和服务导向等外因才能起作用。学校自评是充分发挥学校主观能动性、自我认识、自我完善、自我教育的动态过程。只有坚持以学校自评为基础,才能激发学校的内部活力,强化学校的主体意识,增强学校管理的科学性、规范性、民主性,促进学校的自我调节和自我完善,从而实现办学水平的提高和学校的健康发展。

随着政府职能的转变和管理体制改革的不断深化,学校将获得越来越多的办学自主权,在享有更多权利的同时也必须承担更大的责任,接受更多的监督。学校内部必须建立相应的自我制衡和约束机制。自评正是学校自我约束、自我制衡、自我调控的基本手段,是学校可持续发展的组成部分。完善有效的自我保障机制,经常性地自评和反思,是学校真正走向成熟和自主发展的重要标志。这就需要学校按评估标准要求搞好自评,保障学校的内部质量。自评的质量最终取决于自评工作的信度和效度,即是否严格按评估程序办事,是否实事求是地总结成绩、查找问题。要搞好自评,就必须认真组织教职员工学习相关的教育评估标准内容和要求,认真领会指标的含义,准确掌握评分尺度,客观、全面、正确地评价自己,[1]切实起到自我保障的作用。

三、学校评估标准与学校办学质量标准的关系

(一)学校办学质量标准的内涵与分析

1. 办学质量内涵是多方位、全过程和多层次的

进入新世纪,一些重要的国际组织不约而同地表达了对教育质量的关注。2002 年第 57 届联大宣布"可持续发展教育十年(2005—2014)"行动计划。该计划认为,有质量的教育是可持续发展的必要条件,其中首要的就是提高基础教育的发展水平。欧盟 2001 年发布的学校教育质量报告称,有质量的教育和培训在欧盟各国的关注上处于最高的政治级别,高水平的知识、能力、技巧是积极的公民权利、雇佣和社会凝聚的最基本条件。

各国政府也越来越深刻地认识到教育质量的重要意义。美国总统布什 2001 年 1 月上任后的第一份立法动议就是以提高中小学教育质量为主旨的教育改革计划——"不让一个孩子落后"。法国前总理拉法兰于 2003 年组建了由教育部原评估与预测司司长克劳德·德洛为主席的学校未来全国讨论委员会,并于 2004 年 10 月 12 日向教育部提交了《为了全体学生成功》的最终报告,提出了未来教育就是要使全体学生在义务教育完成之后,都能够掌握就业所必需的知识、能力和行为准则,并为终身学习奠定基础。墨西哥联邦政府在没有强势公办教育资源的情况下,于 2002 年 8 月 8 日和各州政府、高等教育机构、民间团体、企业界的代表共同签署了《提高教育质量社会契约》,强调教育质量对国家未来的重大和决定性意义。

在从发展战略的高度重新认识教育质量重要性的同时,一些国际组织和国家也出台了相应的标准或评估体系。经济合作与发展组织 2004 年公布的教育指标体系分为 4 个一级指标和 29 个二级指标,包括教育与学习的效果,教育的财政资源,教育机会、参与和进步,学习环境和学习组织四个大的方面。欧盟 2001 年的《欧盟学校教育质量——16 项质量指标》报告列出了评价教育质量的 16 个标准,涵盖了学业成就、成功和转变、学校教育管理、资源和结构四个方面。不少国家也都颁行了自己的教育质量指标,英国公布了详尽的《学校督导大纲》和《地方教育局督导大纲》。俄罗斯出台了普通教育国家标准和教育督导指标体系,对学校办学条件的要求细致入微,甚至规定了黑板和体育馆地面的照明标准。

综合这些标准和评估体系,可以看到教育质量的内涵是多方位、全过程、多层

---

① 艾峰:《重视学校自评工作,促进学校健康发展》,http://www.dfjrw.cn/edoas/website18/14/info1220666076288314.htm.

次的。在内容上,既包括学业,也包括学习的态度和运用知识的能力,以及适当的价值观和生活方式;在过程上,既包括课程标准,也包括教学及其结果;在评估层次上,涵盖了微观、中观和宏观,从评估学生、教师到学校管理、地方教育行政,进而在国家层面上讨论教育政策、投入和教育改革等。①

2. 办学质量标准是不断发展变化的

虽然我国目前尚无系统、完善的国家学校办学标准,但是从指导我国未来 10 年教育改革与发展的纲领性文件《国家教育规划纲要》中,可以看到我国学校办学质量标准的一些基本要求。《国家教育规划纲要》指出,坚持以人为本、推进素质教育是教育改革与发展的战略主题,是贯彻党的教育方针的时代要求,核心是解决好培养什么人、怎样培养人的重大问题,重点是面向全体学生、促进学生全面发展,着力提高学生服务国家人民的社会责任感、勇于探索的创新精神和善于解决问题的实践能力。

全面实施素质教育、提高教育质量是一项系统工程,必须全方位地整体推进。因此,建立健全具有中国特色的基础教育质量标准体系势在必行。建立健全质量保障体系首先是要建立以素质教育理念为核心的基础教育质量标准。要依据国家教育方针,遵循教育规律和学生身心发展规律,尽快建立课程标准、教育教学标准、学生身心健康标准。标准要充分体现时代要求,重视学生创新精神、实践能力、科学和人文素养及审美情趣的培养,为全面实施素质教育、提高教育质量奠定基础。②

基础教育阶段分为学前教育、义务教育和高中教育,不同学段学校的教育质量标准有共性,但也应该体现不同学段培养人才的不同要求。比如,对于高中教育,《国家教育规划纲要》第五章第十三条提出要推动高中多样化发展。促进办学体制多样化,扩大优质资源。推进培养模式多样化,满足不同潜质学生的发展需要。探索发现和培养创新人才的途径。鼓励普通高中办出特色。鼓励有条件的普通高中根据需要适当增加职业教育的教学内容。探索综合高中发展模式。采取多种方式,为在校生提供职业教育。这就对高中学校办学质量提出了明确的要求。第一,多样化发展。第二,特色发展。第三,全面发展和有个性的发展。多样化的发展就是要解决目前普通高中存在的千校一面的状况,目前普通高中同质化发展现象比较严重,因此,要求高中多样化发展,办出自己的特色。特色发展就是要鼓励高中在课程设置方面,在教育教学环节方面形成自己的特色。鼓励学校对学生进行全面的教育,要有个性的发展。这也表明对高中生有两个方面的发展标准。一是,从整体上让每个学生都要得到全面的发展。二是,考虑到高中学生的年龄特点,是人

①　辛涛:《基础教育质量监测的国际比较》,http://www.eachina.org.cn/viewthread.shtml? tid=46.

②　周济:《全面开展质量监测　建立健全基础教育质量保障体系》,http://news.xinhuanet.com/edu/2008-02/14/content_7601412.htm.

生发展当中非常重要的一个阶段,也是个性差异非常明显的一个阶段,因此,要鼓励学校让每一个学生根据他的特长去因材施教;同时要对不同的学生,特别是潜质不同的学生要有自己的个性特长发展。①

如前所述,办学质量标准会随着社会要求与教育改革发展变化而变化。此外,对不同的利益相关者而言,对学校教育的期望与要求是不同的,因此,理解相关的教育质量标准也是不同的。这样就形成了多样化的教育质量解读。当然,这种不同解读的存在不能影响我们对正确办学质量标准的坚持。学校教育质量标准应包括两层涵义:一是一般的质量要求,另一个是具体的人才合格标准。前者是指一切基础教育都要依据我国教育目的和基础教育一般培养目标,培养德、智、体、美等全面发展,人文素质和科学素质有机结合,具有创新精神和实践能力的国家现代化建设人才。在一定的历史时期,一般的质量要求是相对稳定的。②总之,随着经济社会的发展、学校教育的改革与发展,以及人民群众对优质学校教育的新需求,学校办学质量标准应该是不断发展、与时俱进的。

(二)正确把握学校评估标准与学校办学质量的关系

1. 明确学校办学标准、评估指标和学校质量保障的关系

评估的本质是根据一定的教育目标和标准,运用一定的途径和方法,对学校的人才培养工作进行的一种价值判断,即对学校的教育目标和标准适应社会需要的程度、人才培养工作达到教育目标和质量标准的程度作出价值判断。由此,我们可以看出,评估的核心是建立办学标准和质量标准,评估指标体系是对办学标准和质量标准的分解,指标是办学标准和质量标准在某一方面要求的具体化或行为化的表现。

学校评估标准与学校办学质量标准之间的关系,我们不妨以美国国家教育质量奖与《绩效优异教育标准》为例加以说明。美国国家教育质量奖是国家层面的教育质量评估标准,在美国有广泛的影响力,各州基本上都有仿照国家质量奖而设立州一级的质量奖或绩效奖。20世纪80年代,美国设立了国家质量奖,1988年正式开始评奖,该奖启动时只面向企业界,1999年才向教育界开放,并推出了质量奖的标准——《绩效优异教育标准》。这是一个可供比照的体系化的办学标准。围绕这一标准,学校可以建立完善有学校特点的质量保障机制,开展持续不断的质量提升工作。美国所有的中小学校、学区、学院、大学以及大学的学院均可申请。从中我们可以看到该奖的目的在于提供改进绩效的工具,树立组织绩效的标杆,促进教育机构提高质量,促进相关组织分享有益的管理经验。

2. 学校评估指标要关注学校办学质量保障的时代要求

---

① 参见 2010 年 3 月 1 日规划纲要公开征求意见新闻发布会:基础教育解读。

② 曹大文:《关于高等教育质量观的思考》,http://jpk. ybu. edu. cn/jpk/messageshtml/5801/1085799977797. htm.

学校办学质量标准反映的是学校利益相关者对学校的办学目标以及学校的办学水平的认可标准。随着经济社会的发展和人民生活水平的提高,学校利益相关者对学校的办学目标和办学水平都会提出新的标准和要求。在改革开放之初,国家根据社会发展和人民群众的教育需求制定了《义务教育法》,开展分阶段的义务教育普及工作。当时的义务教育其实是有条件的义务教育,受教育者需要支付一定的教育成本,包括学费和杂费等支出。从2008年国家则根据社会发展和人民群众生活水平提高以及对优质教育的需求,全部免除了学生的学杂费等支出,并对贫困地区的寄宿制学校的学生给予一定的生活补贴。除此之外,基础教育领域发生的较大变化则是在新时期教育面貌发生了巨大的变化,随着教育改革与发展的深入,国家开始推行基础教育均衡化发展的政策。这对所有的基础教学学校的办学水平和质量提出了新的要求,对学校各利益相关者也提出了新的要求,也对各级政府即学校的举办者提出了更高的要求。这些都必然反映出学校办学质量的观念和保障机制方面的变革。

当前,我国基本普及了九年义务教育,基础教育进入到一个新的发展阶段,站在一个新的历史起点上。同时,基础教育课程改革也进入新的一轮,需要我们对它进行科学公正的评价,包括成绩、经验和需要改进的地方。在这样的背景下,基础教育质量保障就摆在了更加突出的位置。党的十七大强调要建设创新型国家。创新人才培养的根基在基础教育。建设创新型国家、建设人力资源强国,基础教育的质量就必须达到一个更高的水平。要把教育工作的重点转向内涵与质量,就需要一个科学的评价体系和一个有效的监测网络,来摸清我国基础教育质量的状况,同时也要求我们改革教育质量评价制度。① 比较学校办学标准和学校评估指标,我们看到前者的权威性和相对稳定性,而后者作为与反映标准的评价标准,在质量指标的与时俱进方面,可以有更灵活的反应和作为。

第三节　制定学校评估标准的案例分析

学校评估标准的制定是一项十分严肃而科学的工作,不仅对于具体的提升学校办学水平、保障教育教学质量发挥着重要的作用,而且将从整体上引领学校的未来发展方向。制定学校评估标准需要遵循一定的教育规律和相关政策、相关科学理论,同时还要借鉴他山之石,为我所用。美国国家教育质量奖在美国得到了广泛的关注与应用。作为学校进行质量管理和评估的较为完善的标准,对我们基于教育质量保障而研制学校评估标准有许多值得借鉴和学习之处,下面我们不妨以美

---

① 陈小娅:《建立具有中国特色的基础教育质量监测系统》,http://www.xdxx.com.cn/show.aspx? id = 2407&cid = 8.

国的《绩效优异教育标准》为例加以说明。①

一、美国教育质量奖评奖标准——《绩效优异教育标准》的由来

美国国家教育质量奖是国家层面的教育质量评估标准,在美国有着广泛的影响力。20 世纪 80 年代美国设立国家质量奖。但是,当初的国家质量奖仅仅是面向企业界。1999 年,该奖向教育界开放,并推出了教育质量奖的评奖标准——《绩效优异教育标准》,该奖面向全美中小学校、学区、学院、大学,事实上成为美国教育领域中评价学校办学的标杆。截至 2006 年,共有威斯康星州立大学(University of Wisconsin-Stout)、瑞查兰德学院(Richland College)等 7 个教育组织获得这一奖项,而在此期间申请教育质量奖和入围进行现场访问的教育组织分别为 115 所和 7 所,尤其值得关注的是根据此项标准进行自我评估和改进的教育组织更是不计其数。该奖的目的在于提供改进绩效的工具,树立组织绩效的榜样,促进教育机构提升质量。

二、《绩效优质教育标准》核心价值与其各指标和分值分布

《绩效优异教育标准》是美国教育质量奖的评奖标准,目的是为组织的绩效管理提供参考工具,改进教育质量,改进组织有效性,促进组织和个人学习,为组织间交流优异绩效经验提供方便,从而为学生和相关利益者创造价值。因此,美国教育质量奖及其评奖标准《绩效优异教育标准》主要体现了以下核心价值观和理念:(1)愿景领导(visionary leadership);(2)以学习为中心的教育(learning-centered education);(3)组织和个人的学习(organizational and personal learning);(4)重视教师、员工和合作伙伴(valuing faculty, staff, and partners);(5)快速反应的能力(agility);(6)强调未来(focus on the future);(7)管理革新(managing for innovation);(8)事实管理(management by fact);(9)社会责任(social responsibility);(10)强调结果和创造价值(focus on results and creating value);(11)系统观(systems perspective)。

《绩效优异教育标准》共有 7 个类别,含 19 个项目,每个项目又有具体领域,共包括 33 个领域。美国教育质量奖评奖标准对各评价类别均有权重分布,并不断修订,详见下表。

---

① 齐昌政:《美国学校质量管理观的变化——以"美国国家教育质量奖"为例》,《外国教育研究》2007年第 6 期。

表 5-1 美国教育质量奖评奖标准及分值分布(2006 年)

序号	类别	项目	领域	分值		权重
1	领导	高层领导	愿景和价值观	70	120	12%
			治理和组织绩效			
		管理和社会责任	组织管理	50		
			法律和道德行为			
			对主要社会团体的支持			
2	战略规划	战略发展	战略发展过程	40	85	8.5%
			战略目标			
		学校战略部署	行动计划部署	45		
			绩效规划			
3	学生、相关者和市场中心	学生、相关者和市场知识	学生、相关者和市场知识	40	85	8.5%
		学生、相关者关系和满意度	与学生、相关者建立关系	45		
			学生及相关者满意度测定			
4	测量、分析和知识管理	组织绩效的测量、分析和回顾	绩效测量	45	90	9%
			绩效分析和回顾			
		信息和知识管理	数据和信息的可用性	45		
			组织知识管理			
			数据、信息和知识的质量			
5	教师和员工中心	工作系统	工作过程组织和管理	35	85	8.5%
			教职工绩效管理系统			
			教师聘用和专业发展			
		员工的学习和动机	教职工教育培训和发展	25		
			激发动机和专业发展			
		员工的胜任及其满意度	工作环境	25		
			对教职工的支持和其满意度			

76

序号	类别	项目	领域	分值		权重
6	过程管理	支持过程和操作规划	学习中心的过程	45	85	8.5%
			对学习中心的支持过程	40		
			财政资源、突发事件操作规划			
7	学习绩效结果		学生学习结果	100	450	45%
			学生与相关者关注的结果	70		
			预算、财务和市场结果	70		
			员工结果	70		
			学校组织有效性结果	70		
			领导和社会责任结果	70		
总分			1000			100%

三、基于《绩效优异教育标准》的评估做法与借鉴

美国国家质量奖是一个标杆,主要奖励那些在质量成果和质量管理方面表现优秀的组织,因此其评奖过程极其严格。质量奖由美国商业部下属的技术机构——美国国家标准技术研究院(NIST)负责具体的管理工作。NIST通过与美国质量协会(ASQ)签署合同,由ASQ组织评审委员会,开展国家质量奖的评选工作。评选出来的获奖组织通过NIST上报美国商业部批准,并于每年的"质量月"期间由总统亲自颁奖。

教育组织要申请美国国家质量奖,必须先根据《绩效优异教育标准》进行自我评估,再提交评估和申请报告。教育质量评审委员会经过独立审查、集体审查,对合格组织进行现场访问,审查并推荐质量奖获得者,在每一步被淘汰的教育组织以及最终获得质量奖的组织都会获得委员会的评审反馈报告。这个反馈报告是专家组根据《绩效优异教育标准》指出申请者的优势和需要改进之处,以帮助组织提高绩效。这一步骤是质量奖的一个重要组成部分。

从美国基于《绩效优异教育标准》进行的教育质量奖的评选来看,或许对我们进行基础教育学校评估有一些值得借鉴和学习之处。第一,学校评估必须首先根据目标研制学校办学质量标准,而后基于办学质量标准进行评估。这可以有效引导学校的变革与发展。第二,学校评估标准注重学校利益相关者的质量标准。企业的成功标准最重要的标准之一是顾客的满意度,而学校的办学质量是否得当,学校利益相关者的满意同样很重要,特别是在我们创办人民满意教育的过程中,各个利益相关者的满意度需要引起我们的高度重视,并作为重要的标准之一加以分析

和采用。第三,强化学校在评估过程中的自我诊断和自我完善的价值与导向作用。美国教育质量突出强调学校领导和决策者的主体角色,原因在于,作为学校组织管理的核心,学校领导在确定学校战略发展方向和创造优异环境,塑造合乎法律和道德的行为,建立和传播组织愿景、价值,关注学生和相关利益者,完成组织目标等方面,都充当着重要角色。美国质量奖的评选的前提之一就是申报的教育组织首先要参照《绩效优质教育标准》进行自我评估,而后才能申报。这种做法不仅符合学校评估之目标,而且有助于学校自主发展,更好地形成政府宏观管理、学校自主发展、社会参与的教育管理体制,这也正是发挥教育评估作用与功能的价值之所在。

第六章 基础教育学校评估指标体系模块化的构想

基础教育学校评估工作的重要性已越来越为人们所重视,而作为学校评估工作的关键环节,评估指标的设计目前还缺乏完整的学校办学标准依据,往往是一个评估项目确立的同时,组成专家团队开发方案与指标。这样的工作机制有待完善。由于教育评价指标受教育规律的制约,制定者应该熟悉教育方针、政策法规、教育规律,有丰富教育工作经验,同时指标制订也要符合评价科学的规律。比如,科学地逐级分解评价对象是制定评价指标体系的关键,而分解评价对象与理解评价对象的内涵密切相关。另外指标与评价标准匹配,指标权重的分配等领域专业性极强。从事过教育研究和教育工作,不一定熟悉教育评估,因此,导致评估指标的设计经常走入以偏概全、重复开发、专业性不强的误区。本章试图分析在学校教育评估实践中已经初露端倪的指标模块现象,提出建立基础教育指标体系模块库的构想,探索一条学校评估指标建设的科学、优化、好用、实用的途径。

第一节 基础教育学校评估指标体系的模块化原理

一、指标体系模块化的概念

"模块"起初是计算机领域里的概念,词典释义为"能与其他部件一起使用的组装功能硬件"。"模块"也称构件,指能单独命名并能自主完成一定功能的程序语句的集合。而"模块化",是指为了取得最佳效益,从系统观点出发,用分解组合的方法运用模块组合成产品或系统的过程。

近年来,模块与模块化的概念在教育领域的运用也逐渐多起来。比如在课程改革进行过程中,活动类、研究型的课程引入与设置逐渐增多,由于此类课程门类广、类型多,且不少有跨学科的性质,于是多以类别区分,模块化分解与结合,体现了此类课程的特殊性。于是我们常常看到学校按类别与模块设置选修研究课,学生则根据需要从模块中自由选择组合,在某一方面获得更多的学习资源和学习支持,很好地形成了自己的学习特长。在师资培训中,模块化设计课程,套餐式选课也成为培训工作中受大家欢迎的形式,取得很好的培训效果。

尽管迄今为止尚未见有专文论及指标体系与模块之间的关系,然而教育部以及地方省市教育行政部门出台的相关评估文件中常见"模块"与指标并提的现象。尽管没有解释或者说明,但是从中可以看出两者之间的关系。

如《国务院办公厅关于转发教育部中小学公共安全教育指导纲要的通知》(国办发[2007]9号),主要内容中运用"模块"与"指标"结合,阐述"中小学公共安全教育指导纲要"评估指标体系。从中,我们可以发现,所谓模块是指公共安全教育的六大方面内容,或者六大主要领域。此外,该纲要还对指标模块的使用加以说明。又如,教育部与联合国儿童基金会实施的"全纳和爱生学校"项目,该项目旨在促进儿童的全面发展和素质教育的全面推进。以中央教育科学研究所为主,承担了爱生学校标准工作。其中爱生学校自我监测评估指标,用于诊断和分析学校达到爱生学校标准的程度,共计五个模块、六十六个指标。五个模块分别是"儿童发展模块"、"学校环境模块"、"教师建设模块"、"学校管理模块"和"社区支持模块"。

又如《上海市2010年教育现代化指标体系及说明》,据中国新闻网2009年4月23日报道,课题组(指现代化指标体系研究团队)选择了国际组织普遍采用的CIPP模式,即按背景、投入、过程和产出四大模块确定上海教育现代化指标体系框架。相关部门还最终确定了市、区两级指标体系框架构想。从中我们也可以看出该文件所指"模块"与"指标"之间的关系,即模块是指评估的四个要素环节,指标是每个环节中评价的各个主要方面。

至此,我们可以从频繁出现的指标模块现象中逐渐整理出如下的概念:指标模块是指标体系中具有通用性、可分性和系统兼容性的标准单元。所谓指标体系模块化,是指以指标模块为单元构建起来的指标体系;其中单独存在的指标模块,可以根据评估项目需要,灵活地拆分并组合进相应的指标体系中去。

二、指标体系模块化的基本原理

尽管模块化有着优势,但并非所有的产品与服务都可以或需要进行模块化。美国波士顿大学的学者雪琳(Schilling. M. A)认为,一个系统是否需要进行模块化取决于系统的可分性(separability)与系统投入、需要的多样性(heterogeneity of inputs and demands),而系统的可分性又主要是由系统的协同专一性(synergistic specificity)程度所影响的。系统的可分性意味着该系统既能被分解成若干部件,又可以进行重新组合,并且在这一过程中不会失去原有的功能;系统的协同专一性是指系统中某些特定部件组合在一起时所能发挥的功能最强。系统的可分性越强,则该系统的模块化程度越高;相反,系统的协同专一性程度越高,则系统的模块化程度越低。系统的可分性是系统模块化的前提。[①] 在基础教育评估实践中,大量的专门性(专项)评估的存在是评估指标模块化的现实可能。

---

① 资料来源:http://bbs.51cto.com/topic/thread-21771.html.

根据模块的上述定义与实践功能，我们认为在学校评估指标体系的设计中，可以借鉴模块化的思路，来设计形成通用而又便于灵活选取的指标模块。作这样的思考是基于下述两个前提：一是学校教育评估基本标准是有教育法规政策依据的，因此是相对稳定而非经常变动的。这种相对稳定性决定了模块设计的稳定性和形成指标模块库的可能性。二是基础教育阶段学校有不同类型、不同学校、不同办学主体、不同社区背景、不同办学阶段的要求和特殊阶段、特殊需求情况，以及评估主体需要获取特定办学信息，我们可以把这许多不同评估需求归纳为不同的"类的评估"。这就为评估指标的模块化选用与操作的存在提供了条件。在此前提下，我们认为指标是构成模块化指标体系的标准单元，它依据办学要求与目标任务设置，在学校通用评估指标体系中依功能作用处于相应位置，具有典型性、通用性和相对稳定性。当指标模块服务于某一个"类"的评估任务时，可以根据评估任务需要重新组合，进入特定评估子体系，并且该指标原有的评分权重也可依需要作调整。

三、学校评估指标模块的体系框架

评估工作是一项对教育实践的价值判断。评估指标的制定则是评估全过程的关键环节，不同的价值判断导向决定着不同的评估指标内容、构成与权重，不同的评估目的决定着评估指标体系框架。从我们收集到的国内外基础教育指标体系框架来看，从评估功能出发，有如下几大类：一是标准认证型，二是鉴定评价型，三是发展导向型，还有是各类专项评估。标准认证型典型的比如美国院校认证（如 cita 认证），这一认证模式在国内部分省市有引进实践的尝试。鉴定评价型比较常见，国内市区县级督导部门举行的规范办学督导、基础性学校督导都属此例。其特点是首先依据法规政策文件，"所依据的是统一的刚性的量化指标，具体表现为用统一的标准来评价所有学校，即所谓'用一把尺子量所有学校'。督导评价的核心是标准化和规范化，基本方式是鉴定，即检验学校是否达到了既定的标准，因此，这种督导评价被称为'鉴定性评价'"。[①] 三是发展导向型评估，近年来国内实践探索较多，如上海市人民政府督导室的发展性督导工作项目，其特点是在达标基础上，通过指标引导强化自我规划、内涵发展、特色发展，典型的如上海浦东新区督导室制定的发展性分层评估的方案。至于各类专项评估指标则是根据各个不同发展时期或区域发展重点，以评估项目内容为重点形成的单项评估指标体系。如"民办中小学依法办学评估"、"中小学语言文字工作专项评估"等，这类评估旨在突出某一特定阶段、特定工作重点，以评估为手段推进工作。它们的评估指标体系的各个模块，往往可以从基本评估指标大的体系框架中抽取，或对与关键词相关密切的指标进行增加细分，并对权重加以调整，以便体现评估宗旨，完成评估任务。

---

① 张民生主编：《上海市学校发展性督导评价探究》，上海教育出版社，2004 年 7 月。

在构建基础教育学校评估基本指标模块体系时,我们认为应该很好地把握这一阶段学校的基本任务,体现时代发展对我国现阶段基础教育的新要求。概而言之,突出基础教育公平性、基础性,将这一阶段学校教育放在终身教育背景下,围绕学生的发展这一核心目标制定标准和指标。同时又结合地区经济社会发展的水平,并体现分类指导原则,制定一个符合地区基础教育发展水平基础指标库。

第二节　基础教育学校评估指标体系的基本结构

一、学校评估指标制定的依据

教育评价所指范围很大,其中学校评价包括学校依法办学评价以及学校办学质量的综合评价。基础教育学校评估指标制定依据,从宏观上说,是党和国家对基础教育学校办学目标的指导方针和期望。这些已见于国家教育法律法规政策和文件,以及依据这些文件精神制定的基础教育阶段各级各类学校的办学标准或教育质量标准。众所周知,教育质量标准是衡量教育水平和效果的尺度和准则,是办好学校、提升教育质量的关键,也是办好基础教育阶段各级各类学校的制度保证。但是,现阶段我国尚未建立教育质量的官方标准。现有的教育政策对学校办学标准、质量要求过于笼统。硬件投入要求标准具体,而软件、质量内涵则只有原则要求。这种不完善的突出表现是:"我国教育体系中的学前教育、义务教育、普通高中教育、职业教育等均没有明确的质量标准。""没有国家标准成为我国教育质量国家标准现状的突出特征。"①

然而,学校的评价工作并不因为办学标准的滞后、不完善而停止。事实上现行的一些政策陆续提出了类似标准。这一系列的标准往往以"要求"、"意见"或"规定"的文本形式出现,代行标准的功能。以高中为例,从 20 世纪 80 年代开始,教育部陆续发布《关于进一步提高普通中学教育质量的几点意见》(1983 年)、《关于大力办好普通高中的若干意见》(1995 年)、《国务院关于基础教育改革与发展的决定》(2001 年)、《关于进一步规范普通高中建设兴办节约型学校的通知》(2006年)等有关普通高中发展的政策性文件,提出不同时期普高发展的办学目标、措施和要求。各省市也在贯彻教育部文件精神的同时,结合省市发展的要求,逐级将政策要求具体化,形成事实上的准标准。类似情况在基础教育其他学段领域也存在。可以理解的是,在学校办学标准不完善、不规范的现状面前,国家办学方针、法规和政策文件精神就是现阶段学校评估指标制定的依据。《中国教育改革与发展纲要》(1993 年)已明确提出:"要建立各级各类教育的质量标准和评估指标体系",相信随着教育改革与发展的进程,学校办学标准的研制工作会逐步加快,并带动评

---

① 杨润勇:《关于构建教育质量国家标准的政策分析》,《教育理论与实践》2011 年第 4 期。

估指标的配套与规范操作。

二、学校评估指标体系模块分类概说

基础教育学校评估涉及内容广泛,各有侧重,评估项目形式多样。从不同角度收集资料信息、进行价值判断,在目标、功能上的差异,构成了学校评估的不同种类。学校评估工作是一项系统工程,它由许多要素组成,而其中评估指标,更因其所设计内容的复杂性、发展性和相关性,变得难以穷尽和把握。学校教育评估指标体系的这一特点,正如三维空间中无人能将所有点的位置都描绘出来,因为点有无穷多个。好在对无穷元集合的研究,科学界已有了深入的探索。基于此,张伟江教授在《学校教育评估指标设计概论》中提出了教育基本元概念,并提出了学校教育评估指标的六维结构。正如他在书中阐述"学校教育具有其教育基本元的共同特性。特别是其本身丰富可变的内涵和复杂的关联决定了学校教育评估的复杂和变化。从评估指标而言,其复杂性首先表现于指标数量及其层次的繁多。对有无穷多元的集合体——评估指标体系,我们的一个举措是寻找出有限的基本元——'或称一级评估指标',在每一个'一级评估指标'体系中,也建立有限个'二级评估指标'……形成多级的有限基本元结构"。[①] 在此,我们将学校评估指标体系的基本元六维度作为指导思想,形成六个基础指标模块。包括:(一)学校教育定位评估;(二)学校教育管理评估;(三)学校教育保障评估;(四)学校教育环境评估;(五)学校教学过程评估;(六)学校教育效果评估。这六个基本模块之所以处在一级模块位置上,是因为它们都具有作为基本元的四个特征,即:1. 不可或缺性,即任何一种完整的学校状态的评估,这六个指标模块具有不可或缺性。2. 全覆盖性,任何一个二级指标模块,均能在这六个一级指标模块中找到归属。3. 可生成性,即每一个基础模块可衍生出另一个在其归属下的二级指标模块,并以此发展,形成三级、四级指标体系。综上所述,基础教育学校评估均可从指标体系构建出发,按评估要素加以归类,上述六个评估模块的分类方法"符合学校教育评估分类系统性原则,各要素之和构成了学校教育活动的方方面面,贯穿在学校教育活动的各个环节",[②]且对评估标准的制定以及评估活动的具体实施具有指导意义。

三、基础教育学校评估指标模块体系构成

(一)指标模块体系结构图

根据六维度学校评估指标体系而确立的模块结构,我们可以归纳得到如下图示:

基础教育学校评估指标模块结构是根据评估活动指向的模块划分原则,从六维度基本模块出发,并可根据需要继续分解。指标体系模块应体现通用性、可分性

---

① 张伟江:《学校教育评估指标设计概论》,高等教育出版社,第 83 页。

② 张伟江:《学校教育评估指标设计概论》,高等教育出版社,第 39 页。

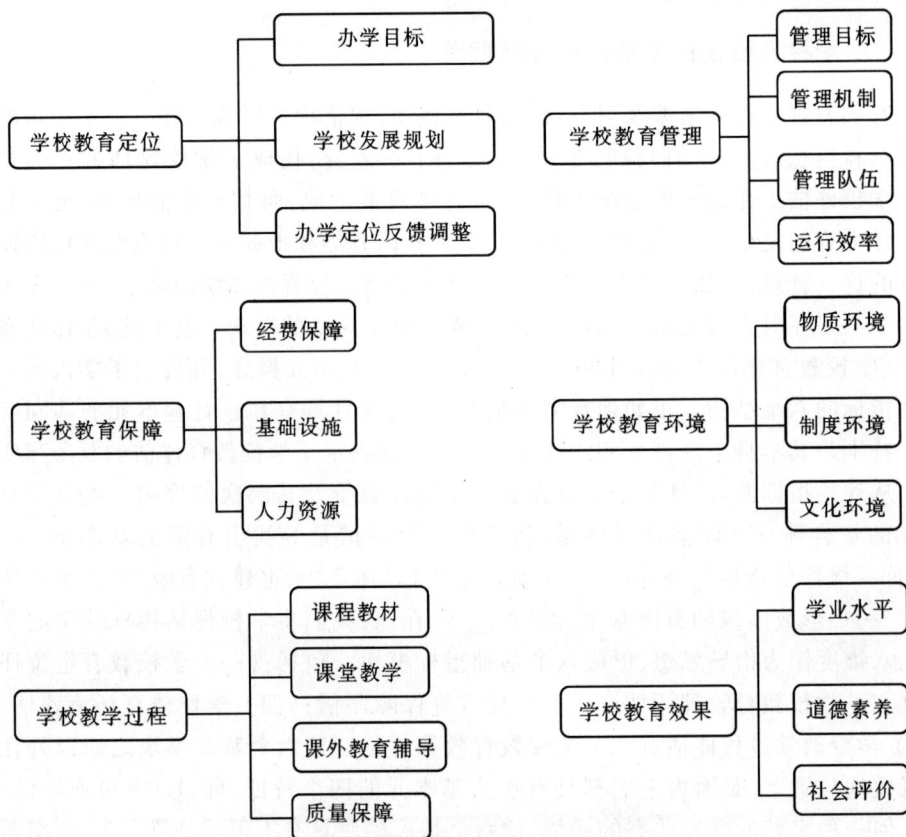

图 6-1 指标模块体系结构图

和系统相容性。

（二）与指标模块相对应的评价标准

评估指标模块化设计包括评估指向的模块划分和末级指标的具体标准设定两方面内容。在此,基础教育学校评估活动指向的模块划分是从六维度模块出发,经过不断划分而成;而末级指标的具体评价标准则可以有量化和质性两种表达方式。从评价内容上分,常分为素质标准、职责标准和绩效标准。素质标准是比较常见的,它一般以评价对象所承担的职责、履行各项使命和工作应具备的条件来考察。如不同类型、层次校长的任职资格,教师应具备的条件等。职责标准主要是看评价对象的工作过程、工作状态,而不是检验其工作效果。绩效标准又分为效果标准和效率标准。前者是从工作结果的角度来考察评价对象,以最终结果论好坏。效率标准则随着教育审计问责而越来越受到人们重视。它聚焦教育的投入与产生比,即在教育评价过程中把人力、财力、物力和时间的投入与教育结果放在一起考量。我们在制定学校教育评估指标与评价标准时应将上述三类评价标准方法综合运用,以使评价结果更科学。

另外,考虑到我国基础教育面大量广、区域差异、发展水平各异,指标模块维度基本相同的基础上,更需要在评价标准的配套细化时,注重不同地区、不同发展阶段的分类引导,以使评价发挥应有的导向和激励作用。

(三)指标体系模块库

基础教育学校评估指标体系模块结构是在研究基础教育办学基本要素,并在收集、分析已有基础教育各级各类指标体系的基础上形成。构想中的基础教育学校评估指标模块库是从元级指标模块到已知末级模块体系的储备库。它按照学前教育、义务教育和高中教育不同学段分列。指标模块只是告诉我们评估工作实施的维度、方位,而没有评价标准的指标体系是不完整的。因此,指标模块库中的指标均含有指标内涵说明和评价标准参照、评估观测点建议。指标模块库具有基本的指标储存功能,当有需要时可即时按类检索,方便使用。下面试举例说明:[①]

【指标模块选用需求】因某评估项目开展,需选用办学管理模块之办学方向和管理团队评估指标基本情况。

【指标模块库提供方法指南】

(一)根据评估指向模块划分原则,选取"学校教育管理指标模块"

该模块是六维度指标体系中一级主模块,如表6-2所示。学校教育管理指标体系共分为4个一级指标,9个二级指标,23个三级指标。一级指标分别是"管理目标"、"管理体制"、"运行机制"和"管理队伍"。"管理目标"下设两个二级指标,分别是"坚持办学定位与方向"和"做好五项服务";"管理体制"下设两个二级目标,分别是"机构设置"和"机构调整与改革";"管理机制"下设3个二级指标,分别是"管理理念"、"制度文本"和"方法与手段";"管理队伍"下设两个二级指标,分别是"领导班子"和"干部队伍"。(根据本次指标选取需求指向,初步锁定"管理目标"、"管理队伍"两个一级指标模块)

(二)根据评估指标指向模块划分原则,选取一级指标四个模块中的"管理目标"模块

(三)根据需求和模块划分原则,进一步选取分解"管理目标"模块而来的二级模块"坚持办学定位和方向",可见该指标内涵表述

1. 管理目标

1.1 坚持办学定位与方向

指标内涵:学校教育管理的任务之一就是保证学校正确的办学定位和发展方向。学校管理者要根据国家相关法律法规要求,根据经济和社会发展的需要和自身条件,坚持社会主义办学方向,找准学校在人才培养体系中的位置,确定学校在一定时期内的总体目标。

---

① 张伟江:《学校教育评估指标设计概论》,高等教育出版社,第135-144页。

（四）根据需求和模块划分原则,进一步选取三级指标七个模块中的"依法办学"和"办学指导思想"两个模块。至此,本次模块选取到了末级指标模块,模块库除了显示指标内涵,还提供评估观测点、质性评价要求和指标量化标准

1.1.1 依法办学

指标概念:依法办学是学校管理者根据法律法规规范办学的行为,是学校管理的重要内容和生存方式,是现代学校管理一以贯之的主线,对于加强科学管理、规范管理程序、强调管理公平、提高管理效益、推进管理工作的规范化和制度化具有重要的意义。

指标内涵:学校管理者根据法律法规规范办学行为。严格按照国家有关规定实施教育教学工作;对师生进行法制教育宣传;建立保护教师和学生合法权益的有效机制;保障师生教育权利和人身权利;加强学校的安全管理。

评估观测点:

（1）学校有关章程

（2）学校发展规划、工作计划、工作总结等文件

（3）其他材料

1.1.2 办学指导思想

指标概念:办学指导思想是学校培养人才方向的根本指针,是学校的顶层设计,对学校的建设及发展具有特别重要的意义,它对学校的建设和发展起着统领作用。

指标内涵:学校教育管理者要研究,并提出学校的办学指导思想,要让办学指导思想成为全体师生的共识,促使学校的各项工作都遵循办学指导思想运行。

评估观测点:

（1）综合考察学校的办学模式是否创新,办学机制是否有突破

（2）综合考察学校的发展规划、工作计划等是否体现了指导思想

（3）综合考察学校发展的软、硬件是否协调发展

（五）用与选取"管理目标"同样的方法选取"管理队伍"模块

4. 管理队伍

4.1 领导班子

指标内涵:学校领导班子是学校改革、建设和发展的决策者、组织者和推动者。领导班子的办学治校能力,影响着学校发展的方向、速度和未来。学校领导班子成员的高素质和合理结构是学校建设和发展的根本保证。

4.1.1 领导班子个人素质

指标概念:领导班子个人素质指学校的教育管理领导成员具备的基本条件和基本素质,基本条件包括健康、年龄、学历、职称和工作经历等,基本素质包括思想观念,身体健康、工作作风和廉洁自律等。

指标内涵:领导班子成员身体健康,达到基本的学历要求、职称要求和相关工作经历要求,能够胜任管理工作。

评估观测点：

（1）学校领导班子成员基本情况（学历达标、职称达标和专业对口情况）

（2）学校领导班子成员学历证明、职称证明等

（3）反映领导班子成员教学工作和教学管理工作经历、改革精神、创新意识和教育教学及管理工作成果、研究成果的相关文件

4.1.2 领导班子结构

指标概念：领导班子结构指学校领导班子的成员的年龄、学历、职称和工作经历等的组合。

（1）年龄结构：指学校领导班子成员组合的年龄层次。一般要求学校领导班子成员年龄结构体现老、中、青相结合的原则，有利于学校教育事业的承前启后

（2）学历结构：指学校领导班子成员达到的学历层次。一般要求学校班子成员均应符合规定达到的层次

（3）职称结构：指学校领导班子成员达到的职称层次

指标内涵：学校领导班子年龄结构合理，体现了老、中、青相结合的原则；班子学历结构互补，职称结构较高，体现了一定的知识水准和专业化水平；领导班子的工作经历结构优化，有利于领导班子拓宽工作思路，形成互补。

评估观测点：

（1）学校领导班子成员基本情况（学历达标、职称达标和专业对口情况）

（2）学校领导班子成员学历证明、职称证明、职业资格证书等

四、学校办学评估指标模块化组合

如前所述，指标体系模块化构想是基于这样的考虑：一是努力将涉及基础教育学校评估的各类指标收集分类，形成基本的评估指标模块库。包括指标结构体系和相应评价标准，把握标准发展的历史轨迹，以备评估工作所需。二是考虑到各类不同性质和目的类型的学校评估对评估指标模块既有共同关注的内容，如基本办学条件等合规性要求，同时它们的聚焦重点也是各异的。建立指标库可以方便选用组合。三是从基础教育发展性学校评价的理念出发，评价同一学校时，可以通过选取不同层级的指标项，通过模块移动，选取更适合学校现状的评估项，解决督导和评估中"一把尺"现象。这一原理，在学校自我评价的过程中也适用。概而言之，模块组合中既有同一层级上指标模块的分解组合，也有纵向的即不同层级间模块的从新组合。下面试以上海《浦东新区发展性教育督导评价方案》为例，说明纵向组合的情况：

《浦东新区学校发展性督导评估方案》包括三套具有内在递进关系的指标体系：《学校基础性发展教育督导评价指标体系》强调学校教育资源的配置，管理的规范性、制度性，学生发展的基础水平；《学校整体性发展教育督导评价指标体系》强调学校教育资源的优化，管理的系统性和民主性，学生发展的整体水平；《学校

主体性发展教育督导评价指标体系》强调学校教育资源的开发,管理的自主性和创造性,学生发展的主动精神。

　　该方案由"资源"、"管理"、"发展"组成评价层,以投入与产出为主线,形成了"教育资源"、"学校管理"、"学生发展"三个具有内在逻辑关系的评价层面。同时,这三个评价层面在学校发展的不同阶段又具有递进性。该指标体系方案通过确定必用指标和选用指标,采取"一把尺"和"多把尺"相结合来解决普遍性和特殊性的问题。在评价指标体系中,对法律法规以及政策规定必须做到的指标作为学校发展性督导评价的必用指标,如教育经费、校舍设备、师资配备、学生按时毕业率等。同时学校可以分别从三套评价指标体系中自行选择符合本校实际的评价指标,称之为"模块移动",即一个 B 级指标为一个模块,通过移动可组成一个新的评价指标体系,如某一所尚处于整体性发展阶段的学校,在管理机制方面已出现了主题性发展因素,那么可把《学校主体性发展教育督导评价指标体系》中的"管理机制"这一模块移动过来评价。

表 6-1　基础教育阶段各类学校评估指标覆盖维度示例

项目 内容	一级指标	六维度指标归类					
		办学定位	教育管理	教育保障	教育环境	教学过程	教育效果
上海市示范性幼儿园评估标准	一、办学思想与发展规划	√	√				
	二、依法办园与科学管理		√		√		
	三、教育管理与设备经费		√	√			
	四、队伍建设与家园互动			√	√		
	五、教育科研与特色发展		√				√
	六、课程设置与教学特色		√			√	
	七、示范效应						√
上海市素质教育实验校评估指标	一、依法办学		√				
	二、规范管理		√				
	三、发展规划	√					
	四、课程建设		√			√	
	五、教学改革						
	六、教师专业发展			√			
	七、学生发展						√
	八、社会声誉						√

项目内容		一级指标	六维度指标归类					
			办学定位	教育管理	教育保障	教育环境	教学过程	教育效果
上海市中小学学校发展性督导评价指标纲要	基础性指标	一、办学条件			√	√		
		二、管理状况		√				
		三、教育状况				√	√	
		四、社会评价						√
	发展性指标	一、发展目标	√					
		二、课程建设				√	√	
		三、教学改革与学生学习		√			√	√
		四、学校德育		√			√	
		五、校园文化				√		√
		六、师资队伍			√			
		七、保障机制		√	√			
		八、发展成效						√
上海市中小学行为规范示范校评估指标		一、目标与规划	√	√				
		二、组织与保障		√	√			
		三、环境建设				√		
		四、课程与科研		√			√	
		五、整体推进(家庭社区)				√		
		六、自主管理		√				
		七、师德建设			√			
		八、示范辐射作用						√

表 6-2　学校教育管理指标体系

一级指标模块	二级指标模块	三级指标模块
1. 管理目标	1.1　坚持办学定位与方向	1.1.1　依法办学
		1.1.2　办学指导思想
	1.2　做好五项服务	1.2.1　校务管理
		1.2.2　人事管理
		1.2.3　财务管理
		1.2.4　物资管理
		1.2.5　总务管理
2. 管理体制	2.1　机构设置	
	2.2　机构调整与改革	2.2.1　改革方案
		2.2.2　实施成果
3. 运行机制	3.1　管理理念	3.1.1　民主管理
		3.1.2　人本管理
	3.2　制度文本	3.2.1　发展规划
		3.2.2　计划和总结
		3.2.3　规章制度
	3.3　方法与手段	3.3.1　信息管理
		3.3.2　考核与激励
		3.3.3　质量监控
4. 管理队伍	4.1　领导班子	4.1.1　个人素质
		4.1.2　班子结构
		4.1.3　班子建设
	4.2　干部队伍	4.2.1　个人素质
		4.2.2　队伍结构
		4.2.3　队伍建设

第七章 基础教育学校评估的实施

学校评估是一项复杂的系统工作,由一系列环节组成。从学校评估的实际运行来看,一般可以分为三个阶段,即准备阶段、实施阶段和总结阶段。还可以按照评估活动的展开,分为活动之前、之中和之后三个阶段。每一个阶段有其相应的主要工作。此外,随着教育评价理论的发展,元评估,即对评估的评估逐渐引起人们的重视。事实上,元评估在评估的任何阶段都应该介入,以加强对评估各阶段的反思,从而提高评估的实效性和科学性。

第一节 基础教育学校评估的准备阶段

评估准备阶段是实施阶段的基础,一般包括背景分析、制定评价的方案和评估专家的遴选与培训等三个主要方面的工作。

一、评估背景的分析

1967 年,美国学者斯塔菲尔比姆(Stufflebeam,L. D)提出了 CIPP 的评估模式,即背景评价(context)、输入评价(input)、过程评价(process)、成果评价(product)。他认为,评估的第一个环节是背景评价,任何学校评估都是在一定背景下进行的,学校评估的背景决定了学校评估的价值取向与重点。对学校评估背景的分析包括对学校所处的社会背景、教育发展的形势以及评估主体和评估对象的分析。

(一) 社会背景分析

教育是社会系统中的一个子系统,不可能脱离社会系统而独立存在,它也必然受到社会系统中其他子系统,如政治、经济、文化等子系统的影响。社会经济的不断发展会对教育发展提出新的挑战与要求,教育也会做出相应的反应和应对。教育评估的发展同样如此。从教育评估的发展历史来看,美国著名评价专家古贝与林肯将教育评估的发展划分为四个阶段,即"测验—描述—判断—建构"。从各个阶段所处的社会背景来看,教育评估的每一个阶段无不打上了时代的烙印。例如,第一代评价兴起的历史背景是:第一,英国的遗传学家、心理学家高尔顿的《英国的科学家:他们的秉赋与教养》、法国比奈的"智商测验"、德国冯特的实验心理研究成果和美国桑代克的《心理及社会测量理论》都相继问世。高尔顿、莱斯、桑代克等人已经把统计、测量技术运用于教育,各种智力的、学业成就的、个性人格的测试工具也随之涌现。这一切都为评价的正规、系统化创造了条件,但也使人们把评价简单地等同于测量或测试。第二，一战后发展到顶点的工商界的科学管理运动也深深地影响了学校教育。一时间，学校被视为工厂，学生被视为原料和产品，教师成了加工者。学校是否成功，教师工作成效如何，学生是否成才，一切似乎都可以通过测试来检验。因此，在此阶段评价被认为就是测量，评价者的工作就是测量技术员的工作，选择测量工具，组织测量，提供测量数据。①

因此，在进行评估之前，需要对评估所处的社会背景进行分析，以确定社会发展对学校教育提出了哪些新的、重大的要求，从而在评估过程中重点关注这些问题。而对特定的评估学校来说，社会背景分析还包括地区和社区环境分析，因为不同地域之间也会存在一定文化差异。

（二）教育发展的形势分析

教育在应对社会发展做出相应调整的同时，其自身内部系统也会发生"自组织"，出现一定时期的、特定的、共同性的问题。如：在传统的应试教育背景下，学校大都以升学率为追求目标，强调学生对知识和技能的掌握，课堂教学更多关注学科知识的"授与受"。在倡导素质教育的今天，则强调学生的全面发展，在关注学生智力发展的同时，还关注学生德、体、美等各方面的发展，关注学生创造能力的培养，强调基础教育在学生发展中的奠基作用。再如学校的发展，在学校在完成最初阶段的硬件发展之后，学校的内涵建设就成为学校领导最为关注的问题。评估者在进行评估之前应对特定时期教育发展的重点与热点进行分析，从而增强评估的针对性，真正做到以评促建。

（三）学校评估的目的分析

在进行正式的评估之前，有必要对学校评估项目本身进行分析，比如本次评估是否确有必要，其目的是什么，主要任务是什么，评估的相关利益者有哪些，不同的利益相关者在评估中应该发挥什么样的作用，评估项目将发挥哪些作用，评估相关准备工作是否准备好，等等。评估目的决定了评估是否具有价值，因此，此处主要分析学校评估的目的。

目的通常是指行为主体根据自身的需要，借助意识、观念的中介作用，预先设想的行为目标和结果。一般认为，教育评估的目的主要包括：促进学习的目的、改善教学的目的、强化管理的目的、开发研究的目的。② 评估的目的主要取决于评估委托者。基础教育阶段学校评估的目的则是评估主体根据社会发展以及教育自身发展的需要，预先设想评估所产生的目标和结果，即评估会产生什么样的结果，会带来什么样的效益。

从当前对基础教育学校的评估来看，评估的目的有许多，根据评估委托者的需求和期望的不同而不同。

---

① 张民选：《回应、协商与共同建构——"第四代评价理论"评述》，《外国教育资料》1995年第3期。
② 单志艳：《如何进行教育评价》，华语教学出版社2007年版，第5页。

1. 形成性评估还是总结性评估

形成性评估和总结性评估是评估中常用的评估类型,其运用取决于评估的目的。"形成性评估"和"总结性评估"最早由斯克里文(Scriven. M)提出。形成性评估(formative evaluation)是通过诊断教育方案或计划、教育过程与活动中存在的问题,为正在进行的教育活动提供反馈信息,以提高实践中正在进行的教育活动质量的评价。总结性评估(summative evaluation)是在教育活动发生后关于教育效果的判断。[①] 因此,形成性评估关注的是过程,它的目的不是为了给评估对象定等级,而是为了让评估对象了解自己的不足及有待改进的地方,从而更好地完善自身。而总结性评估更关注结果,是为了区别出优劣、分出等级等。从时间来说,形成性评估覆盖了教育活动的全过程,而总结性评估则发生在教育活动结束之时。一般而言,形成性评估主要运用于学校的内部评估,而总结性评估主要指学校的外部评估。

2. 达标评估还是评优评估

学校评估既有一般性的达标评估(又称为合格评估),又有以奖励为目的的评优评估。达标评估一般指各级各类学校办学是否达到最低标准,即底线,如学校的建筑安全、面积大小、校长的办学资质、教师的从教资格、食堂的卫生许可等是否达到基本办学要求。达标评估要求被评对象都能达到最低标准,通过评估,未能达到最低标准的学校要求在一定期限内进行整改,然后重新申请评估,直到最终通过评估。而评优评估则是指对一定范围内的学校进行评估,挑选出办学水平较高的学校,其目的是为了发挥优质学校的示范、引领作用,例如上海市的实验性示范性高中评估、江苏省的五星学校评比等都属于评优评估。针对不同的评估,评估的指标设计应有所差别。同样的指标,评优评估的要求要高于达标评估的要求。

3. 基础性评估还是发展性评估

基础性评估与达标评估既有相同之处,又有不同之处。基础性评估是对学校的基本情况进行评估,此时与达标评估相同,但基础性评估不仅在达标评估中出现,在评优评估中同样存在,评优评估包括基础性情况和特色发展的评估。发展性评估,是"为了发展的评估"(evaluation for development),即以学校实际发展和自主发展能力形成为目的;是"关于发展的评估"(evaluation about development),即以评价学校发展的过程,所采取的行动策略,以学生、教师和校长的发展为重点;是"在发展中的评估"(evaluation in development),即以学校现场中的日常教育、教学、管理和学习生活为手段。[②] 发展性评估已成为当代教育评估的一个重要方式,通过评估来达到学校的改进与完善。

然而,由于种种主客观条件的限制,在实际的评估中,评估结果并不能完全按

---

① 陈玉琨:《教育评价学》,人民教育出版社 1999 年版,第 12-13 页。

② 邬志辉:《发展性评估与普通高中的转型性变革》,《教育研究》2004 年第 10 期。

照预先设定的目的来实现,在评估的过程中会因为某些因素的影响而带来一些预料之外的结果。事实上,基于目标的评价受到了美国学者斯克里文的批评,他认为,基于目标的评价完全是出于既定的目标,为实现目标的评价和改善活动,往往容易忽视那些超出目标的活动。因此,他提出了"目标游离评价"。他提出的目标游离评价并不是不要目标,而是不要受目标的限制。

(四) 评估利益相关者分析

传统的教育评估采用主客二分法,将评估参与者分为评估主体和评估客体。学校作为被评对象,被置于客体的位置。但在实际的评估进行中,学校中的人(校长、教师和学生等)会参与到评估过程中来。因此,在现代学校评估中,学校中的人作为评估的利益相关者①同样应被看作评估主体。"在本质意义上,教育评价实践是在教育价值关系(以教育价值关系为评价客体)的基础上,评价主体和评价客体进行交互作用。"②这与古贝和林肯的第四代评估所倡导的理念是一致的。他们强调一种"响应式聚焦"(responsive focusing),即在利益相关者参与的基础上决定要解决什么问题和收集什么信息。所有因为评估而承担了风险的利益相关者都有权公开讨论自己的主张、焦虑和争议。③ 因此,为了更好地实施评估,有必要对评估相关利益者进行分析,包括需求、心理等因素的分析。基础教育属于公共事业,会涉及众多利益相关者,各利益相关者在评估中所发挥的作用是不一样的,本书分析主要的利益相关者。

1. 评估委托者分析

学校评估分为外部评估和内部评估。外部评估是指外部机构对学校进行的评估;内部评估又称为自我评估,是学校自己对自己的评估,不涉及评估委托者。这里主要分析外部评估。外部评估又可分为由政府督导部门主导的督导评估和由评估中介组织开展的评估。一项学校评估首先由评估委托者发起,评估委托者一般有三种:一是组织,如教育行政部门、行业组织、基金会等,而在我国,教育行政部门(包括督导机构)是主要的评估委托者;二是个人,如私立学校、民办学校的赞助者;三是学校自己,希望通过第三方的评估来提高学校办学水平及社会声誉。对不同的评估委托者的需求应该进行分析,确定他们希望通过评估来做什么,即评估的功能与目的。

2. 评估者分析

评估者是指具体承担评估工作的人员或机构。在我国,随着政府公共职能的

---

① Egon G. Guba, Yvonna S. Lincoln 将利益相关者定义为在评估中承担风险的个人或团体,也就是那些与评估有利害关系的个人或团体。一般可分为代理人、受益人和受害人三种。【美】Egon G. Guba, Yvonna S. Lincoln,《第四代评估》,秦霖、蒋燕玲等译,中国人民大学出版社 2008 年版,第 145 页。

② 张向众:《中国基础教育评价的积弊与更新》,教育科学出版社 2009 年版。

③ 【美】Egon G. Guba, Yvonna S. Lincoln:《第四代评估》,秦霖、蒋燕玲等译,中国人民大学出版社 2008年版。

改革,我国教育管理体制也进行了深入变革,政府在教育领域的角色逐渐发生转变,由集权模式向指导模式转变,不再集管理者、评价者于一体,而倡导"管、办、评"的分离,政府将教育的评估业务移交给第三方,也即官方或半官方的教育评估中介机构来承担,以提高评估的客观公正性。政府的主要责任在于对评估中介机构的资质进行认证,进行宏观指导调控。在评估的具体实施过程中,评估机构根据评估的实际情况组织专家进行评估。因此,评估者包括评估机构和评估专家。

在评估过程中,评估委托者和评估者的关系颇受人们的关注。古贝和林肯认为,评估委托者和评估者之间的关系是比较复杂的,主要有三种:一是有失公平的,评估者处于无权的地位,决策权掌握在管理者手中;二是剥夺性的,管理者决定评估结果是否公布、向谁公布,而评估者则无权决定,其他与评估有利益关系的人就更无法在评价中维护自己的利益;三是一种"暧昧"关系,即评估者将决定评估形式的权利让与管理者,在某种意义上说,这就是评估者与管理者在同谋。① 因此,理清评估委托者与评估者之间的关系是提高评估公信力的一个重要保证。

3. 评估对象分析

评估对象是一个非常宽泛的概念,就学校评估而言,学校就是评估对象。但学校是一个属概念,包括人和事。人包括学校管理人员;教师、学生及其家长、教辅人员;事则包括学校硬件设施、课程实施、学校文化、师生关系,等等。在这里,对评估对象的分析是指对人的分析,主要是对人的心理因素进行分析。评估往往是管理的一个环节,除了改进功能外,通常是上级部门奖励或惩罚学校的一个手段,因此评估(主要是外部评估)可以看作一种利益攸关的行为,往往易引起被评者的紧张心理,甚至会有抵触心理。此外,还要关注学生、家长基本要求等方面的分析,因为学校的办学质量在某种程度上还会受到学生家庭背景、学生家长的期望等多方面因素的影响。②

二、评估方案的设计

评估方案是"评价活动的先行组织者,它是依据一定的评价目的,根据教育活动和评价活动的一般规律,对评价的内容、范围、方法、手段和程序等方面加以规范的基本文件"。③ 评估方案可以看作是评估的"蓝图",对整个评估过程具有导向性作用,是确保评估有序开展的前提保证,在评估中具有非常重要的作用。评估方案一般具有以下几个特征:一是目的性,即评估方案必须体现评估目的;二是规范性,评估方案要求评估人员严格地按照它所规定的程序、准则、标准对所有的评估

---

① 【美】Egon G. Guba , Yvonna S. Lincoln:《第四代评估》,秦霖、蒋燕玲等译,中国人民大学出版社 2008 年版。

② 陈玉琨:《教育评价学》,人民教育出版社 1999 年版,第 30 页。

③ 陈玉琨:《教育评价学》,人民教育出版社 1999 年版,第 31 页。

对象进行评估;三是可操作性,评估方案不能过于抽象,要有具体的、能指导评估人员进行评估的方法、步骤等内容。

评估方案应该包括哪些方面的内容呢?罗希等人认为,任何评估设计都包括"评估要解决的问题,评估中用来解决问题的方法和程序,评估者与项目各方关系的性质"。① 按照通常的评估实践来说,一个完整的外部评估方案应该包括评估目的,即通过评估预期达到的结果;评估的内容,即评什么;评估的标准、指标及其权重;评估的组织和领导;评估的方法和程序;评估的时间安排;评估的注意事项;等等。

评估方案设计好后,为了进一步拓宽视野,完善评估方案,邀请专家对评估方案进行论证是非常有必要的一个环节。论证的基本议题包括:方案是否全面反映了本次评估的目的? 评估标准的提法和要求是否过高、过低? 指标设计有无遗漏? 是否具有可操作性? 权重指标设置是否合理? 评估方案是否符合被评对象的实际情况,有无适应特殊情况的灵活性和特色?②

评估方案的论证方式包括召开座谈会、研讨会以及问卷法、访谈法等。

三、评估专家的遴选与培训

在当前的学校评估中,采取的是以专家为主导的评估模式。的确,学校评估是一项非常专业的行为,且工作量相当大,往往需要一个评估团队来处理必需的工作。因此,评估人员的遴选与培训也是一项重要的准备工作。评估人员应该具备专门知识、丰富经验与良好素养,评估机构应挑选能胜任的人员来承担学校评估工作。

(一) 评估专家的遴选

评估专家的遴选对评估质量起着非常重要的作用。选人不当,不仅可能会降低评估的质量,而且还有可能会导致评估委托人的公信力下降。一般来说,遴选评估专家应考虑以下几个因素:

一是专业。评估人员应对某一领域有专门的研究,并获得同行的认可,否则难以称得上专家。他们应具备相应的学科知识、评估知识及统计知识等。当然,并不是要求每一位专家都是通才,应具备上述所有的知识,而是说至少具备评估所需的某一方面的知识。学校评估包括多方面的内容,相应地,一个评估团队中的评估专家所承担的评估任务也是有所差别的。为了共同完成评估工作,他们必须有所分工,这也要求一个评估团队成员的专业背景各异、互相补充。例如,对一所学校进行评估,有的专家进行问卷设计与数据统计,有的专家进行资料查阅,有的专家进

① 彼得·罗希,马克·李普希,霍华德·弗里曼:《评估:方法与技术》,邱泽奇等译,重庆大学出版社2007年版,第24页。
② 程书肖:《教育评价方法技术》,北京师范大学出版社2004年版,第51页。

行实地考察,具体工作的分配依据专家个人的专长而定。

二是经验。经验也是遴选专家时非常重要的一个考虑因素。丰富的评估经验能够帮助专家在评估过程中确定评估的重点,对评估对象存在的问题可能更敏感,并能更从容地应对评估过程中突然出现的问题。强调经验的重要性,并不意味着经验越多越好,经验的固化可能影响专家对新的评估对象做出正确的判断。

三是素养,也可称为人格品质。在评估专家的遴选与组织过程中,还要考虑他们是否具有良好的人格品质,包括是否善于沟通,与人合作,是否公正。学校评估的实施往往由一个团队承担,如果聘请的专家非常高傲、清高、自负,是很难与团队其他成员进行良好的沟通和合作,从而影响评估的顺利实施。为了确保对所有评估对象的公正,聘请的专家应该实行地域回避制度,即专家应避开自己工作的区域或学校。最后,专家还应是清廉的,能够抵御各种利益的诱惑,不接受吃请和馈赠,不接受任何与评估无关的特殊安排。

(二)评估专家的培训

评估专家的培训由评估委托者和评估中介机构负责组织,一般采取集中培训的方式。评估委托者和评估中介机构负责该评估项目的主管人员向评估专家解读评估的目的及依据、评估方案设计的思路、评估指标的编制、评估应该注意的事项、评估专家的分工以及相应的评估理论与技术,等等。

(三)对以专家为主导的学校评估的反思

正如前所述,从理论上说,学校评估的相关利益者都应是学校评估的主体,但由于在实践中各利益相关者应发挥什么样的作用还没达成共识,当前在教育评估实践中仍然采用的是以专家为主导的学校评估模式。随着学校评估理论与实践的不断发展,这种学校评估模式引起了一些教育评价研究者的反思。他们认为,这种单一的评估模式存在以下一些问题:一是针对性不强。由于评估所采用的标准主要来自外部评估专家或上级教育行政部门,一般是十分固定的指标体系,所以在很多情况下脱离了学校发展的历史和客观实际,难以满足学校教职工对评估信息的实际需要,不能有针对性地指导他们并找出问题,改进工作中的不足。二是效度不高。外部评估专家在评估中往往依靠的是主观上的感觉、个人的眼光和有限的专业判断,很容易将他们自己考虑之外的、但又非常重要的内容遗漏掉。三是信度不高。虽然评估标准是事先确定的,但由于评估专家的专业、经验不同,他们有时难以对标准达成共识,有时只能作出相互暂时的妥协,因而导致评估结论缺乏全面性和可靠性。四是互动性不强。由专家主导的学校评估往往是一项短期行为,专家进入学校评估的时间较短,缺乏评估学校相关人员的参与,甚至因为相互不了解,导致评估对象对评估的抵触和敷衍。五是结果利用率不高。由于评估时间短,评估对象呈现的信息有限,因而评估专家可能会忽视学校的一些细节,影响评估结果的真实性,这导致评估学校对评估结果的利用有限。① 而且,专家团队里各种专业背景的人可能会存在沟通方面的问题,可能会"带来过度的专业化、协调的中断、队员间的敌对状况以及其他困难"。②

因此,为了避免以单纯专家为主导的评估所具有的弊端,应该倡导评估主体的多元化,让需要使用评估信息的人员都参与到评估中来。除了教育行政部门外,评估对象以及社会团体、社区、家长等都应该参与到评估过程中来,让他们从不同的角度提出意见和建议,开拓评估者的视野,从而不断优化评估过程,提高评估结果的信度。教育评价主体的多元化已成为现代教育评价的发展趋势。

第二节　基础教育学校评估的实施阶段

做好学校评估的相关准备工作后就可以进入学校评估的实际操作阶段。实施阶段是整个评估过程中重要一环,是将理想的"蓝图"转化为实践的一个过程。对于大规模的评估,一般会随机抽取一些学校进行试点评估,通过试点评估反馈,对评估方案和指标进行修改和完善。也可让学校进行自评,在此基础上再进行正式评估,以提高评估的效率与效益。学校的自我评估偏重于对自身发展过程中的质量进行检验,已成为一个完整的教育质量监控体系与评估的组成部分。这里分析的主要是学校评估的外部评估。学校评估的实施阶段一般包括相互沟通、心理调控、信息收集、评议评分等环节。

一、评估者与评估对象的相互沟通与心理调控

(一) 评估者与评估对象的相互沟通

评估者进入评估现场后,在正式开始评估之前,评估双方之间的沟通(包括信息沟通和情感沟通)是非常重要的。良好的沟通有利于消除评估双方的隔阂,确保评估顺利推进。沟通有以下几方面:一是信息沟通。在正式评估之前,评估委托者需要将评估的目的与意义,评估的具体实施方案,评估的议程等告知评估对象,让评估对象做好相应准备。二是情感沟通。评估者应以学校发展的促进者形象出现在学校,使被评人员了解评估的意义,从而取得他们的理解和支持,而不能以专家或上级自居,因为居高临下式的评估,会导致评估对象的各种心理行为产生,弱化了各校对评估工作应有的主动性,不利于评估的顺利进行,甚至可能会抑制和削弱学校办学的主动性和灵活性,而且可能导致学校办学个性的缺失。

(二) 评估者与评估对象的心理调控

学校评估是建立在客观基础上的主观价值判断,评估主体的"价值观念、历史

① 参见蔡敏:《论教育评价对象的多元化》,《教育研究与实验》2003 年第 1 期。
② 【美】Egon G. Guba,Yvonna S. Lincoln:《第四代评估》,秦霖、蒋燕玲等译,中国人民大学出版社 2008 年版,第 142 页。

上的印象、情感上的好恶、受舆论的迁移和干扰、心理错觉、思维方法的偏激、发表看法时的心境等必然会在系统的评价和加权综合中反映出来,使评价带上主观性"。① 因此,学校评估主体的主观心理状态是评估实施过程必须考虑的一个因素。为了最大可能地保证评估的客观性,消除主观心理的影响,评估过程中必须对评估各主体的心理进行调控。在学校评估实施过程中,由于主评人员与被评人员所处的位置不同,其心理行为表现也是不一样的。

1. 主评人员的心理行为及调控

主评人员在评估的实施过程中可能存在几种心理效应:一是晕轮效应,指对评估对象的整体印象影响到对被评对象具体特征的认识;或因某些突出特点而掩盖了其他特点的一种心理现象。二是时差效应,指评估对象进入主评者知觉领域的时间先后影响整体印象和评价的一种心理现象。三是对比效应,指某些评估对象的"形象"影响着对另一些评估对象的印象和评价的一种心理现象。四是先后效应,指由于种种原因,如由于主评者的精力所限,主评者在评估过程中对评估对象的评估会产生先后不一致的一种心理现象。五是"趋中"趋势,指主评者对评估对象既不愿对优者给太高的评价,也不愿给劣者以太低的评价,尽量缩小差距,向中间状态集中的一种心理状态。六是求全效应,指对评估对象设想完美的先期印象,影响实际评价过低的一种心理现象。七是成见效应,指对评估对象的既有看法和态度影响对评估对象作出正确判断的一种心理现象。② 八是从众心理,指主评者在评估团队的影响下,轻易放弃个人意见,而与多数人保持一致的心理行为。③

主评人员在评估实施过程中存在的种种心理效应可能导致评估结果失效,因此有必要对主评人员可能存在的心理效应进行调控:一是预防,在遴选主评人员时要严格把好关,在进行培训时对他们进行思想教育;二是在过程中进行调控,评估委托者和评估中介机构要有明确的纪律要求,加强过程监控,引进问责制,对主评人员出现的各种心理倾向予以调整,对各种干扰因素加以纠正。

事实上,不仅评估者的心理因素会影响评估,而且评估者的生理因素也会对评估产生一定的影响,比如与评估者生理状态直接相关的人的感受和情感,"在评价活动中,是直接作为评价结论的一部分,而且是至关重要的一部分,是以显在的方式存在于评价结论中的"。④ 因此,在评估过程中,评估者要调整好自己的情绪和心态,不能将不良情绪带入评估过程,干扰了评估的有效性。此外,评估者的个性、知识系统、社会规范意识、价值观念体系⑤等都会对评估过程产生一定的影响。

2. 被评人员的心理行为及调控

① 马永霞主编:《教育评价》,当代世界出版社 2001 年版,第 126 页。

② 马永霞主编:《教育评价》,当代世界出版社 2005 年版,第 132 页。

③ 程书肖编著:《教育评价方法技术》,北京师范大学出版社 2004 年版,第 110 页。

④ 冯平:《评价论》,东方出版社 1995 年版,第 49 页。

⑤ 冯平:《评价论》,东方出版社 1995 年版,第 53—61 页。

由于在评估实施过程中,被评人员与主评人员所处的位置不同,其心理行为必然不同于主评人员,主要有以下几种心理行为:一是自我防卫心理,被评人员为了在评估中获得较为优异的成绩,往往会掩饰自己的不足和弱点,以避免对自己产生不利的影响。二是应付心理,不重视评估,对评估工作持一种敷衍的态度,如提供材料残缺不全、对主评人员所提要求推三阻四、拖拉搪塞等。三是迎合心理,与应付心理正好相反,对主评人员极力讨好、曲意逢迎,甚至给予一些"好处",让主评人员做出对自己有利的评价。① 四是自感良好心理,是一种自我评价过高的心理现象。② 此外,还有人提出疑惧心理、紧张心理、被审心理、文饰心理等。③

被评人员的心理行为主要是由于对评估的认识不到位和态度不端正造成的,当然也可能是评估本身不规范(如过多过滥的评估、评估设计不合理等)造成的。因此,一方面,要通过各种方式(如加强宣传、沟通等)提高被评人员对评估重要性和意义的认识,取得他们的理解和积极参与;另一方面,要规范评估本身,一是尽量控制评估的次数,减少评估给学校带来的不必要的负担,严禁扰乱学校的正常教学秩序。二是提高评估设计的科学性和合理性,确保评估的有效性。最后,还要采取灵活多样的结果反馈方式,确保被评者的自尊心、自信心不受伤害。

二、学校评估信息的收集

"评估是一种以信息为最终产品的调查形式",④评估在产生信息的同时也必须依据一定的信息。教育评估要求信息的全面性、可靠性和有效性,信息不全或失真是难以取得理想评估效果的。被评学校往往会为评估人员提供比较详细的信息,但为了更真实、更全面地了解学校的相关信息,还需要评估人员自己去收集相关信息,以便对学校做出较为全面、综合、客观的评价。学校评估信息收集的途径有多种,以下介绍几种常见的方法。

(一)观察法

观察法是指评估人员有目的、有计划地对评估对象进行实地考察,收集评估对象相关信息的一种方法。观察法分为自然条件下的观察和实验条件下的观察等多种形式,运用得较多的是自然条件下的观察。评估人员进入评估现场,有针对性地进行观察,可以收集到许多真实的信息。比如,为了了解学生的全面发展情况,除了听学校领导的汇报外,评估人员可以进入课堂听课,观察学生在课堂上的表现是否主动、积极,是否善于提问,等等。评估人员还可以参加学生的课外活动,观察学生在课堂外的表现,观察学生是否具有良好的合作能力、沟通能力等,以此作为判

---

① 马永霞主编:《教育评价》,当代世界出版社 2005 年版,第 138 页。

② 陶西平主编:《教育评价辞典》,北京师范大学出版社 1998 年版,第 130 页。

③ 李小融、唐安奎:《多元化学校教育评价》,浙江教育出版社 2009 年版,第 188-190 页。

④ 【美】Egon G. Guba, Yvonna S. Lincoln 著,秦霖、蒋燕玲等译:《第四代评估》,中国人民大学出版社 2008 年版,第 25 页。

断被评学校学生是否全面发展的一个依据。观察法的步骤是:(1)选择所要观察的行为的某一方面;(2)确定所要观察的范围,最好列出表格;(3)训练观察人员;(4)量化观察;(5)发展可行的记录程序,目的是使观察进入科学化范围。[①]

但是,要注意的是,观察法也具有一定的局限性。通过观察法收集到的信息是"具体、直观、形象的一手资料",[②]但一方面因为每个人看问题的角度不同、兴趣点不同,而导致评估信息带有很大的主观性。另一方面,由于评估人员介入现场的时间较短,难免会遗漏掉一些细节,可能会对评估结果的真实性产生一定的影响。此外,选取的观察样本是否合适也会对结果产生影响。因此,对通过观察法收集到的信息要进行深入分析。

(二)访谈法

访谈法是指评估者依据一定的访谈提纲,与被评对象进行面对面的谈话来收集资料的一种方法。访谈法根据不同的方式可以分为不同的类型,根据访谈提纲的设计可分为标准化访谈和非标准化访谈。标准化访谈是指根据已经设计好的访谈问卷向被访者提出问题,然后将答案填写在问卷上。非标准化访谈是指根据拟定的访谈提纲或某一题目,由访谈者与被访谈者进行自由交谈以获取资料的一种方法。根据访谈人数的多少可分为个人访谈和集体访谈。

访谈法是一种常用的资料收集方法,但对访谈者的要求较高,需要访谈者有较强的沟通能力和驾驭能力。在进行访谈之前,要让被访者明白访谈的主要目的和内容,要进行情感沟通。不能居高临下,让被访者感到反感;而应该取得被访者的信任,让他们感觉到访谈者是友好的,是为了帮助他们而来的,通过访谈可以把他们的真实意愿传达给有关人员,结果对他们将是有利的,只有这样才能获得真实、有价值的信息。

访谈一般按照预先设计好的访谈提纲进行,但由于是访谈者与被访者之间处于不断的互动,访谈过程是动态的,可能会随着被访者的思维跳跃而超出访谈提纲,产生一些新的问题。对于跑题的回答,访谈者要能及时引导被访者回到正题上来,对于新的有价值的回答,访谈者要抓住契机,引导被访者进行发散性思维,挖掘更多有价值的信息。集体访谈的难度更高,在集体访谈中,有些被访者因受环境的影响,出于一种从众心理,人云亦云,不愿说真话。有时还可能会出现集体沉默的现象。因此,这都需要访谈者具备良好的驾驭能力,能够做到收放自如,通过采取多种的方式引导被访者说出有价值的信息,比如通过写匿名纸条来回答敏感话题。

(三)问卷法

问卷法是一种比较经济有效的收集信息的方法,是评估者根据评估的需要,围绕一些评估重点设计一些问题,向被评学校的相关人员,如行政人员、教师、学生收

---

① 单志艳:《如何进行教育评价》,华语教学出版社 2007 年版,第 63 页。
② 马永霞主编:《教育评价》,当代世界出版社 2005 年版,第 109 页。

集与评估相关的信息。问卷根据使用目的不同可分为三类,第一类是封闭式问卷,指答题者只能在提供的答案中进行选择;第二类是开放式问卷,要求受测者可以针对问题自由发挥,答案一般不受限制;第三类是融合前两类问卷优势的半开放式问卷,即既有封闭式问题,又有开放式的问题。在设计问卷时,应该注意问题的顺序:(1)一般问题放在前面,特殊的放在后面;(2)容易回答的在前,难以回答的在后;(3)熟悉的内容在前,生疏的在后。①

问卷法虽然较为经济,但也要注意,被评人员在答题时可能选择并不代表其真实想法的答案。还可能存在问卷本身因为用词不清,导致被评人员不能理解问卷设计者的意图,随意选择答案,从而影响问卷的效度。因此,问卷法收集的信息也可能会失真。

(四)网络法

传统的学校评估以现场评估为主,现代学校评估除了现场评估外,还充分利用了信息技术。因为随着信息技术的快速发展与日益普及,网络已成为人们获取信息的一个重要渠道。学校作为一个知识传播与学习的场所,对网络信息技术的运用也越来越广泛。许多经济发达的地区,已基本实现了"校校通",甚至每间教室都通了网络。在此基础上,为了更好地监测区域教育教学质量,有些地区的教育行政部门建立了数据平台,要求学校在学期初、学期中以及学期末将有关信息上传至数据平台,使得信息收集日常化。因此,网络也已成为当代学校评估信息收集的一个重要途径。

学校办学是一个长期的过程,例如学生的表现有时就需要长时间的跟踪观察,而现场评估时间比较短,难以观察到真实的学生表现。网络数据收集平台则可以弥补这种缺憾,通过平时的信息上传,使得评估者在短期内也能较为真实客观地评价学生。

当然,学校评估信息收集的方法并不仅限于以上几种,还有个案调查、文献法等,可以选择一种方法,也可以同时选择几种方法,方法的选择主要依据需要而定,并非任何方法都要用到,适合的才是最好的。

三、学校评估的评议评分

在完成评估所需信息的收集后,各专家小组根据分工,对相关的信息进行处理,并在对自己所负责的评估部分的标准和指标进行研究之后,对收集到的信息进行认真仔细研究,然后依据预先制定好的评价标准、评价指标及其权重逐项进行核实,经过商讨后给出相应的分数或等级,在此基础上得出初步的评估结论。

---

① 单志艳:《如何进行教育评价》,华语教学出版社 2007 年版,第 61 页。

第三节　基础教育学校评估的总结阶段

评估的总结阶段主要是对评估结果的分析与处理,是评估活动的最后一个阶段。

一、学校评估结果的分析

评估结果是评估者对评估对象所具有或所达到预定目标价值程度作出的价值判断。学校评估结果与评估对象有直接的利害关系,因此,还需经过验证性检验,以确保评估结果真实反映了评估对象的实际。结果分析一般包括信度和效度分析。

(一)评估结果的信度分析

评估结果的信度是指评估结果的可靠性和稳定性程度,用以说明评估在多大程度上反映了评估对象的真实水平。"可靠性是指一项研究的(或手段的)连贯性、可预见性、可信性、稳定性和(或)准确性。"[1]而稳定性指用不同的方法重复评估得出的结果的相似度。评估结果的可信性是评估委托人和评估对象都非常关心的问题,关系到评估委托人资金的投入是否产生效益,产生多大效益。因此,对评估结果的信度进行分析也是非常有必要的。

古贝和林肯认为,评估结果并非终极意义上的"事实",而是由包括评估者(以确保客观公正)以及由于评估而处于风险之中的利益相关者通过互动而实际创造的一种结果。[2] 由此,我们可以将评估结果看作是一种各方参与的主动建构过程,难以做到价值无涉,而是掺杂了许多主观因素,并非完全客观的事实。而且,不容忽视的是,由于各利益相关者所处的位置不一样,其利益偏好也不一样,因而,评估结果并非总是能够得到利益相关者的广泛认同。古贝和林肯认为,评估结果在实际中常常得不到认可,其原因有许多:第一,存在这样的可能性,也就是评估者不能提供有力的信息,从而保证他们评估结果的价值。第二,评估信息必须符合政治决策的要求,科学效力不能、也不会成为决定哪些信息是值得注意的唯一依据。第三,事实往往是评估并不能产生明确的信息,或者说竞争性评估有时会产生相互冲突的信息,而这些情况也使得那种不加鉴别地接受评估结果的做法大打折扣。[3]

对评估结果信度的分析包括评估人员是否具备评估资质、评估过程是否客观

---

① 【美】Egon G. Guba, Yvonna S. Lincoln :《第四代评估》,秦霖、蒋燕玲等译,中国人民大学出版社 2008 年版,第 172 页。

② 【美】Egon G. Guba, Yvonna S. Lincoln:《第四代评估》,秦霖、蒋燕玲等译,中国人民大学出版社 2008 年版,第 2 页。

③ 【美】Egon G. Guba, Yvonna S. Lincoln:《第四代评估》,秦霖、蒋燕玲等译,中国人民大学出版社 2008 年版,第 27 页。

公正、评估结果分析方法是否科学等,如果这些方面都是符合要求的,那么可以说评估结果就具有相应的信度。

（二）评估结果的效度分析

在测量学中,效度就是测量或者测验的准确性和有效性。如果一个测量或者测验达到了预期的目的,它就是有效的。效度被分为内容效度、结构效度和效标关联效度三类。在学校评估中,效度则是指是否评估了我们心中所想评估的内容。

在实际的评估中,评估结果有时并未能真正反映评估的真实情况,比较常见的有:一是"一团和气式"的评估结果。有些评估者甘于做"老好人",对学校进行评估后,为了不伤害与评估对象之间的关系,或其他原因,对存在的问题视而不见或给予一些不痛不痒的建议和意见。二是由于某些评估者过于自负,过度坚持自己主观判断,不按照评估标准与指标来进行评估,导致评估结果偏离评估标准;或者"有意地或是无意地以自己的价值来做指导,挑选一些可获得的和决定性的事实","他们的评价结果不是具有唯一确定性的"。[①]

因此,具有高效度的评估结果必然是严格按照评估标准和指标作出的客观公正的价值判断,这种评估结果能真实反映学校存在的问题,对学校的进一步改进和完善是有所助益的。

信度和效度既有联系也有区别。效度是一种正确性,而信度是一种稳定性。但是,稳定性并不是正确的。信度高,其效度并不一定高;但信度低,其效度必然低。[②]

二、学校评估结果的反馈

评估结果反馈是向评估对象、有关部门或人员通报评估结果的一种形式,是学校评估作用发挥的一个重要环节。

评估结果的反馈根据需要一般采取多种形式进行。根据结果公开的范围大小,可分为公开反馈与个别反馈,公开反馈又可分为向社会公众公开和仅向参评对象公开,可以在相关网站上挂出评估结果。公开反馈评估结果是否向社会公布由评估委托者根据评估的目的决定,从现实来看,并非任何一次评估结果都需要向社会公布。如果评估结果是否定性的,为保护被评学校人员的自尊心,防止否定性结果的扩散,引起相关人员的挫折感和焦虑,最好进行个别反馈,只是将结果反馈给被评学校,指出学校存在的不足和前进的方向。根据反馈的对象,可以分为向评估对象的反馈、向教育行政部门的反馈、向其他利益相关者的反馈以及向以上所有人的同时反馈,一般是根据需要而定。

---

① 【美】Egon G. Guba, Yvonna S. Lincoln:《第四代评估》,秦霖、蒋燕玲等译,中国人民大学出版社 2008 年版,第 219 页。

② 单志艳:《如何进行教育评价》,华语教学出版社 2007 年版,第 26 页。

根据反馈的方式,可以分为当面反馈和书面反馈,现在一般采取二者结合的方式。当面反馈是在评估现场活动即将结束时,由评估中介机构组织评估反馈会,评估专家就评估中发现的问题向学校领导和教师进行当场反馈。书面反馈是评估结束后,将评估报告一并送达给学校或相关部门或人员。评估报告是评估者关于评估工作的组织领导、实施过程、评估结果、改进教育工作的建议以及评估工作优缺点的书面陈述。[①] 评估报告一般要包括评估的目的、评估方案的形成、评估标准的编制过程及依据、评估过程、评估结果及分析、结论与建议等几个部分。

三、学校评估结果的运用

评估结果可以在学校内部质量改进、政府部门的决策咨询和特定的奖励计划中使用,但不宜更多地把评估结果和数据作为干部任用和招生计划安排的依据。从评估的出发点来看,学校评估的结果可以发挥如下作用:

1. 作为学校改进的依据

斯塔弗尔比姆强调,"评价的最重要的意图不是为了证明,而是为了改进"。现代基础教育学校评估的发展性功能已越来越受重视,通过评估来发现、改进学校发展过程中存在的不足,从而促进的学校发展。

2. 作为教育行政部门奖励与问责的依据

学校评估的改进与问责功能已成为当前美、英、日等发达国家普遍比较重视的一个问题。美国的"不让一个孩子掉队——蓝带学校计划"、英国的"每个孩子都重要"视导框架以及日本的"义务教育学校评估指南"都非常重视学校评估的改进与问责功能。[②] 学校评估应该充分利用评估所发现的问题,但是,在实际运用过程中,评估数据的公开及将其作为奖罚的依据要谨慎使用,以免伤害学校的自主权和办学积极性。

3. 作为教育行政部门决策的依据

教育决策需要依赖大量的、形式多样的信息,这些信息既包括二手资料,更需要一手的资料。而学校评估则可以提供许多一手资料,便于查找当前区域教育、学校教育中存在的一些带有普遍性和特殊性的问题,为教育行政部门提供决策咨询服务。

4. 作为教育研究者研究的依据

教育理论与实践的结合是当前教育理论研究的一个趋势。教育理论要关照教育实践,教育实践能为教育理论提供鲜活的经验,二者是一种双向"滋养"的关系。现在,越来越多的教育理论研究者走出封闭的"象牙塔",进入中小学,与中小学进行合作研究;也有的研究者以评估专家身份参与对学校的评估,以研究者的眼光来

---

① 陶西平主编:《教育评价辞典》,北京师范大学出版社 1998 年版,第 123 页。
② 赵德成、张东娇:《当前美、英、日三国学校评估的新特点及启示》,《比较教育研究》2010 年第 6 期。

审视学校中存在的问题及特色,为其教育理论研究提供了素材。

第四节 基础教育学校元评估

一、基础教育学校元评估的内涵

(一)教育评估与教育元评估

我国具有悠久的教育测评的历史,但是现代意义上的教育评估却产生于美国。20世纪30年代美国教育测量运动的兴起孕育并推动了教育评估的发展,对于教育评估的定义没有统一的标准。泰勒认为"评估就是确定教育目标实际实现程度的过程"。[①]《教育评估国际百科全书》指出"评估者的主要任务是调查了解评估所影响的人的需要,并将这些需要作为判断评估效应优劣的基础"。[②] 教育评估大师斯塔弗尔比姆(Stufflebeam,D.L.)和辛克费尔德(Shinkfield,A.J.)认为"教育评估是按照特定社会的教育性质、教育方针和政策所确定的教育目标,对所实施的各种教育活动的效果、教育任务完成情况以及学生学业成就和发展水平进行科学判定的过程"。[③] 由此可见,教育评估是根据一定的教育目标和标准,通过系统地收集信息和科学分析,对教育活动做出价值判断并改进教育工作的过程。

伴随着教育评估的专业化发展而诞生的教育元评估(educational meta-evaluation),其本意为"评估的评估",也可以视为一种特殊的评估。最初提出"元评估"概念的斯克瑞文(Scriven)认为元评估就是第二级评估(second-order evaluation)。从理论上讲,元评估涉及评估角色的方法论评估,但实践而言,元评估所关注的是特定评估表现的评估。

教育元评估是将原来的教育评估方案(即原评估或初评估)置于受评者的位置,根据评估标准,通过系统的评估过程,对原评估活动和评估者表现的优缺点做出评判,教育元评估的评判对象包含原评估方案的规划、设计、实施,资料收集分析,报告和结果使用等环节。

斯塔弗尔比姆于1974年在其论著中指出元评估是一种评估活动,元评估的概念与评估概念相互关联,元评估做出价值判断的对象是原评估的实施,是对评估目标的重要性、评估设计的适当性、评估实施的适切性,以及评估结果的品质进行评价。斯塔弗尔比姆在1981年给出的元评估操作定义:元评估是描述、获得和应用描述性信息和判断性信息的过程,这些信息包括评估的效用性、可行性、适切性和

---

① 瞿葆奎主编,陈玉琨著:《教育学文集·教育评价学》,人民教育出版社1999年版,第15页。

② Walberg H. J. & Haertel G. D. (eds.)(1990),The international encyclopedia of educational evaluation, pp229–230, Oxford:Pergamon Press.

③ Stufflebeam D. L. & Shinkfield A. J(1985),Systematic Evaluation:A self-instruction guide to theory and practice,pp68–76,Boston:Kluwer-Nijhoff.

准确性,以及评估体系的性质、功能、完整或真实、得到认可及社会责任等,用以指导评估并公开报告评估的优势与不足。[1]

可见,教育元评估是对教育评估的监控与修正,实质上也是一种评估活动,但是由于教育评估与元评估的目标和需求不同,从而教育评估与元评估的标准也不同。教育元评估在认识层面上比教育评估更抽象,教育评估的对象是具体的教育方案或教育活动,而教育元评估的对象是教育评估的方案制订、实施过程和评估结论。

(二)基础教育学校元评估

基础教育学校元评估是指对各级各类的基础教育学校评估实施元评估,将原来的基础教育学校评估方案置于受评者的位置,根据评估标准,通过系统的评估过程,对原评估活动和评估者表现的优缺点做出评判,基础教育学校元评估的评判对象包含原评估方案的规划、设计、实施,资料收集分析,报告和结果使用等环节。

本章所聚焦的教育元评估对象是基础教育学校评估的实践活动,并没有包括对教育评估理论体系和学科架构的哲学反思,同时,为了把握重点、凸显特点,对于教育评估机构的认可、教育评估专业人员的资质认定也没有纳入本书的范畴,而是关注所有基础教育学校元评估实施中的一些共性问题和基本环节。

二、基础教育学校元评估的意义

(一)理论意义

教育元评估理论是随着教育评估进入专业化发展阶段后逐渐成熟的,是对评估活动本身进行的鉴定和评估。元评估是"元"意识领域的一个分支。"元"意识在推动现代科技发展过程中发挥了极其重要的作用,是人类自我意识提升和整体性反思认知的重要发展阶段。当基础教育学校评估发展到一定历史阶段,人们开始对学校评估的理论发展和实施效果进行反思,期望不断提高学校评估本身的科学性和可靠性。基础教育学校元评估所具有的呈现基础教育学校评估现状、更新评估理念和优化学科专业结构等作用,体现了其在推动基础教育学校评估理论发展过程中不可替代的重要地位。

(二)现实价值

教育元评估作为一个完整的教育评估体系的重要环节,形成对教育评估活动本身的监控机制,对教育评估方案的设计、评估过程的实施,以及评估结果的使用等所有教育评估活动要素进行督促,寻找评估偏差,从而形成规范有序的教育评估体系,实现教育评估的标准化。可见,基础教育学校元评估为基础教育学校评估实践的改进和完善提供依据,基础教育学校元评估的建立是促进基础教育学校评估

---

[1] Stufflebeam D. L (1981), Metaevaluation: Concept, Standards, and Uses. In R. A. Berk (eds.), Educational Evaluation Methodology: The State of The Art, pp146-163, Baltimore, MD: Johns Hopkins University.

专业化发展的重要途径。

　　同时，基础教育学校元评估为学校评估信息使用者等利益相关者提供了一个科学客观、公正公开的评估信息反馈平台。学校元评估通过验证学校评估信息的科学性、可靠性和全面性，提供了有关决策方（学生、政府）的决策科学性和自觉性，强化了学校评估信息的决策效用。

　　总之，基础教育学校元评估代表了公众、行业和机构的利益，确保学校评估提供的结果和结论可信，使基础教育学校评估实践不断完善，使教育评估机构建立的评估体系高效、有序，并合乎伦理规范。实施基础教育学校元评估将成为教育评估人员提供专业的学校评估服务的一项重要任务。

三、基础教育学校元评估的实施

（一）基础教育学校元评估指标——评估标准

　　基础教育学校元评估是对进行中的或已完成的学校评估本身进行评估，作为一种特殊的评估活动，也需要建立一套用于衡量评估的价值与品质的元评估指标，即基础教育学校的评估的评估标准。

　　评估标准是一套教育评估行业或专业人员及研究者普遍认同的，在实施教育评估服务时必须遵守的基本规范和要求，其对象是评估工作的所有过程，最主要的功能是指引及改进评估规划、设计和实施，并用于判断评估方案的品质与价值。

　　目前，广泛采用的评估标准是美国教育评估标准联合委员会制定的评估标准，以及美国评估研究协会开发的适用社会科学领域的《方案评估标准》。早在1975年，美国成立教育评估标准联合委员会，研究教育方案评估的标准，并于1981年发表《教育方案、计划及教材评估标准》，这也是教育评估领域的第一套专业标准，该标准包含四类属性：效用性、可行性、适切性和精确性。1994年将《教育方案、计划及教材评估标准》修订为《方案评估标准》，目前《方案评估标准》第三版正在组织修订。

　　此外，还有许多其他学者对于评估标准进行了研究，其中康坤波（Keun-bok Kang）和尹长顾（Chan-goo Yi）的元评估模型相对更为系统周全，如表（表7-1）所示[1]。

表7-1　元评估模型结构图

元评估因素	元评估指标/评估标准	
评估环境	评估目标	合理性
	评估类型	适合性
	评估对象	恰当性

---

① Keun-bok Kang & Chan-goo Yi（May, 2000）, A design of the metaevaluation model. Poster session presented at the annual meeting of the Canadian Evaluation Society, Montréal, Canada.

元评估因素	元评估指标/评估标准	
评估资源	人力资源	质量与数量、使用者参与
	组织体系	组织结构和功能
	预算	适切性
	信息	量化和质性信息充足、可信等
评估过程	实施	客观公正
	时间安排	与评估类型匹配
	方法	准确、有效
	准则	适当性
评估绩效	指标	合理性
	结果	有效性
	信息	有用性
评估应用	报告	明晰、公正、及时、公开
	工具式的应用	改善或改变现有评估项目，或开发新的项目
	理念上的应用	阐明政策

（二）基础教育学校元评估的程序

按照元评估的一般操作程序，对基础教育学校评估实施元评估，需经过如下所列的十一个步骤。

1. 组建一个符合资质的学校元评估团队

学校元评估者应该受到学校评估利益相关者的尊重和信任，元评估者应懂得基础教育特点，具有教育评估的专业素养，熟悉评估对象的内容领域，并享有很高的可信度和权威性，处于客观中立的地位，与原评估的主体、客体之间没有直接的利益联系，具有很高的公信力。

2. 识别学校元评估的利益相关者，并与利益相关者互动交流

与学校元评估利益相关者的交流与沟通是实施学校元评估的重要环节，只有确认了元评估的利益相关者，才能够明确元评估的目的和意义，以及要解决的关键问题。学校元评估可能是合作努力的结果，尤其当学校元评估的目标是帮助机构评判和改革评估系统。

3. 明确学校元评估要解决的问题

学校元评估的目标通常是决定原评估的质量和价值，检核原评估是否满足一个优良评估的要求，原评估多大程度上满足了公众对学校评估信息的需求，多大程度上符合专业的评估标准。在此基础上，每一项学校元评估在实施之前，都应该进

一步明确需要解决的关键问题,针对原评估的具体情况大致确认学校元评估的问题领域。

4. 协商确定学校元评估的标准、准则或要求

在明确了学校元评估需要解决的问题之后,元评估者需要与委托方共同协商,确定判断原评估系统的标准、准则或要求,并在原则上达成共识。学校评估是一项专业性很强的活动,依照学校评估领域的专业标准或准则来评判一项评估活动是非常有益的,对于学校评估的科学规范和专业发展有很大的帮助。

5. 完成一个互相沟通的备忘录,或者商定一个正式的元评估合同/协议书

元评估者与委托方应在充分沟通,相互交流的基础上,完成一个备忘录,或协商后签订一个正式的学校元评估合同/协议书。明确本次学校元评估的目标,元评估的标准或准则,元评估的流程和经费预算,以及双方各自的职责和义务。

6. 收集并审核已有的相关有用信息

学校元评估应充分利用现有信息,包括所有原评估的过程资料和档案文件等,如评估方案、评估协议、评估指标、评估工作手册等,收集和总结外显的有用信息是元评估的基础。在确认信息的相关性之后,需要进一步审核信息的可靠性和效用度。

7. 收集所需的新信息

当收集的已有相关信息不够充足或不可信,难以做出元评估判断时,则需要进一步根据学校元评估的需要采集新信息。新信息的采集包括对已有信息的进一步核实和深入挖掘,也可能是通过问卷、访谈等方法收集评估专家和评估对象的意见和建议,以及评估结果使用者的相关信息反馈,为学校元评估的价值判断提供可靠的信息。

8. 分析并综合学校元评估的发现

分析并综合学校元评估发现是学校元评估的重要环节,整理汇总学校元评估过程中采集的各类信息,从总体上对原评估的各环节进行定性或定量的分析,借助经验总结或量化比照等方法,分析原评估各个环节的优点和缺点,以及需要改进的问题。

9. 判断原评估是否符合学校元评估的标准、准则或要求

依据先前协商的元评估标准、准则或要求,元评估者将汇总整理的学校元评估发现进行分类处理,判断原评估是否符合评估标准、准则或要求,通常是对元评估各项指标进行评分,或者对各项指标的符合度进行等级评定,在此基础上经统计处理,最终形成一个总体的学校元评估符合度。

10. 通过汇报、回应、表述等方式呈现学校元评估的发现

学校元评估的结果可以通过书面或口头方式报告,如根据最初的合同或协议规定,采用口头汇报和面谈等方式向委托方通报学校元评估的结果。大多数情况下,元评估者是以书面报告的方式呈现元评估的发现。

11. 适当地协助委托方或其他利益相关者解释和应用学校元评估的发现

学校元评估结果公布后,元评估者有责任帮助委托方或其他元评估利益相关者解释和应用学校元评估的发现,避免学校元评估结果使用者误解学校元评估发现,或者误用学校元评估结果,正确引导学校元评估结果使用者充分利用元评估信息。

第八章 基础教育学校评估方案与指标选评

在学校教育评估诸环节中,评估方案的制定和评估指标的研发,处于十分重要的位置。方案是开展具体一项评估工作的计划与指南,所谓"凡事预则立,不预则废"。而评估指标和与之配套的指标评价标准是开展工作、判断被评估教育内容状况的准则。尤其对实施评估的客体,即评估对象,它具有指导和导向作用,这种导向作用影响涉及整个社会。本章选取基础教育阶段不同的学校评估方案指标,给予介绍、分析、点评,目的是理论联系实际,扩大视野,分享交流经验,引发思考,对新时期基础教育学校评估工作有所借鉴。

第一节 上海市以招收进城务工人员随迁子女为主的民办小学绩效评估及其指标评析

一、评估项目实施的背景

办好以招收进城务工人员随迁子女为主的民办小学关系到农民工子女教育问题,而农民工子女教育是建设和谐社会,维护教育公平背景下不可回避的一个问题,因而如何管理这些学校引起各级政府的高度重视,摆上了议事日程。2006 年召开的教育部 22 次新闻发布会上提出"国家将加强对民办农民工学校的扶持和管理,农民工或者是其他有关方面出资建立的专门用于接收农民工子女入学的学校,教育部门要纳入民办教育管理的范畴,在办学场地、办学经费、师资培训等方面给予支持和指导"。将农民工子女学校纳入民办学校管理,可以看作新形势下政府解决农民工子女教育问题的一条新途径,既能缓解城市公办教育资源的紧张问题,又能体现政府对教育公平的维护。

上海作为中国经济最为发达的城市之一,随着进城务工人员的数量逐年上升,其随迁子女数也在不断增长。享有基本公共教育服务是公民的基本权利,也是政府的基本责任。为了让进城务工人员随迁子女在上海接受免费的义务教育,强化政府责任,凸显教育公平,同时也是响应教育部相关政策,上海市于 2008 年起将符合条件的在沪农民工子女学校通过规范办学手续,纳入正规民办学校管理,由政府投入一定资金扶持这些"转民"学校。经过 3 年的发展,目前全市共有这类"转民"学校 158 所,为 13 万随迁子女提供了入学机会。

然而,进城务工人员随迁子女不仅要有学上,而且要上好学,这是对教育公平量和质双重规定性的体现,因而规范农民工子女学校的管理,提高其办学质量,促使其为进城务工人员随迁子女提供相对优质的教育,政府应该成为理所当然的责任主体。为了解决这一问题,《上海市"十二五"教育改革和发展规划(征求意见稿)》中明确提出要继续"按照'两个为主'的要求妥善解决进城务工人员随迁子女的教育问题,将农民工子女学校逐步纳入民办教育管理,改善农民工子女学校办学条件"。在保障进城务工人员随迁子女受教育权利的同时,提高进城务工人员随迁子女教育的质量。上海市教委和各区(县)教育行政部门,在继续投入资金扶持的同时,建立了日常的管理制度,如每年进行年检、开展专题调研和专项督导。在此基础上,依据《中华人民共和国民办教育促进法》以及《上海市教育委员会关于加强以招收农民工同住子女为主的民办小学规范管理的若干意见》等文件精神,市教委出台了《上海市教育委员会关于对本市以招收进城务工人员随迁子女为主的民办小学开展首轮办学绩效评估的通知》(沪教委基〔2011〕39 号),决定从 2011 年起对本市年检合格的以招收进城务工人员随迁子女为主的民办小学开展首轮办学绩效评估。

二、以招收进城务工人员随迁子女为主的民办小学办学绩效评估的特点分析

(一)从评估的目的来看,是一种起示范、引领作用的评估

首轮全市民办农民工子女小学办学绩效评估意在评出先进、示范引领,年检合格的学校有资格参与此次评估。沪教委基〔2011〕39 号文规定:市级办学绩效评估优良学校和区级办学绩效评估优良学校均根据实际评估情况,按照规定的比例从高分到低分择优推荐。因此,最终能参与市级绩效评估的学校是在学校自评的基础上,经区级教育行政部门绩效评估后推荐的办学绩效评估区级优良学校。市教委希望通过开展绩效评估建立客观公正的民办农民工子女小学评价制度和办学信息公开制度,进一步调动学校依法办学的积极性和主动性,不断提高教育教学质量,提高政府投入资金的效益,为农民工同住子女接受良好教育打下基础。开展市级绩效评估的目的是希望通过评估树立一批办学规范、教育教学质量稳定、能够在全市以招收进城务工随迁子女为主的民办小学中发挥积极引领示范作用的学校典型。

因此,无论是从区级教育行政部门的绩效评估来看,还是市级教育评估机构实施的绩效评估来看,首轮民办农民工子女小学办学绩效评估都是一种起示范、引领作用的选优评估。

(二)从评估的性质来看,是一种绩效评估

近年来,绩效评估在教育领域运用广泛,是促进办学水平和提高教育质量的一种有效手段,也是政府对教育投入与产出进行监管的重要手段之一。绩效最早用于投资项目管理方面,后来在人力资源管理方面又有广泛应用,包含有成绩和效益的意思,通常指"某组织或个人在一定时期内取得的业绩,一般可从结果、行为和

潜力等方面进行考量,包括工作成果的数量、质量、效率、效益以及发展潜力、顾客满意度等"。①

政府将农民工子女学校纳入民办教育管理,给予一定的经费补贴加以扶持,要求学校严格按照国家和上海的法律法规及政策规定,建立完善的财务管理和资产管理制度,不断提高学校资产与财务管理水平,提高教育经费的使用效益,保障学校资产安全。这体现了政府对资金投入是否安全和有效益的一种考量,因而首轮民办农民工子女小学的评估被定位为绩效评估。

(三) 从评估的形式来看,采用的是分级评估

目前我国的学校评估一般由教育督导部门依法评估、教育评估中介机构接受委托或独立评估和学校的自我评估等组成。首轮民办农民工子女小学绩效评估采取政府主导的分级评估。根据方案,办学绩效评估每两年开展一次,分为三个阶段,由年检合格的学校在评估当年9月提出申请,10月至11月开展区级评估,12月进行市级评估。办学绩效评估在流程上采用学校自评和专业教育评估机构专家评估相结合的方式;申报学校按照绩效评估指标认真做好自评,形成自评报告,向区(县)教育行政部门提出评估申请;区(县)教育行政部门经审核后,委托专业教育评估机构对申报学校开展实地评估,评选出办学绩效评估区级优良学校。最后,由市教育行政部门委托专业教育评估机构对区(县)推荐的学校开展市级办学绩效评估,评选出办学绩效评估市级优良学校。

分级评估的机制可以兼顾各区(县)发展状况,又能保证在全市层面评选出的学校确实是同类学校中办学较为优良的学校,能够在各方面发挥积极的示范引领作用。

三、评估指标特点评析

(一) 确保底线达标,关注特色发展

"上海市以招收进城务工人员随迁子女为主的民办小学办学绩效评估指标"分为基础性评估和发展性评估两大部分,其中基础性评估指标满分100分,主要评估内容为学校行政管理、财务与资产管理、师资队伍、教育教学、安全卫生;发展性评估指标满分50分,包括6个一级指标,分别为制定与实施学校发展规划、学校管理与运行机制、教师专业发展与师德建设、课程教学与办学特色、校园文化和办学成效。(详见附2)

在现场评估过程中,专家需按照基础性评估指标对全体参评学校逐一进行评估,确保参评学校都能达到基本办学标准,这可以看作是一种底线评估。在此基础上,为了挖掘或提炼出这些学校的办学特色,真正发挥其在同类学校中的示范引领作用,同时设置了发展性评估指标。发展性评估指标是在基础性指标上的较高层

---

① 李宜海等:《试论高等教育的绩效评估》,《中国高等教育》2011年第7期。

次的要求,是规范基础上的对办学个性、内涵的引导,因此不按照发展性评估指标——对学校进行评估,而只是要求参评学校根据自身实际情况,在教师专业发展与师德建设、课程教学与办学特色、校园文化3个一级指标中选择1个重点项目进行阐述和展示,以凸显其办学特色。

(二)注重办学常规,突出民办教育特点

在绩效评估指标的基础性指标中,一级指标共有5个,分别为行政管理、资产与财务管理、师资队伍、教育教学和安全卫生。应该说,5个一级指标中行政管理、师资队伍、教育教学和安全卫生同样是公办学校评估中非常重要的指标,也是学校办学中必须关注的常规。但民办农民工子女小学毕竟不同于公办学校,多由私人或企业举办,同时由政府给予一定资金投入,因此评估指标中对学校的资产与财务管理给予了相当大的关注,其分值也相对较高,占基础性指标100分中的22分,其下有两个二级指标,8个基本要求,这些均体现了民办教育的办学特点。事实上,市教委对该类学校的资产与财产管理是相当重视的,专门颁发了《上海市以招收进城务工人员随迁子女为主的民办小学资产与财务管理若干问题的意见》(沪教委财〔2011〕12号),以进一步指导和规范该类学校的资产与财务管理。而行政管理这一指标也不同于对公办学校的评估,其中一个重要的二级指标是"法人治理结构"。① 这类学校往往实行的是董事会下的校长负责制,校长由学校董事会聘任,且具有校长任职资格,这种形式的校长负责制必然不同于公办学校完全的校长负责制,这同样是民办教育一个重要特点。

(三)设置阈值,实行一票否决

所谓"阈值",是指事物变化的临界值,也指一个效应能产生的最低值或最高值。在教育评估指标中,通常对一些敏感关键指标作阈值规定和处理。"上海市以招收进城务工人员随迁子女的民办小学办学绩效评估指标"中基础性指标共设有6项一级指标,10项二级指标,基本要求28项。其中:带"※"的基本要求有3项,以其作为阈值,有其中之一不合格者,则取消该学校申报办学绩效评估资格。

这3项带有阈值规定的基本要求的第一项出现在一级指标行政管理中的第二级指标管理实施中,"不举办与办学层次不符合的教学班,不设分校"。这是由于最初的农民工学校并不只限于小学,而是可能包括了义务教育整个阶段。有的学校甚至还兼设学前班,普遍存在教师与所任学段不符的现象,师资质量难以保证,办学秩序较为混乱。按规定,上海市纳入民办管理的农民工学校办学阶

---

① 法人治理结构又译为公司治理(corporate governance),是现代企业制度中最重要的组织架构。狭义的公司治理主要是指公司内部股东、董事、监事及经理层之间的关系,广义的公司治理还包括与利益相关者(如员工、客户、存款人和社会公众等)之间的关系。公司作为法人,也就是作为由法律赋予了人格的团体人、实体人,需要有相适应的组织体制和管理机构,使之具有决策能力、管理能力,行使权利,承担责任。http://baike.baidu.com/view/102697.htm.

段限于小学,小学阶段以上的学生应进入公办学校就读。第二项出现在一级指标资产与财务管理中的二级指标财务管理中,"举办者不抽逃出资,不挪用办学经费。政府下拨的办学经费,做到专款专用"。这是政府作为出资者,出于对资金是否安全和有效必须考虑到的一个因素。第三项出现在一级指标安全卫生中,"校舍安全,无危房。学校有消防、安全设施设备,教学大楼消防通道畅通。学校无安全、重大食物中毒等责任事故,传染病流行有监控机制"。这是出于对学生人身安全的高度关注和对生命的尊重,是学校办学必须考虑的一个基本因素,也是一条底线。

四、思考与建议

对民办农民工子女小学开展绩效评估,对于逐步改善这一类学校的办学条件,健全学校财务管理,加强师资队伍建设,规范教育教学常规管理发挥了很好的促进作用。但从评估指标设计及评估的实施来看,仍有一些问题需要思考。

一是如何突出绩效评估的特点。从理论上来说,绩效评估是对"投入—产出"之间关系的一种考量,强调的是效益。但对于民办农民工子女小学来说,投入主体是多方面的,包括政府、学校举办者、社会捐赠者或团体等,如何区分各投入主体间投入的产出效益呢?而且各投入主体投入的形式是多样的,除了物力外,还包括一些无形的投入,如教育行政部门为学校提供的各种培训和服务,以及提供的人力支援,其效果难以量化。因而需要对各项评估指标进行完善,更加体现绩效评估的特点,或完善评估形式,在绩效评估之前设置初态评估,即在该类学校纳入民办管理之时对其初始状态进行评估,形成前后对照,突出该类学校纳入民办管理后的发展。

二是评估指标需要进一步体现分类指导的思想。评估的一个重要功能是指导发展,即评估的发展性功能。由于各民办农民工子女小学的发展起点不同、办学者的思路不一样、得到的外界支持大小也不同,它们之间还存在着很大的发展差异。虽然现有的指标已在发展性指标部分有所体现,但总体来看,评估指标还需进一步体现分类指导思想,以更好地指导处于不同发展阶段的学校进一步发展。此外,民办农民工子女学校办学绩效评估是滚动式的评估,评估结果两年有效。两年期满后重新进行申报,如何接轨,宜在进行首轮办学绩效评估时就对评估方案作整体的安排,对指标进一步的完善或细化。

附件1:《上海市教育委员会关于对本市以招收进城务工人员随迁子女为主的民办小学开展首轮办学绩效评估的通知》(节选)
附件2:《上海市以招收进城务工人员随迁子女为主的民办小学首轮办学绩效评估指标》

附件1：

上海市教育委员会关于对本市以招收进城务工人员随迁子女为主的民办小学开展首轮办学绩效评估的通知（节选）

各有关区（县）教育局：

为进一步加强对本市以招收进城务工人员随迁子女为主的民办小学的办学管理，进一步促进和引导学校规范办学，整体提高办学水平和办学效益，依据《中华人民共和国民办教育促进法》以及《上海市教育委员会关于加强以招收农民工同住子女为主的民办小学规范管理的若干意见》等文件精神，我委决定2011年在本市以招收进城务工人员随迁子女为主的民办小学中开展首轮办学绩效评估工作，现将有关要求通知如下：

一、评估目的

通过办学绩效评估，建立客观公正的学校评价制度，进一步调动学校依法办学的积极性和主动性，不断提高教育教学质量，提高政府资金投入的效益，为进城务工人员随迁子女接受良好教育打下基础。

二、评估对象

本市年检合格的以招收进城务工人员随迁子女为主的民办小学。

三、评估内容

分为基础性评估和发展性评估两大部分。基础性评估指标满分100分，评估内容为：行政管理、资产与财务管理、师资队伍、教育教学、安全卫生。发展性指标满分50分，评估内容为：制定与实施学校发展规划、学校管理与运行机制、教师专业发展与师德建设、课程教学与办学特色、校园文化、办学成效。

四、评估实施

（一）评估方法

1. 办学绩效评估计划每两年开展一次。年检合格的学校向所在区（县）教育行政部门提出申请，当年10月至11月，开展区级评估；12月开展市级评估。首轮评估从2011年秋季开始。

2. 首轮区级"办学绩效评估优良学校"名额控制在区（县）以招收进城务工人员随迁子女为主的民办小学总数的20%以内；首轮市级"办学绩效评估优良学校"名额控制在本市以招收进城务工人员随迁子女为主的民办小学总数的10%以内。以后根据学校办学水平发展状况逐步提高市、区级优良学校的比例。

3. 办学绩效评估采用学校自评和教育评估机构专家评估相结合的方式。申报学校按照"上海市以招收进城务工人员随迁子女为主的民办小学办学绩效评估指标"，认真做好自评，形成自评报告，向区（县）教育行政部门提出申请。区（县）教育行政部门对申请学校进行审核后，委托教育评估机构对申报学校进行实地评估,形成办学绩效评估报告,并提出区级"办学绩效评估优良学校"建议名单。

4. 区(县)教育行政部门依据教育评估机构评估结果,向社会公示办学绩效优良学校名单,经公示无异议,给予学校区级专项奖励。同时,向市教育行政部门推荐市级办学绩效评估参评学校名单和材料。

5. 市教育行政部门委托上海市教育评估院对区(县)推荐的学校开展办学绩效评估,依据市教育评估院的评估结果和建议,向社会公示市级"办学绩效评估优良学校"名单,经公示无异议,给予学校市级专项奖励。

(二)评估组评估程序

1. 集中听取学校汇报,审阅有关资料。

2. 对学校管理人员、教师、学生、家长及社区人士进行访谈和座谈,并进行相应的问卷调查。

3. 观摩教学、巡视校园。

4. 检查学校工作,查阅有关资料。

5. 评估组汇总意见,撰写办学绩效评估报告,报送教育行政部门。

(三)评估经费

本项评估所需经费分别由市和区(县)教育部门(委托单位)承担,不向学校另行收取费用。

五、评估结果处理

本轮办学绩效评估为年度评估,两年有效。当年度评为市级"办学绩效评估优良学校"和区级"办学绩效评估优良学校"的,可获得市、区级专项奖励。次年,学校办学绩效仍然成效明显的,继续给予相应的奖励,两年期满后重新进行申报。对有效期内发生重大事故、严重违法违规的学校,实行"一票否决"。

上海市教育委员会
二〇一一年五月三日

上海市以招收进城务工人员随迁子女为主的民办小学
首轮办学绩效评估指标

一、基础性评估指标（总分100分）

一级指标	二级指标	基本要求	学校需提供的实证资料	评分参考			
				分值	自评	测评	备注
一、行政管理（20分）	1. 法人治理结构（10分）	1. 学校章程合法合规，董事会（或理事会）组成符合法律要求，法人治理结构健全，开展工作正常。	学校章程文本；董事会成员备案表；董事会会议记录。	6			
		2. 校长具有任职资质，办学思想端正，熟悉教育教学业务。	校长任职审批（登记）表；校长任职资格证：教师资格证、学历证、职称证、校长上岗培训证。	4			
	2. 管理实施（10分）	3. 学校工作有计划、有总结、有措施。	学校和部门的工作计划、总结。	3			
		4. 学校有基础性规章制度、考核、检查、奖惩措施。	各类制度文本；检查、考核实施过程资料。	3			
		5. 严格执行区（县）规定的招生计划，控制班额和班级规模。	学年（期）初上报的班级学生名册；当前实际名册。学籍管理资料。	4			
		※6. 不举办与办学层次不符合的教学班，不设分校。		※			

一级指标	二级指标	基本要求	学校需提供的实证资料	评分参考			
				分值	自评	测评	备注
二、资产与财务管理（22分）	3.财务管理（15分）	※7.举办者不抽逃出资，不挪用办学经费。政府下拨的办学经费，做到专款专用。	董事会或行政会议对相关经费使用决议的文本；政府下拨资金使用的相关账册。	※			
		8.严格执行《上海市民办中小学财务管理办法》、《上海市民办中小学校会计核算办法》和《上海市以招收进城务工人员随迁子女为主的民办小学资产与财务管理若干问题的意见》及各区（县）的实施细则；财务人员持证上岗。	财务、会计制度；会计、出纳的上岗证；账册、会计报表资料。	3			
		9.建立学校办学经费使用的预、决算制度，有财务年度审计报告。	办学经费使用的预、决算制度；预、决算资料；年度审计报告。	5			
		10.执行收费公示制度；出具法定票据。无乱收费现象。	收费公示栏；各类票据存根。	3			
		11.学校食堂独立核算，师生分别立账，每月公布收支账目。学校不设立小卖部。	食堂账册；餐费管理（收费标准、退费制度及实施的账务）资料；教职工餐费支付的账务资料；食堂每月伙食费公布清单留存资料。	3			
		12.依法设置学校各项预留基金，保障学校发展建设和抗风险能力。	董事会或行政会议对相关基金设置与使用决议的文本；实施的账册。	1			

一级指标	二级指标	基本要求	学校需提供的实证资料	评分参考			
				分值	自评	测评	备注
二、资产与财务管理（22分）	4. 资产管理（7分）	13. 设施设备基本满足教育教学要求，教育教学用房采光、照明、通风达标。	设施设备登记册；设施设备日常管理。	4			
		14. 明确区分学校资产属性，能分别建账；举办者投入资产清晰。有资产管理制度。资产账目齐全，账账相符，账物相符，并有专人负责。	资产管理制度；资产管理账册；实物仓库及管理资料。	3			
三、师资队伍（20分）	5. 基本配备（8分）	15. 教师按班比2∶1标准配备，专任教师配备满足教育教学需要。	学校各学期教师名册；各学期教师任课安排表。	4			
		16. 专任教师任职资格符合率为100%。	教师资格证书。	4			
	6. 基础管理（12分）	17. 建立规范的教职工聘用制度。教职工签订劳动、聘用合同。	学校人事聘用制度文本；教职工签订劳动合同或聘用合同书。	4			
		18. 制定并实施教职工结构工资方案，建立优劳优酬的分配机制。按月、定时、足额发放工资，保障教职工福利和保险待遇。	年度、月度工资福利财务报表及教职工签收凭证；教职工综合保险费支付单据。	4			
		19. 重视教师的专业发展，支持教师参加专业培训；建立校本研修制度。	教师参加市区培训的资料；实施校本培训资料记录；教师考核文档资料。	4			

一级指标	二级指标	基本要求	学校需提供的实证资料	评分参考			
				分值	自评	测评	备注
四、教育教学(28分)	7. 课程教学(12分)	20. 执行市课程计划，开齐开足课程，不停课、不减课。使用规定的教材。	学期教学工作安排表、课程表、作息时间表； 学期教材订用清单； 学期教材发放清单； 日常教学工作检查、指导资料。	6			
		21. 建立教学常规管理制度。建立并落实备课、听课、评课等教学研究制度。	教学工作管理制度和执行的过程资料，质量检查、分析资料； 教研工作的计划、组织、实施的资料； 教研活动的记录； 教学业务档案。	6			
	8. 德育工作(16分)	22. 德育活动有计划。重视家庭教育的指导，成立家长委员会；学校、家庭、社会形成教育合力。	工作网络、计划、经验总结资料； 学校、家庭、社会形成教育合力的计划与实施资料； 家委会名册、活动过程资料。	4			
		23. 以"两纲教育"为主线，组织学生参加各类主题活动。学生的行为规范教育落实、组织学生参加社会活动。	德育活动的设计与实施资料； 行为规范教育的资料。	4			
		24. 注重班主任、少先队辅导员队伍建设，建立培训、考核、激励等制度。	培训、学习、工作交流、考核、考核激励等制度，实施的过程资料； 班集体(少先队)建设的措施和经验资料。	4			

一级指标	二级指标	基本要求	学校需提供的实证资料	评分参考			
				分值	自评	测评	备注
四、教育教学（28分）	8.德育工作（16分）	25.注重校园文化建设。注重校风、教风、学风的培育；校园环境卫生、整洁。	校园文化建设措施；校园文化活动资料。	4			
五、安全卫生（10分）	9.安全	※26.校舍安全，无危房。学校有消防、安全设施设备，教学大楼消防通道畅通。学校无安全、重大食物中毒等责任事故，传染病流行有监控机制。	房屋质量检测部门出具的校舍安全可使用的报告；租用厂房等非教育用房作校舍的，应由消防部门出具检测合格的报告，消防器材齐全；校舍的消防通道、火警避险逃生指示图；常用消防、安全设施设备放置平面图；传染病流行有监控机制、过程资料（隔离、报告、善后等）。	※			
	10.教育与管理（10分）	27.对师生进行安全、卫生教育，建立健全相关制度。有应对各类重大事故的应急预案，形成应急工作机制。	安全卫生教育制度、宣传教育资料和实施记录，安全卫生防范工作的组织领导、工作机制建设的相关文本；重大事故的应急预案与应急机制文本；重大事故的应急逃生演练工作计划与实施情况资料。	6			

一级指标	二级指标	基本要求	学校需提供的实证资料	评分参考			
				分值	自评	测评	备注
五、安全卫生（10分）	10. 教育与管理（10分）	28. 学校有饮水卫生设施；食堂持证。	饮用水供应方资质，供应协议，硬件；食堂的餐饮服务许可证；食堂工作管理、流程（社会化服务单位的供应方资质，供应协议）；饭菜生产流程、供应流程。	4			

二、发展性评估指标（总分50分）

一级指标	基本要求	学校需提供的资料	评分参考			
			分值	自评	测评	备注
一、制定与实施学校发展规划（10分）	1. 办学目标明确，制定符合学校实际的发展规划。分阶段目标与举措具体、可测性强，并建立相应的硬件和软件方面的保障措施。	学校发展规划。	4			
	2. 学校内涵发展的重点和特色项目具体明确。	重点项目和特色项目。	2			
	3. 学校发展规划得到学校管理者、教师、学生、家长的普遍认同。	发展规划制定的过程资料。	2			
	4. 建立符合本校实际的学校自评制度。发挥自评在学校发展中的反馈调控、导向激励等功能。	自评制度、有关资料。	2			

一级指标	基本要求	学校需提供的资料	评分参考			
			分值	自评	测评	备注
二、学校管理与运行机制（10分）	5. 学校管理机构设置合理，部门工作主动性强，能形成工作合力。建立各个部门岗位责任制，制度完善，措施配套，操作性强。	制度实施的过程资料。	3			
	6. 建立以规划目标达成和实施过程努力程度为核心的考核机制。		3			
	7. 充分发挥党组织的政治核心作用，发挥教职工代表大会在学校管理中的民主监督作用。维护教职工和学生的合法权益。		2			
	8. 实施民主管理，落实校务公开制度；建立家委会和家长参与学校管理制度，加强学校与家庭、社区沟通联系的机制。		2			
*三、教师专业发展与师德建设（20分）	9. 重视教师职业道德建设，引导教师形成正确的教育观、质量观与人才观，为人师表、敬业爱生。	师德教育的计划、总结过程资料。	5			
	10. 学校制订干部队伍建设和教师专业发展计划，健全培训机制。以培训全体教师为目标，培养骨干教师、学科带头人为重点，构建学习共同体，促进不同层次教师专业素养的提升。	教师专业发展规划。	5			
	11. 以提高教学质量为重点，完善校本培训、校本教研、校本科研制度，提升教师教学能力和专业水平。	教师专业发展的资料。	5			
	12. 制定有利于教师专业发展的激励措施与奖励机制。	相关制度文本。	5			

一级指标	基本要求	学校需提供的资料	评分参考			
			分值	自评	测评	备注
*四、课程教学与办学特色(20分)	13. 根据学校实际,有效实施国家课程,满足学生发展需求。积极利用、开发、整合学校内外的课程资源,形成有学校特色的课程实施方案。突出学生的主体作用,关注每个学生的学习进步与成长。	课程方案、校本课程等相关资料。	6			
	14. 积极探索课堂教学方式与手段的改革,注重信息技术在教育教学活动中的合理运用。		4			
	15. 建立切实有效的教学质量分析、监控机制。教学质量提升明显。		4			
	16. 实施学生发展性学业评价,注重学生学业评价的过程性、多元性和多样性。	实施资料;评价机制;过程资料。	3			
	17. 构建教师教学评价体系,通过教学评价促使教师不断改进课堂教学。		3			
*五、校园文化(20分)	18. 注重创设富有教育性校园环境,具有浓厚的校园文化氛围。教师间、学生间、师生间形成了和谐向上的人际氛围。	建设规划;活动计划、总结和过程资料。	5			
	19. 学校开展各类读书、体育、艺术、科技等主题活动,学生校园生活丰富多彩。		5			
	20. 学校领导注重与教职工的沟通交流和平等对话,注重学校文化的培育,倡导"互信、互动、共创、共享"良好的教师团队合作精神。		5			
	21. 学校有惠及全体学生的特色项目。		5			

一级指标	基本要求	学校需提供的资料	评分参考			
			分值	自评	测评	备注
六、办学成效(10分)	22. 学生行为规范;学习习惯基本养成;学业成绩有进步;身心发育良好。	学籍管理档案;卫生(健康)档案。	5			
	23. 家长评价满意度≥80%;社区评价满意度≥80%。		5			

评估指标分值和评估结果标准的说明:

1. 本评估指标体系包括基础性评估指标和发展性评估指标。基础性指标共设有6项一级指标,10项二级指标,基本要求28项。其中:带"※"的基本要求有3项,作为"阈值",有其中之一不合格者,则取消申报办学绩效评估资格。发展性指标共设6大项一级指标,旨在引导学校按照指标的内涵要求,制定学校发展性规划,提高学校教育质量与办学水平。首轮评估时,打"＊"的3项一级指标(教师专业发展与师德建设、课程教学与办学特色、校园文化)可由学校结合校情,重点选择一个方面来阐述学校已经取得的成效或形成的特色。

2. 评估指标采用150分制。基础性评估指标总分值100分,发展性评估指标分值50分,两项总分150分。

3. 基础性评估指标中的28项基本要求和发展性指标中的23项基本要求,我们都给出了参考分值,按权重分为5个档次。根据基本要求认为"很好"的得满分,"较好"的得80%,"一般"的得60%,"较差"的得40%,"差"的得20%,未开展或没有任何资料的不得分,经每项指标的得分相加,得出基础性评估分值和发展性评估分值,两者相加形成最后总分。

4. 市级"办学绩效评估优良学校"和区级"办学绩效评估优良学校"均根据实地评估情况,按照规定的比例,从高分到低分择优推荐。

第二节 上海市实验性示范性高中评审的方案和指标评析

一、上海市实验性示范性高中评审的总体概况

(一)实施背景

20世纪90年代末,为贯彻落实《中共中央、国务院关于深化教育改革全面推进素质教育的决定》的精神,教育部颁发《关于积极推进高中阶段教育事业发展的若干意见》(教基[1999]12号),提出为适应普及九年义务教育后人民群众对高中阶段教育日益增长的需求,缓解初中升学压力,创造全面推进素质教育的良好环

境,各地教育行政部门要在确保实现"两基"目标和巩固提高的基础上,重视发展高中阶段教育事业。各省、自治区、直辖市可以根据本地经济、社会发展实际,在加快发展、扩大规模的同时,努力提高教育质量和办学效益。

上海在 20 世纪 90 年代,提出"科教兴市"和"可持续发展"战略,为适应上海社会主义现代化国际中心城市建设的需要,适应 21 世纪知识经济、社会进步和人自身发展的需求,上海教育也面临新的挑战和要求,明确了"努力建设与一流城市相适应的一流教育"的目标。

正是在这一总体要求的指引下,上海为应对高中生入学人口高峰期的到来,以及人民对高中教育需求的明显增强,适时地启动了上海市实验性示范性高中的创建工作。期望通过评审命名一批上海市实验性示范性高中,形成一批高质量、高水平的高中学校群体,引导学校构建现代学校制度,形成可持续发展的机制和办学特色,并充分发挥其示范辐射作用。

（二）主要内容

上海推进实验性示范性高中建设工程的目标是:逐步建构起"现代学校发展"的框架系统,它既包括以学校为主体的,对走向"现代学校"的追求;也包括以政府为主体的,以促进学校发展为目标的"现代管理"的追求;还包括如何构建一个社会化、开放型、发展性"现代学校评估机制"的探索。①

上海市实验性示范性高中评审采取"三步走"的阶梯式评审策略,将整个评审过程分为规划评审、中期检查、总结性评审三个阶段。1999 年 4 月,上海市教委发布《关于本市开展"实验性示范性高中"规划评审的意见》(沪教委基[1999]28号),提出了规划评审的具体要求和操作细则。2003 年市教委又发文《关于实施上海市实验性示范性高中总结性评审工作的意见》(沪教委基[2003]82 号),对评审组织机构、内容、程序、方式等作了详细阐述。在完成首批实验性示范性高中的评审工作之后,2004 年市教委对整个实验性示范性高中建设进行了系统梳理,总结性地概述了评审工作旨在"积极探索并形成向社会开放的发展性的现代学校评估体系",并明确指出,实验性示范性高中评审实行实验性示范性高中评估工作社会评价和政府评价相结合的机制,在学校申报和区(县)教育行政部门审核推荐的基础上,市教委组织专家组或委托社会行业评估机构,按照"学校规划评审、规划实施中期检查、规划实施总结性评审"的程序,对学校进行全面评估。②

在规划评审阶段,凡是本市范围内的普通高级中学、普通完全中学高中部及综合性高中,都可申请参加实验性示范性高中规划评审。申请学校必须首先制定实验性示范性高中规划,规划要有 3—5 年发展目标与具体的分步实施步骤及操作要点,然后向市教委提出规划评审申请。之后,市教委组织有关职能部门和专家对学

---

① 朱怡华:《建设现代学校主动发展的广阔平台(上)》,《中小学管理》2005 年第 4 期,第 11-13 页。
② 上海市教育委员会:《关于进一步推进本市实验性示范性高中建设的若干意见》(沪教委基[2004]76 号)。

校的规划进行评审。评审包括审查书面报告、听取学校汇报、实地察看、座谈、随访等，对规划的示范性、科学性与合理性作出评价。市教委依据专家组评审意见，作出通过或暂缓通过规划评审的结论。通过规划评审的学校应根据评审意见认真执行规划，暂缓通过的学校应按改进意见认真修改规划，半年以后方可重新申报。

在学校实施规划的过程中，市教委适时组织专家组对学校实施规划的落实情况进行中期检查，对规划实施情况、阶段性成果、示范辐射的业绩等情况进行过程性评估。通过中期检查评估后，规划实施情况较好、发挥示范辐射作用良好和社会反响较好的学校可进入规划实施总结性评审阶段。

市教委组织专家组以及由区(县)教育行政部门确定的专家组成的观察评审组，分期分批对创建实验性示范性高中的学校进行规划实施情况的总结性评审。经市教委审定，对专家组评审通过的学校上网公示，在广泛听取区(县)、学校的意见后，经市实验性示范性高中评估领导小组审核，由上海市教育委员会命名为"上海市实验性示范性高中"，并予以公布。

二、上海市实验性示范性高中评审的主要特点

(一) 先实验，后示范，关注过程

上海市实验性示范性高中评审的核心理念就是"先实验，后示范"，即以课题研究促进学校发展，通过实验项目的实施，体现学校教育思想和办学理念的提升，带动课程教学改革，统领学校各项工作，全面推进素质教育。学校紧扣当前高中教育教学改革的热点、难点问题，结合本校生源特点，对学校自身发展需求和问题现状进行系统思考，挖掘改革创新点，分析发展趋势后进而确立实验项目。通过科学有效的教育实验设计，积极探索高中阶段创新人才培养的规律和模式，将教育实验项目作为推动学校发展的有效动力。为此，在上海市实验性示范性高中评审指标中，将教育改革实验项目与办学特色作为单独的一项指标加以强调，以体现实验性示范性高中"实验先导"的要求。实验先导的思想内核实际上就是"过程性"，对于学校建设成效的总结性评审更关注学校自身的纵向发展，关注学校确立的教育改革和实验项目的实施过程。

所有申请参加评审的学校都有不同的办学历史、文化积淀、改革基础和实验条件，学校的生存方式各有差异，学校发展模式多元，学校的教育质量有别，学校的发展速度各异，实验性示范性高中建设正是在学校生存过程中追求学校"生命"高质量和高效益的过程。在迎接挑战中学会生存，在生存过程中追求生命的质量，在追求学校生命质量的过程中走向明天的辉煌。[1] 实验性示范性高中评审强调"过程性"以及过程中校长素质与能力的提高，学校可持续发展机制的建立与成熟。

---

① 余利惠、朱怡华：《走向明天——上海市实验性示范性高中建设述评》，《教育发展研究》2002 年第7-8期，第53-58 页。

（二）规划引领，激发主动性

上海市实验性示范性高中评审的一项基本特征是以学校发展规划的制订为抓手引领学校自主发展。评审中突出了发展规划的制定要求，在规划评审阶段要求学校自己制订3—5年的发展规划，学校需要对学校现状有全面和深刻的分析，明确规划制订的起点，同时规划要体现学校改革发展的长远目标及阶段性目标，办学目标要有可操作性的措施，将规划层层落实到教师的操作层面。规划要有重点举措，有体现学校个性特色的、统领全校的实验性项目。在学校规划的制订过程中要体现民主性，师生参与度高。[①]

引导学校校长树立办学主体意识，形成自主发展、自我完善的长效机制，持续提升学校办学水平和教育质量。通过规划引领，把过去外在的行政命令式的驱动转化为一种内在的驱动，它更加注重的是一种自理自律、自主发展。这种自理自律、自主发展是需要培育的，要把发展从外力变成内力，关键的第一步就是要激活学校自身的发展愿望。任何有志于在高中教育领域改革创新、实施素质教育的学校都可申请参加实验性示范性高中的评审，都有可能成为市实验性示范性高中。在如此开放的政策下，摒弃行政指令，让实验性示范性高中建设成为学校的一种主体行为。只有当改革与探索真正成为学校的主动需求时，才可能激发起学校发展中无限的潜能和创造力。为此，上海在实验性示范性高中评审中确立规划评审的重要思想，学校制订发展规划、主动建设，政府则积极引导、提供专业支持，以专业性的评审为导向，充分激发学校创建上海市实验性示范性高中的主动性。

（三）积极探索开放式评审

实验性示范性高中评审的评审过程是分析学校优劣、发掘学校潜力、选准学校最近发展区和生长点、指导学校逐步形成特色，为此这种带有指导性的评审是开放式的，是建立在评审专家与被评审学校双方信任、沟通和合作的伙伴关系之上的。此外，专家队伍本身的构成也是多元的，不仅有基础教育系统的专家，还有高等教育、科研机构的专家学者参与。在评审的各个阶段都有专家和学校互动交流，形成了一个联合研究攻关、理论与实践相结合的良好机制。

评审的开放性还体现评审程序设计的细节中。每所学校的规划评审都作为一个全市高中教育改革的展示和交流平台，当学校向专家组报告创建规划，展示实施方案，提问答辩时，都邀请全市的兄弟学校列席旁听、观摩。在这种全面总结和展示一所学校已有办学成效和未来发展蓝图的校际交流活动中，所有学校都能汲取营养，开阔视野，启迪思路，深化改革。[②] 评审还注重调动教师、学生、家长、社区、

---

① 上海市教育委员会：《关于本市开展"实验性示范性高中"规划评审的意见》（沪教委基[1999]28号）。

② 余利惠、朱怡华：《走向明天——上海市实验性示范性高中建设述评》，《教育发展研究》2002年第7—8期，第53—58页。

用人单位等利益相关者的积极性。评审结论公示后,享有知情权或关心学校发展的人都能及时获得评审结果。

三、对上海市实验性示范性高中评审的思考

(一)评审指标内涵的继承与发展

上海市实验性示范性高中评审的总结性评审指标是在 2003 年由上海市教委发文后确定,在第一批市实验性示范性高中总结性评审中使用,并一直沿用至今,先后历经多轮次的评审,涉及 50 多所高中学校。该评审指标包括以下八个方面:1. 办学思想与发展规划。2. 学校组织和管理。3. 办学条件。4. 教师队伍建设。5. 课程与教学。6. 学生发展。7. 教育改革实验与办学特色。8. 对外交流与合作。这些指标是当时高中教育的关键点和敏感指标,具有鲜明的时代性和导向性。

然而,在国家和上海的中长期教育改革和发展规划纲要已颁布的新的历史时期,我们对实验性示范性高中的基本定位没有变,但是随着时代变迁和教育发展,实验性示范性高中的内涵在深化,为此应对实验性示范性高中的评审指标重新审视,既要继承传统、保持延续性,又要与时俱进、体现发展性。例如学校在基本的组织管理、办学条件创设等方面基本达标,对课程建设的认识也远远超过了 2003 年的水平,而办学特色等方面仍存在不足。总而言之,任何一项评审,都需要在不同的发展阶段对评审指标的内涵进行新的诠释和补充。

(二)评审后续工作的系统设计

最初,上海市实验性示范性高中评审试图设计成一种开放系统,实验性示范性高中称号不是终身制,当一所学校丧失了它的实验性和示范性时,它将不再享有这一称号,而那些经过实验并取得成果,具备了示范性的学校,可以不断进入实验性示范性高中的行列。但这在实际操作过程中似乎很难落实,在有关文件中也并未涉及市实验性示范性高中退出机制的阐述。在三年的评审周期中,通过规划评审、中期检查和总结性评审的一系列过程,学校在评审专家的指导和自身发展的压力下,教育教学质量确实稳步提升;三年的评审周期后,虽对于命名后的实验性示范性高中应当发挥的示范辐射任务有相关文件要求,但仅仅是软性规定,没有硬性要求。为此,评审的后续工作需要系统设计,实验性示范性高中如何成为提升高中办学质量的引领者和实践高中教育改革的探索者,激发持续发展潜能,充分发挥示范辐射作用,保证学校可持续地发展,诸如此类的问题还需进一步研究。

附件 1:《关于本市开展"实验性示范性高中"规划评审的意见》(节选)

附件 2:《上海市教育委员会关于实施上海市实验性示范性高中总结性评审工作的意见》(节选)

附件 3:《上海市教育委员会关于进一步推进本市实验性示范性高中建设的若干意见》(节选)

附件 1:
关于本市开展"实验性示范性高中"规划评审的意见(节选)

各区(县)教育局,浦东新区社会发展局:

为了进一步推进本市"实验性示范性高中"建设工作,现决定从 1999 年 4 月起启动上海市"实验性示范性高中"规划评审工作。现将规划评审的意见通知如下:

一、关于"实验性示范性高中"的概念界定

"实验性示范性高中"是指努力实施以创新精神和实践能力为核心的素质教育,在学校教育、管理等方面积极开展改革实验,有比较成熟的成果与经验,学校办学目标明确,办学条件能满足教育教学需要,办学水平较高,能对其他学校能起示范、辐射作用的普通高中。

二、"实验性示范性高中"规划评审步骤

1. 在本市范围内的普通高级中学、普通完全中学高中部及综合性高中,经所在区(县)教育局审核同意后,都可参加"实验性示范性高中"规划评审。

2. 学校应按评审要求首先制定"实验性示范性高中"规划,规划要有 3—5 年发展目标与具体的分步实施步骤及操作要点,然后向市教委提出规划评审申请。

3. 市教委接到学校提出的申请后,组织有关职能部门和专家对学校上报的规划方案进行评审。评审包括审查书面报告、听取学校汇报、实施察看、座谈、随访等。在收集信息的基础上对规划的示范性、科学性与合理性作出审定。

4. 市教委依据专家组(含市教委有关职能部门)的审定意见,作出通过或暂缓通过规划评审的结论。对暂缓通过规划评审的学校可在审定意见中提出改进意见。

5. 通过规划评审的学校应根据评审意见,认真按规划执行,凡通过规划评审并积极实施的学校,由市教委终审认定为上海市"实验性示范性高中"。暂缓通过的学校应按改进意见认真修改规划,半年以后方可重新申报。

三、"实验性示范性高中"规划评审要求

评审"实验性示范性高中"规划主要从以下几方面进行:

1. 学校应对开展素质教育实践的现状作出分析,认真总结这方面的成果、经验和不足。在此基础上,学校要进一步提出以培养学生创新精神和实践能力为核心,全面推进素质教育的实施方案。主要包括:

(1)学校有明确的办学目标,有教育教学改革的设想及工作步骤。

(2)学校在全面实施素质教育中把德育工作放在重要地位,有明确的德育目标和工作机制,有较高的德育工作水平和实效。

(3)学校在全面实施素质教育的实践中能以教育科研与实验项目为突破口和抓手,并整合各项改革,促进全校的整体发展。学校的科研与实验项目具有先进

性、科学性与可行性。

先进性是指科研与实验项目能反映时代发展的特征与教育改革的趋势,站在改革的前沿,具有现实意义与理论价值。

科学性是指科研与实验项目目标明确,设计合理,方法使用恰当,符合教育规律,具有逻辑性与严密性。

可行性是指科研与实验项目操作明确,在教育教学实践中被学校师生接受与运用,并确有实效。

2. 校长应有与学校全面推进素质教育实施方案相吻合的办学思想,包括学校的办学思路、办学策略以及对学生的角色地位、教育教学过程等的认识与观点。

3. 学校能规范地遵守与各项管理规程有关的政策法规,无违规的办学行为。同时,学校又有一定的自我发展能力,在办学实践中能积极争取社会多方面的支持,改善教育条件,办学能力能有所提高。

4. 学校具有支持全面实施素质教育的保障系统。主要包括:

(1) 学校内部基本形成科学与民主相结合的管理体制与运行机制,有健全的常规规章制度与管理文件。学校管理规章制度转化为师生员工自觉行为的程度较高,教师与学生能积极参与学校的管理,学生在校内生活中基本做到“自主、自治、自理”,具有较强的参与能力与良好的行为规范。

(2) 学校有与全面实施素质教育相匹配的硬件设备,包括场地、教室、仪器、设备与相应的现代教育技术和手段。在硬件设置上能体现学校的办学思想与特色,并有较高的使用率。

(3) 学校重视在教学实践中对教师的培养和提高,有校内培训和有利于青年教师成长的机制,有有利于骨干教师形成个人教学风格与特长的氛围,有较强的干部与教师队伍。具有向其他学校输出干部与骨干教师,或者接受其他学校干部、教师前来培训与挂职锻炼的条件。

四、“实验性示范性高中”规划评审的实施

1. 组织领导。市教委成立“实验性示范性高中”规划评审领导小组。领导小组成员由有关处室人员组成。领导小组下设办公室。办公室办公地点设在市教委基础教育办公室,负责“实验性示范性高中”规划评审的日常工作。同时成立专家论证小组,负责“实验性示范性高中”规划论证工作。

2. 申报程序。“实验性示范性高中”规划评审的申报顺序为:学校向所在区(县)教育局申报,经区(县)教育局审核同意后,由区(县)教育局报市教委。

3. 日程安排。(略)

上海市教育委员会
1999 年 4 月 5 日

附件2：

上海市教育委员会关于实施上海市实验性示范性
高中总结性评审工作的意见(节选)

各区(县)教育局、浦东新区社会发展局及有关局、公司教育处：

  为认真贯彻落实全国高中教育工作会议精神,进一步推进本市实验性示范性高中建设,引导学校以基础教育现代化建设为中心,构建现代学校制度,形成持续发展的机制和办学的特色,充分发挥示范和辐射作用,推动本市高中教育改革与发展,促进本市高中整体办学质量的提高,本市将开展实验性示范性高中总结性评审工作。通过评审命名一批上海市实验性示范性高中,形成一批高质量、高水平的高中学校群体,并发挥其示范作用。现就实验性示范性高中总结性评审工作提出如下意见：

  一、评审机构

  1. 成立上海市实验性示范性高中评审工作领导小组,全面领导实验性示范性高中的评审工作。领导小组下设办公室(设在市教委基础教育处),具体负责学校规划实施情况总结性评审的组织工作。

  2. 成立上海市实验性示范性高中评审专家指导委员会,全面指导对学校的总结性评审工作。

  二、评审内容

  1. 尊重学校的主体性,以学校原有发展规划为依据,考察学校各项规划措施的达成度和新发展,以及实验性示范性办学特色的形成情况。

  2. 根据教育部和市教委关于实验性示范性高中建设的具体要求,结合本市高中教育发展的目标,以课程建设、教师专业发展、特色学科培育、基于现代学校制度的学校管理为生长点,在对照的基础上寻找差距,提出学校下一阶段的办学目标和办学规划。

  三、评审程序和要求

  1. 通过实验性示范性高中规划评审、中期检查的学校,根据规划完成情况,经区(县)教育行政部门批准后,向市实验性示范性高中评审领导小组办公室申报参加总结性评审。

  2. 市实验性示范性高中评审领导小组办公室在对申报学校进行资质认定后,组织专家组开展对学校的评审工作,并在网上公布参加总结性评审的学校、评审日期和评审专家组名单。

  3. 申请评审的学校先要写出自评报告,内容包括：学校实验性示范性高中规划达成情况及新的发展,已经形成的具有实验性示范性的办学特色介绍,学校下一轮办学目标与发展规划。

  4. 自评报告在学校评审前一周送至评审专家组进行审阅。

5. 专家组工作要求。专家需事先审读自评报告，并根据分工做好工作预案。专家组对学校的现场评审为期两天。第一天上午，学校校长介绍自评报告(45分钟)，专家询问；第一天下午与第二天上午，专家分别搜集评审信息，主要形式：查阅资料、现场考察、听课、巡视、个别访谈、座谈会、问卷调查等；第二天下午专家组汇总情况，讨论。

6. 观察评审员工作要求。为加强评价工作的客观性和公正性，本市各区(县)教育局派一名观察评审员参加评价活动。观察评审员需事先审读学校自评报告，参加学校的现场评价和搜集信息活动，在第二天下午汇总情况、讨论。

7. 市实验性示范性高中评审领导小组根据专家组的评审意见和投票情况，以及区(县)观察评审员的投票情况，讨论审议上海市实验性示范性高中，并将提议通过的上海市实验性示范性高中学校名单网上公示。

8. 市教委根据领导小组意见和网上公示情况，讨论并决定上海市实验性示范性高中学校名单。

四、评审方式

上海市实验性示范性高中总结性评审采用专家组与区(县)观察评审员共同进行现场评审。

1. 专家组分成三组。任务分别为：第一组考察学校办学理念、教育改革实验项目、实验性示范性办学特色、下阶段发展规划情况。第二组考察学校德育工作、课程建设、课堂教学改革、特色学科培育情况。第三组考察学校师资队伍建设、学校管理、办学条件方面的情况。小组的工作既有分工，又有合作，并在每人充分发表意见的基础上写出小组评审意见，汇成学校总结性评审报告。

2. 本次评审实行专家工作报告制度。每位专家在审读学校报告后，根据自己的分组和分工，需对自己担负的任务制订工作预案，提出明确的评审内容和相应采用的方法(包括查阅资料、现场考察、听课、巡视、个别访谈、座谈会、问卷调查等)，并填写专家评价工作单。

3. 每位专家必须至少听2节随堂课，负责课程、教学评价的专家则需听3节以上的随堂课。

4. 市实验性示范性高中评审领导小组办公室将提供一份统一的学生和家长调查问卷，评价专家组于评审第一天交所评学校的学生会，由学生会组织学生和家长填写，第二天将问卷回收给专家组。

5. 各位专家与小组评审情况、听课情况以及问卷调查情况作为专家组汇总评审意见、投票时的依据。

6. 专家投票工作将在评审几所学校并作比较后进行。

五、学校自评报告格式与要求

学校自评报告内容包括：

1. 学校规划达成情况及新的发展方面的报告。针对规划中各方面的目标逐条对照,写清楚各项目标及其措施的实施和达成情况,包括对原有规划的调整、修改与补充,以及已经形成的具有实验性示范性办学特色的介绍。

2. 根据本市高中改革与发展的目标,提出学校下一轮办学目标和发展规划。

六、评审日程安排(略)

附:1.上海市实验性示范性普通高中评估检测要素
　　2.上海市实验性示范性高中总结性评审工作表(略)

上海市教育委员会

2003 年 10 月 15 日

附1:上海市实验性示范性普通高中评估检测要素

一、办学思想与发展规划

1. 办学思想。

2. 学校主体性发展意识与规划制订实施情况。

二、学校组织和管理

1. 学校组织机构与运行情况。

2. 学校规章制度与实施情况。

3. 学校领导班子组成、作风和民主监督。

4. 学校依法办学的表现。

三、办学条件

1. 校舍、场地、设备。

2. 经费与使用效益。

3. 图书资料中心的建设与使用。

4. 现代信息设备建设与使用。

5. 其他教学资源的开发。

6. 校园环境和文化建设。

四、教师队伍建设

1. 教师的数量和质量。

2. 教师评价制度。

3. 在职进修和专业化发展的支持。

五、课程与教学

1. 课程意识和学校课程建设。

2. 实施国家课程情况。

3. 课程与教学管理。

4. 学校教研制度。

5. 课堂教学改革。

6. 学生学习指导。

7. 学业管理和评价。

六、学生发展

1. 道德品质。

2. 学习能力。

3. 学科素养。

4. 合作与交往能力。

七、教育改革实验与办学特色

1. 教改项目与实施。

2. 教改成果与经验。

3. 办学特色。

4. 示范与辐射作用。

八、对外交流与合作

1. 学校与社区的沟通和交流。

2. 学校与家长的联系。

3. 学校与兄弟学校的交流与合作。

4. 国际交流和合作。

附件3：

上海市教育委员会关于进一步推进
本市实验性示范性高中建设的若干意见(节选)

各区(县)教育局、浦东新区社会发展局,有关局、公司教育处:

根据《国务院关于〈中国教育改革和发展纲要〉的实施意见》(国发[1994]39号)、《国务院关于基础教育改革与发展决定》(国发[2001]21号)中"各地要建设一批实施素质教育的示范性普通高中"的精神,为促进本市高中教育改革和发展,提升上海基础教育整体水平,实现上海市教育工作会议提出的"到2010年率先基本实现教育现代化"的目标,现对进一步推进本市实验性示范性高中建设提出如下意见:

一、充分认识实验性示范性高中建设的意义,促进率先基本实现上海基础教育现代化

实验性示范性高中建设是上海基础教育现代化建设的重要组成部分。要通过上海市实验性示范性高中建设,在高中教育阶段形成一支学校教育改革的先锋队,一支攻克素质教育难题的攻坚队,形成普通高中学校改革与发展的导向机制和激励机制,全面推进素质教育,持续提高普通高中教育质量。实验性示范性高中建设要以现代教育理念为指导,积极开展教育科学实验,通过学校教育改革和科学实验提高学校整体办学水平;要通过实验性示范性高中建设,促进校长队伍建设和校长专业发展,要在教育思想、实验项目、课程建设、管理水平、教师发展、教育质量等方面创造出对本市基础教育阶段各类学校提高办学水平具有示范辐射作用的新鲜经验,带动高中教育的整体发展与提高;要加强与国际教育、文化的交流,以进一步提升上海基础教育的整体水平,促进本市率先基本实现基础教育现代化。

二、通过实验性示范性高中建设,促进学校积极探索现代学校制度建设,形成依法自主发展的机制

实验性示范性高中建设要以学校为主体,积极探索并建立以发展为目标的现代学校制度,提升学校主动发展的意识与能力,形成上海高中教育的可持续发展机制。要通过教育创新和制度创新解决学校实施素质教育的实际问题,鼓励各类高中通过办学创新,提升办学水平,形成学校办学特色。

三、充分发挥实验性示范性高中的"领头羊"作用,促进上海基础教育的内涵发展

要通过实验性示范性高中建设,在促进学校形成依法治校、自我约束、自主发展的内驱机制的同时,对全市高中教育起示范、辐射和引领作用。实验性示范性高中要主动传播先进的教育思想、管理经验和教育成果;要坚持以学生发展为本,教书育人,不断加强和改进学校的德育工作,提高德育工作的主动性、针对性和有效性,促进学生思想道德素质和综合素质的提高;要积极探索和研究有效减轻学生过重的课业负担,改革和改进教学的策略、方法和手段,提高课堂教学的效率和质量,并指导学生养成良好的学习方法和学习习惯,提高学生的学习成效,在减负增效方面发挥表率作用;要积极主动承担国家和市基础教育改革的实验任务,举办市公开主题活动,充分发挥示范和辐射作用;要成为市教育科学实验研究的基地学校,培养和输送骨干校长与优秀教师的摇篮;要积极承担帮助相对困难学校的对口支援工作,要在师资、教研、教学设施等教育资源方面提供支持,帮助对口学校提高办学水平,促进本市基础教育的改革和发展;要在推动本地区社区先进文化建设中发挥积极作用,并形成学校办学特色。

四、认真落实实验性示范性高中建设的各项任务

实验性示范性高中应承担以下基本任务:

(一)实验性示范性高中在新一轮建设过程中应主动承担国家和市基础教育改革实验任务,通过教育改革实验,推进基础教育的改革与发展。主要项目有:

1. 教育国际化、信息化和教育现代化背景下现代学校主体性发展研究与实践。

2. 未成年人思想道德教育与健康人格培养的针对性和有效性的研究与实践。

3. 创造性实施新课程,综合开发学校课程(包括实践系列、社团活动等)及学校校本教研的研究与实践。

4. 改革课堂教与学的模式,提高教学效率和质量,改进学生学习方式的研究与实践。

5. 学校学生综合素质评价、教师评价制度建设的研究与实践。

6. 学校人力资源的开发、使用、提高与辐射的研究与实践。

7. 学校教育科研与教育改革实验。

8. 寄宿制高中等办学规模较大学校的高效管理的研究与实践。

实验性示范性高中应结合学校实际,确定新一轮建设过程中的学校教育改革重点实验项目,并与所在区(县)教育行政部门签订教育科学研究、实验与示范任务和目标的承诺;市教委将开辟"实验性示范性高中教育实验与示范活动专题网站",进一步增强实验性示范性高中建设的开放性与透明度,为学校提供展示与交流平台,供社会了解、监督与评价。

(二)实验性示范性高中在实验的基础上要承担示范任务

1. 实验性示范性高中每学年应承担一次及以上对全市的教育改革公开展示活动,展示学校的实验项目与成果,活动主题与举行时间由学校自主申报,区(县)教育行政部门统筹安排,向全市公布,并报市教委备案。

2. 实验性示范性高中应成为上海市中小学校校长和教师培训的实训基地,根据需要接受校长、教师和学校管理人员的实训指导任务。

3. 实验性示范性高中应具有强势学科与教育教学特色,并作为学科教育研究基地,通过对社区其他学校的辐射与指导,为提高本市基础教育水平作出贡献。

4. 实验性示范性高中应承担支持办学相对困难学校的责任,必须承担办学相对困难学校(其中一所是该区对口支援的郊区困难学校)的带教工作,并将带教学校的评估情况纳入学校实验性示范性高中建设评估指标。

实验性示范性高中的具体示范任务,由各校所属区(县)教育行政部门根据本地区实际制订和确定。实验性示范性高中的示范活动与效果纳入学校评估范围,评价方式将更多地采用现代信息技术手段,并引入校外同行与社区、家长的评估。

5. 实验性示范性高中应承担国家和市级教育改革的实验及有关任务等。

五、积极探索并形成向社会开放的发展性的现代学校评估体系

实验性示范性高中的评估,要以教育部《普通高中发展性评估标准》为指导,根据《上海市实验性示范性高中建设要求》,实行实验性示范性高中评估工作社会评价和政府评价相结合的机制,在学校申报和区(县)教育行政部门审核推荐的基础上,市教委组织专家组或委托社会行业评估机构,按照"学校规划评审、规划实施中期检查、规划实施总结性评审"的程序,对学校进行全面评估。

实验性示范性高中评估贯彻以下原则:

1. 发展性原则。实验性示范性高中建设既要评估学校现有的办学水平和教育质量,更要引导学校通过学校规划制订、学校教育实验项目确立、教师队伍建设和教师专业发展、学校课程建设、学校管理等方面形成自我发展、自我完善的机制,促进学校可持续发展。

2. 过程性原则。实验性示范性高中建设要充分关注学校建设和发展过程,要积极引导学校反思现状,调整和修正办学策略,寻找学校发展的新增长点,使实验性示范性高中评估过程成为学校建设持续发展的过程,以激励学校积极投入到实验性示范性高中的创建过程中去。

3. 示范性原则。实验性示范性高中建设要根据"先实验,后示范"的基本原则,充分注重学校教育实验项目的价值取向,注重全面贯彻党的教育方针,全面实施素质教育,带动本市高中教育质量和办学水平整体提高方面的示范作用和辐射效应。

六、建立实验性示范性高中建设常态管理机制

实验性示范性高中建设实行常态管理,以形成学校持续发展、多元评价、社会监督的机制。

1. 建立新一轮的学校发展规划制度。凡命名为实验性示范性高中的学校,需制定新一轮3—5年的学校发展规划,并建立以规划推动学校发展的机制。同时,要与学校规划实施和完成的情况、校长任期目标考核制相结合。

2. 建立实验性示范性高中的申报、评估、年检、公布以及退出等制度。市教委在学校认真自评和区(县)审核推荐的基础上组织专家或委托社会专业评估机构对学校进行全面评估,通过评估的学校,由上海市教育委员会授予"上海市实验性示范性高中"称号,并进入下一轮发展规划评审与实施。

3. 建立实验性示范性高中年检制度。实验性示范性高中必须严格依法办学,遵守各项教育法规、法令和政策,如有违反教育法律法规和政策的情况发生,经查实后向社会公布并予以限期整改,情节严重者将被取消其实验性示范性高中资格。

4. 学校应建立和完善自我评价机制,并积极配合教育管理部门的随访、年检、督学以及外部评估组织对学校实施的评估。

5. 实行实验性示范性高中评估结果向社会公布制度,为社会公众提供普通高中教育改革与实施素质教育的信息,引导社会树立正确的高中教育质量观。

6. 建立实验性示范性高中的实验项目、示范项目与活动年报制,并将有关信息上网公示,实行教育研究专业部门评价、指导与社会监督、评价相结合的评估制度。

区(县)实验性示范性高中建设由区(县)根据上海市实验性示范性高中建设的意见,制订具体的发展规划和操作办法,并结合区(县)实际予以实施。区(县)实验性示范性高中要与区(县)高中数保持合适比例。

实施实验性示范性高中建设,宗旨是引领普通高中全面实施素质教育,原有市、区(县)重点中学的历史任务已经完成,今后市、区(县)教育行政部门也不再命名市、区(县)重点中学。对命名为市、区(县)实验性示范性高中的学校,各级教育行政部门要积极创设环境,要切实加强对实验性示范性高中的指导、支持、鼓励学校不断探索,发挥其实验和示范辐射作用。

附:1. 上海市实验性示范性高中建设基本要求

　　2. 上海市实验性示范性高中评估工作的程序要求

上海市教育委员会

2004 年 11 月 24 日

附 1:上海市实验性示范性高中建设基本要求

　　上海市实验性示范性高中建设基本要求如下:

　　1. 学校依法形成自主发展的机制。学校应在教育教学专家的指导下,自觉地通过制定规划、自我实施、自我诊断、自我改进,实现学校的自我完善。

　　2. 学校依法办学具有示范性。即在办学目标定位、办学理念、办学特色、德育工作、课程建设与实施、学生发展、教育科研、教学研究、学校文化、校风校纪、师资队伍建设、学校组织与管理、办学条件、办学效益及学校与社区关系等方面,具有成熟的经验和做法,有较高的水平,能够向其他学校开放展示,或者介绍经验。

　　3. 学校积极推进教育改革实验。在现代学校制度背景下的学校主体性发展、未成年人思想道德建设、学校课程开发、教师专业化发展、大型学校高效能教育管理、大面积提高课堂教学质量等方面能承担有关课题,开展实验研究,并形成实验或科研成果,且具有推广价值。

　　4. 学校能带动和支持办学困难学校的发展。实验性示范性高中要积极主动扶持、帮助办学相对困难学校,促进办学相对困难学校共同发展。同时,校长、骨干教师要带教其他学校的青年校长和青年教师,扩大优质教育资源的效益,并取得成绩。

　　5. 学校办学有较高的社会声誉,积极参与并推进地区先进文化建设。

　　6. 学校办学具有国际视野,能经常性开展国内外教育文化交流,并积极引入先进的教育理念。

　　7. 学校在硬件建设方面应对学校教育改革与发展起到保障和促进作用。

附 2:上海市实验性示范性高中评估工作的程序及要求

　　一、在本市范围内的普通高级中学、普通完全中学高中部及综合高中,经所在区(县)教育行政部门审核同意,均可申报上海市实验性示范性高中。

　　二、申报学校应首先制定创建实验性示范性高中的规划,填写上海市实验性示范性高中申报表,经区(县)教育行政部门审核,由区(县)教育行政部门签署审核推荐的意见后,统一将申报学校的规划和申报表报送市教委。

　　三、市教委接到区(县)教育行政部门报送的申报材料后,组织有关职能部门和专家对申报材料进行预审。经预审,凡基本符合申报条件的学校将正式列入上海市实验性示范性高中评估名单。

　　四、市教委对已列入上海市实验性示范性高中评估名单的学校分期、分批组织专家对学校创建实验性示范性高中的规划进行评审。规划评审包括书面报告、学校汇报、实地视察、座谈随访等。在广泛收集信息的基础上对学校发展规划进行

141

评审。

五、市教委依据专家组(含市教委有关职能部门)的审定意见,作出规划评审通过或暂缓通过的结论。凡规划评审通过的学校可进行规划实施;未通过的学校继续对学校发展规划进行修订,修订后再进入预审程序。

六、在学校实施规划的过程中,市教委适时组织专家组对学校实施规划的落实情况进行中期检查,对规划实施情况、阶段性成果、示范辐射的业绩等情况进行过程性评估。

七、通过中期检查评估后,规划实施情况较好、发挥示范辐射作用良好和社会反响较好的学校可进入规划实施总结性评审阶段。

八、市教委组织的专家组成员以及由区(县)教育行政部门确定的专家组成的观察评审组,分期、分批对创建实验性示范性高中的学校进行规划实施情况的总结性评审。经市教委审定,对专家组评审通过的学校网上公示。在广泛听取区(县)、学校的意见后,经市实验性示范性高中评估领导小组审核,由上海市教育委员会命名为"上海市实验性示范性高中",并予以公布。

九、已命名的上海市实验性示范性高中,要进一步加强内涵发展,办出特色,要积极发挥实验、示范作用,并制定新一轮的学校发展规划,形成可持续发展的运行机制。

第三节 江苏省星级高中评估方案和指标评析

一、江苏省星级高中评估工作实施的背景

2003 年 7 月,江苏省教育厅为贯彻落实江苏省政府《关于加强基础教育改革与发展的意见》精神,积极培植普通高中优质教育资源,调动各方面积极性,促进高中教育均衡发展,决定在全省范围内不再验收省重点中学,而实施普通高中星级评估。

普通高中星级评估,从本质上说是政府、人民群众和学校三个主体需要的有机统一。人民需要公平的教育,优质的教育;政府需要执政为民、把教育放在优先发展的地位上;学校需要办出水平、办出质量,使教育更好地为现代化建设服务、为人民服务。普通高中星级评估是扩大优质教育资源、满足广大人民群众需求的新途径、新机制、新举措,给普通高中的发展注入新的动力,可促进高中教育的均衡发展和可持续发展。

目前,江苏现有三星级以上高中 462 所,占普通高中总数的 70.8%。与省市重点中学评估工作不同的是,星级普通高中评估工作实行"入星"、"晋星"、"护星"和"降星"的动态评估机制,一个显著的特点是做到 5 年审核一次,能上能下,

取消评估结果享用终身制。①

二、普通高中星级评估方案和指标的内容与特点

（一）评估方案的基本原则体现了鲜明导向

江苏省普通高中星级评估遵循四个基本原则：1.正确导向。围绕评估目标开展评估，以科学的教育思想、先进的办学理念引导学校，使评估成为全面贯彻教育方针、实施素质教育的重要措施。2.评建结合。通过评估调动各方面的积极性，尤其是每一所高中的积极性，以评促建，以评促改，以评创新。3.科学公正。要科学遴选指标，优选评估方法，规范操作程序，严肃评估纪律，力求评估结果客观公正。4.有序推进。评估要统筹规划，分级组织，分步实施，循序渐进，稳定发展。

（二）星级评估的等级内涵定位清晰

实施普通高中星级评估的目的是为激励和引导普通高中全面贯彻党的教育方针，改善办学条件，实施素质教育，办出学校特色，调动各方面的积极性，增加教育投入，扩大优质教育资源，促进高中教育的均衡发展和可持续发展，满足人民群众对教育的需求。

江苏省普通高中星级评估是对普通高级中学或完全中学实施的一种等级鉴定。普通高中星级评估根据学校的不同发展状态，把普通高中分为五个等级。其中一星级是最基础级，五星级是最高级。实施星级高中评估，就可以让所有的学校找到各自的位置。无论公办还是民办学校均可接受星级评估。普通高中申请接受某一星级标准的评估，且获得通过后，即可获得相应的星级称号。

普通高中星级评估根据学校的不同发展状态，把普通高中分为五个等级，在这样一个星级等系列中，每一所高中都可以找到自己现有的位置和下一步的发展方向，从而形成对每所学校发展的引导和推动。江苏省教育评估院的有关专家表示，过去的重点带动模式确保了集中财力办好一批学校；而现在的星级学校评估，更有利于不同层次所有高中学校的均衡和可持续发展，能够加速提高江苏省高中教育的整体发展水平。根据规划，到2010年，全省达到三星级标准以上的优质高中占高中总数的70%以上，优质高中招生规模占高中招生总数的90%。完全可以设想，通过星级评估机制的推动，江苏省的高中教育将会迈上新的、更高的台阶。

（三）不同星级的评估标准倾向不同，权重有别

普通高中星级评估指标体系由"评估指标"和"评估标准"两部分组成。评估指标包括办学条件、队伍建设、管理水平、素质教育、办学绩效等主要方面。对不同星级高中设立不同的评估标准。各星级学校评估指标的维度是统一的，但每一星级层次评价标准要求不同，体现强烈的引导性。学校必须全面达到所申报等级评估标准的基本要求，方能获得通过。有一项基本要求不达标，学校便不能通过

---

① 《江苏14所名校"摘星"能否均衡优质教育》，http://moyan.blog.tcedu.com.cn/89757.html.

评估。

一星级,突出基本合格性。该类学校有基本的办学条件和正常的教学秩序。大体相当于建立后有第一届毕业生的学校水平。二星级,突出基础发展性。该类学校在一星级的基础上有发展,但发展仍属基础性质的。三星级,突出主体骨干性。该类学校有较好的办学条件和常规管理,各方面比较规范和稳定,有一定的声誉。三星级高中是江苏省高中教育的主体和骨干。四星级,突出实验示范性。该类学校办学条件基本实现现代化,管理到位,常出新思想、新经验。教育质量高,社会声誉好,在一定区域内有较强的示范性。大体相当于国家级示范高中的层次。五星级,突出国际可比性。该类学校有一流的办学条件、师资队伍和管理,文化底蕴深厚,在国内有很高的知名度,并与国外名校有很好的合作。

以队伍建设指标为例,如表8-1所示:

表8-1 江苏省普通高中星级评估队伍建设评估标准

星级	队伍建设评估标准(举例)
三星	■ 校长长期从事教育工作,对教育工作和学校管理有研究,能吸收先进的办学思想,运用于学校工作,具有改革创新精神;领导班子及干部队伍结构合理,团结协作,熟悉教育,工作负责,师生员工评议良好。 ■ 专任教师学历达标率在85%以上,具有中、高级技术职务的教师占50%以上;图书馆、医务室、实验室均有中级及以上职称的专业人员。 ■ 有一批功底扎实的骨干教师。有半数以上的教师兼教一门以上的选修课程;60%以上的教师具有高中循环教学经历;大多数学科有县(市)级学科带头人;有一批县(市)级骨干教师;部分科目的师资较强,在县(市)范围内享有声誉,能对外开设示范课、观摩课,具开发课程的能力;学生对大多数教师教学比较满意。 ■ 基本建立校本培训制度。有面向全体教师的培训培养规划,有中心突出、形式多样的培训活动,有积极的、符合学校实际的保障措施;每年用于教师学习、培训的经费占学校教师工资总额6%以上;培训效果好,经培训,大多数教师适应课程改革要求。
四星	■ 校长具有先进的办学理念,主持过省级以上重大课题的研究或改革项目的实施,在省辖市范围内有较大影响。 ■ 领导班子及干部队伍整体素质好,团结协作,有前瞻的观念,服务的意识,实干的精神,在师生员工中有较高威信。 ■ 专任教师学历达标率100%;有一定数量具有硕士学位或研究生学历的教师;具中、高级技术职务的教师占60%以上;图书馆、校医室、实验室工作人员多数具中级以上职称。 ■ 优秀教师群体已基本形成。大多数教师兼教一门及以上的选修课程;70%以上的教师具有高中循环教学的经历;有一定比例的教师能熟练掌握一门外语,胜任双语教学;有一定数量的教师在省教育教学比赛中获奖;各

星级	队伍建设评估标准(举例)
四星	主要学科有特级教师、省级有突出贡献的中青年专家;大部分科目的师资在县(市)范围内享有声誉,能对外开设示范课、观摩课,具开发课程的能力;对绝大多数教师的教学,学生比较满意。 ■ 教师培训、培养力度大,形式多样。优秀教师传、帮、带形成制度;赴外校挂职锻炼、出国进修渠道畅通;"派出去"、"请进来"活动丰富;个人提高与组织培训结合较好;每年都有专题培训;每年用于教师学习、培训的经费占学校教师工资总额的8%以上;培训效益显著。
五星	■ 校长办学理念先进,有硕士或博士学位,或具特级教师称号;教科研成绩显著,出版过专著。 ■ 学校领导班子和干部队伍结构合理,团结合作,有较高的道德修养和理论修养,有改革创新的意识和能力,精通业务,踏实肯干,师生员工评价好。 ■ 具有硕士学位或研究生学历的教师占该校教师总数的20%以上;其他专任教师均达到本科学历;具高、中级技术职务的教师占70%以上;有一定数量的博士和外籍教师。 ■ 名师荟萃,整体水平高。绝大多数教师能开设1门以上的选修课;有半数以上的教师在市级及以上范围开设学术讲座;有部分的教师在省教育教学比赛中获奖;有相当比例的教师能够熟练掌握一门外语,胜任双语教学;有10名左右的特级教师、省级有突出贡献的中青年专家;各学科的师资力量均较强,具有很强的课程开发能力。 ■ 教师培训、培养思路开阔、有特色。教师自我提高的意识强,学校有若干行之有效的措施保障教师提高;学习型的学校基本建立,并积累丰富的经验;每年用于教师学习、培训的经费占学校教师工资总额的10%以上。

三、普通高中星级评估的效果分析

(一)星级评估成为引领江苏高中发展的一种独特机制

星级评估是一种工作机制,其评估指标体现了教育主管部门对全省高中发展的导向。星级评估的内容涉及"办学条件"、"队伍建设"、"管理水平"、"素质教育"、"办学绩效"5个方面,而在强调一定的硬件标准的基础上,星级越高,学校内涵发展的权重也越大。例如"办学条件"方面,一星级、二星级均有10条考核要求,三星级减为8条,四星级、五星级则只有4条;而在课程改革、教育科研,甚至高考升学率等方面,评估标准对高星级学校都提出了较高要求。每一个星级的考评,都有25项指标。不同于以往的积分制,在星级评估中,必须每一项都达标才能顺利挂星,其目的就是为了引导学校整体办学质量和水平的提高。①

（二）星级评估实行动态评估机制,引导学校自主发展和可持续发展

2004 年江苏星级高中评估正式启动。规划—创建—申报—迎评—评估—整改,许多学校在发展的征途上不断创建、不断收获。短短数年,全省三星级以上优质高中比评估之初净增加 139 所,三星级高中 255 所,占现全省普通高中总数的 34.9%;四星级高中 206 所,占现全省普通高中总数的 28.3%。优质学校总比例比 2003 年提高了 26.7%,苏南大部分市县实现优质高中全覆盖。全省在优质高中就读的学生比例由 65% 提高到 85% 以上,较好地满足了人民群众对优质高中教育的需求。②

（三）星级评估的价值导向为学校发展指明了改革的方向

星级评估启动之初,江苏对原 213 所省重点中学、97 所省标国家级示范高中实行转评,其中 25 所学校通过一年整改才对应进入省三星级、四星级高中序列。重点高中的终身制不复存在,所有学校一起站到了新一轮发展的前沿。

江苏省普通高中教育总体优质程度良好,全省有三星级普通高中 255 所,四星级高中 206 所,五星级高中 17 所,三星级以上的普通高中数为 478 所,占普通高中总数的 60%,全省 85% 的学生在三星级以上优质高中就读。优质高中的迅速发展成为江苏教育的一大亮点和推进教育现代化的重要优势,在全国产生了较为广泛的影响。③

（四）普通高中星级评估是创新之举

实施普通高中星级评估是适应普通高中教育事业发展的创新之举,具有重要的现实意义和社会效益。星级评估旨在建立导向正确、体系科学、程序规范、激励有效的高中教育评估机制,引导学校把内涵发展的着力点放在教学质量与教师素质的提高上,放在校园精神与文化的塑造上,放在高效管理机制和办学特色的创建上。通过创建,每一个学校都能进一步明确办学定位,规划发展目标,落实创建措施,全面贯彻党的教育方针,大力实施素质教育,全面推进课程改革,努力办出学校特色,在改革和发展、传承与创新中不断迈上新的台阶。

实施星级评估有利于建设一个资源丰富、质量优良、高位均衡的高中教育体系。星级评估以评促建,将促使各地加强高中教育的布局调整,改造、提升薄弱学校,放大优质高中资源,满足人民群众对优质高中教育的渴求。同时,调动各方面的积极性,增加教育投入,改善办学条件,扩大优质教育资源,以不断满足人民群众对优质教育的多样化需求。④

---

① 《江苏:星级高中呼之欲出》,http://sq.k12.com.cn/discuz/thread-45513-1-1.html.
② 《江苏省普通高中星级评估》,http://baike.baidu.com/view/5659409.html#3.
③ 《江苏省普通高中星级评估》,http://baike.baidu.com/view/5659409.html#3.
④ 《南京教育考察(3):江苏省星级学校评选成效显著》,http://blog.sina.com.cn/s/blog_4fc7f23e0100o79k.html.

四、思考

江苏星级评估从一开始就充满了争论。其中,标准统一不利于学校的特色发展,是大家争论的问题之一。①《国家教育规划纲要》第十三条指出:"推动普通高中多样化发展。促进办学体制多样化,扩大优质资源。推进培养模式多样化,满足不同潜质学生的发展需要。探索发现和培养人才的途径。鼓励普通高中办出特色。鼓励有条件的普通高中根据需要适当增加职业教育的教学内容。探索综合高中发展模式。采取多种形式,为在校生和未升学毕业生提供职业教育。"从中我们可以看出,普通高中的未来发展方向和改革目标就是多样化发展和特色发展。江苏普通高中星级评估引导学校向上一星级学校攀升的同时,如何关注学校的多样化发展和特色发展,将是江苏普通高中星级评估有待进一步思考和完善之处。

附件1:《江苏省普通高中星级评估方案》(节选)
附件2:《江苏省普通高中星级评估指标体系》(四星级)
附件3:《江苏省普通高中星级评估指标体系》(五星级)

附件1:

江苏省普通高中星级评估方案(节选)

为激励和引导普通高中全面贯彻党的教育方针,改善办学条件,实施素质教育,办出学校特色,调动各方面的积极性,增加教育投入,扩大优质教育资源,促进高中教育的均衡发展和可持续发展,满足人民群众对教育的需求,在全省推行普通高中星级评估工作,特制订本方案。

(一)鉴定等级

江苏省普通高中星级评估是对普通高级中学或完全中学实施的一种等级鉴定。鉴定标准分为五个等级:一星级,二星级,三星级,四星级和五星级;一星级为最基础级,五星级为最高级。普通高中申请接受某一星级标准的评估且获得通过后,即可获得相应的星级称号。

(二)遵循原则

开展普通高中星级评估必须遵循如下原则:

正确导向。围绕评估目标开展评估,以科学的教育思想、先进的办学理念引导学校,使评估成为全面贯彻教育方针、实施素质教育的重要措施。

评建结合。通过评估调动各方面的积极性,以评促建,以评促改,以评创新。

科学公正。要科学遴选指标,优选评估方法,规范操作程序,严肃评估纪律,力求评估结果客观公正。

---

① 杨晓江:《江苏省普通高中星级评估的思考与实践》,http://www.pceec.cn/news_71.html.

有序推进。评估要统筹规划，分级组织，分步实施，循序渐进，稳定发展。

（三）组成部分

普通高中星级评估指标体系由评估指标和评估标准两部分组成。评估指标包括办学条件、队伍建设、管理水平、素质教育、办学绩效等主要方面。对不同星级高中设立不同的评估标准。学校必须全面达到评估标准的基本要求，方能获得通过。有一项基本要求不达标，学校便不能通过评估。

（四）评估两级负责

星级评估实行省、市两级负责制。三、四、五星级学校的评估由省负责；一、二星级学校的评估委托省辖市负责。省辖市教育行政部门负责指导所辖县（市、区）学校和直属学校的总体规划建设，指定相关机构承担一、二星级学校的评估任务，负责向省推荐高星级学校评估。县级教育行政部门负责辖区内学校的建设指导，向省辖市推荐本地学校参加星级评估。

（五）确定申报评估星级

学校要在充分发扬民主、科学论证的基础上，确定所要申报评估的星级，对照星级标准的要求制订学校相应的发展规划。省辖市指定的评估机构接受一星、二星级学校评估的申请，江苏省教育评估院接受三星、四星、五星级学校评估的申请。

（六）评估程序

评估一般按如下程序进行：

（1）学校申请。学校学习和对照评估标准，发动教职员工自评，达到目标星级的要求，向教育主管部门提出评估申请。

（2）教育主管部门推荐。凡申请星级评估的学校，由县（市、区）教育主管部门向市推荐；申请三、四、五星级评估的学校，由市教育主管部门组织预评，预评合格的向省推荐。

（3）评估机构组织评估。在审核材料等工作的基础上，委派专家组赴校进行现场评估，专家组通过听、看、问、查等多种形式逐项检查达标条件，形成专家组意见。

（4）专家评审委员会审核。评估机构组织专家评审委员会对各专家组的评估意见进行综合评审，形成审核意见。

（5）教育行政部门审批。教育部门对评估机构报送的意见进行审批，并向学校颁证和授牌。

（七）评估成员构成

评估专家组成员由评估机构聘请。专家组成员的资格要求是：具有良好的道德修养，长期从事或研究高中教育，熟悉学校管理，了解高中教育改革趋向，有较高的理论水平，具高级技术职称或处级以上行政职务。评估机构建立专家库，评估专家一般从专家库内抽取。建立专家评审委员会作为星级评估的质量审核组织。评审委员会一般9至11人，由行政领导、评估机构负责人和评估专家代表组成。评审委员会由评估机构提名,报教育厅批准,每届任期3年。

（八）鼓励原则

鼓励学校向高一星级晋升。晋升学校应具备一定年限,一般初评星级满三年即可晋升。学校原则上只能申请逐级晋升,个别公认特别优秀且经过严格论证程序的学校,可以申请越级晋升。

（九）简化评估条件

星级学校首次评估中,原评定的市重点高中、省重点高中和通过国家示范高中试评估的学校经过简化评估后,可直接进入二星级、三星级和四星级高中。非重点学校一般可直接申请一星级高中评估,少数建校历史较长、办学条件较好、确已达到二星级标准的非重点学校也可直接申报二星级高中评估。

（十）有效期限

学校获得的星级称号可保持五年有效期,有效期满前,学校应主动向评估机构申请存续审核。审核通过的学校,可保持原先星级。星级学校存续期间若出现严重问题,将取消其星级称号或作降格处理。

附件2:

江苏省普通高中星级评估指标体系（四星级）

序号	评估指标	评估标准
I	办学条件	1. 独立设置的高中;规模一般在36个班以上,每班学生不超过50人。 2. 校园校舍充分满足当前师生学习、生活的需要,并有一定的发展余地;新建学校一般不少于100亩。 3. 各类设备设施齐全,配置先进,对学校个性发展形成支撑;达"校校通"工程第三层次要求;生均教学、办公设备固定资产不低于3000元。 4. 校园布局合理,环境优美;有独特的设计,有和谐、健康、积极向上的氛围,有很高的文化品位。
II	队伍建设	5. 校长具有先进的办学理念,主持过省级以上重大课题的研究或改革项目的实施,在省辖市范围内有较大影响。 6. 领导班子及干部队伍整体素质好,团结协作,有前瞻观念、服务意识、实干精神,在师生员工中有较高威信。 7. 专任教师学历达标率100%;有一定数量的教师具有硕士学位或研究生学历;具中、高级技术职务的教师占60%以上;图书馆、校医室、实验室工作人员多数具中级以上职称。

序号	评估指标	评估标准
Ⅱ	队伍建设	8. 优秀教师群体已基本形成。大多数教师兼教1门及以上的选修课程;70%以上的教师具有高中循环教学的经历;有一定比例的教师能熟练掌握1门外语,胜任双语教学;有一定数量的教师在省教育教学比赛中获奖;各主要学科有特级教师、省级有突出贡献的中青年专家;大部分科目的师资在县市范围内享有声誉,能对外开设示范课、观摩课,具开发课程的能力;对绝大多数教师的教学,学生比较满意。 9. 教师培训、培养力度大,形式多样。优秀教师"传、帮、带"形成制度;赴外校挂职锻炼、出国进修渠道畅通;"派出去"、"请进来"活动丰富;个人提高与组织培训结合较好;每年都有专题培训;每年用于教师学习、培训的经费占学校教师工资总额的8%以上;培训效益显著。
Ⅲ	管理水平	10. 根据学校实际和社会发展的需要,经充分论证,形成了明确的办学目标和发展规划;发展规划涵盖全面、重点突出、措施扎实,具先进性、示范性;近期规划实施情况好。 11. 各项规章制度、岗位职责健全,并在实践中不断完善;制度规范符合改革的要求,有学校特色,为师生员工普遍认可,执行情况较好;基本实现管理手段现代化。 12. 大力推进体制改革和制度创新,探索网络环境下的管理改革,基本建立适应课程改革要求的管理模式,在省辖市范围内发挥了示范作用。 13. 经过多年的创建,已形成为广大师生和社会广泛认同的优良校风、教风、学风;"三风"建设促进了工作,提高了管理水平,收到了良好效果。 14. 学校校务公开,管理民主。各部门职能作用充分发挥,师生参与性强,教职工权益、利益得到尊重与保障,形成了团结奋进的良好局面;建立与社会沟通合作的机制,主动听取学生、家长的意见,接受社会各方面的监督,规范办学行为。 15. 校内校外教育资源得到有效利用;图书馆、实验室、信息中心等各类设施充分开放,为师生研究、学习提供指导与服务。
Ⅳ	素质教育	16. 德育工作制度化、系列化,针对性强,有特色;重视德育工作在各项工作中的渗透和学生主体作用的发挥,效果明显。 17. 有符合课程改革要求,切合学校实际的课程发展规划;有比较完善的课程开发、更新的制度与机制;有丰富的课程资源和校本课程,学生选择空间大;全面执行国家及地方课程,高质量实施各类课程,有一批深受学生欢迎、能为兄弟学校提供示范的优质课程。 18. 大力推进教与学方式的改革。努力创设民主、平等、和谐、互动的教学环境,全面关注学生的发展,引导学生质疑、调查、探究,在实践中学习,形成高效、富有个性的学习策略。各类探索蔚为风气,绝大多数教师有

序号	评估指标	评 估 标 准
Ⅳ	素质教育	心得,能示范;积极推进信息技术与学科课程的整合,探索网络环境下教学改革,有丰富的成果与经验。 19. 根据素质教育的要求,积极探索评价制度的改革,初步形成了较为可行的课程评价、学生评价、教师评价等体系,推进教育教学改革。 20. 教科研工作扎实,发动面广。教研组、年级组有自己的规划,各教师有自己的目标;学校每年组织骨干力量,围绕实践中的重大问题开展研究,并有所突破;大多数教师每年有研究成果;有多项由本校教师主持或参与的省级以上课题;有一批高水平的论文在省级以上刊物上公开发表;积极进行教改实验,多项实验项目取得阶段性成果,并在省辖市以上范围推广。 21. 积极主办或参与国内外教育交流;通过互派教师、学生等多种方式,加强与国外学校的联系,扩大学校开放度。
Ⅴ	办学绩效	22. 学生全面发展,各方面素质较好。综合考试优秀率、合格率高,近三年每年有80%左右的毕业生能够升入本科院校,一批毕业生为全国一流高校录取;有一定的创新精神和实践能力,各类小发明小创造成果丰硕,较多学生在市及以上各类竞赛中获奖。 23. 在先进办学理念指导下,经多年追求、积淀,形成学校特有的传统优势和办学特色,并成为学校声誉的重要标志。 24. 学校是所在区域实施素质教育的典范、教科研的基地、教育教学改革的先行者,其经验在省辖市区域范围内推广。 25. 充分发挥学校优势,服务社区,多渠道为兄弟学校提供支持;学生、家长、往届毕业生、同行及高等学校对学校评价好。

附件3:

江苏省普通高中星级评估指标体系(五星级)

序号	评估指标	评 估 标 准
Ⅰ	办学条件	1. 独立设置的高中,规模适度,每班学生不超过46人。 2. 校园宽敞,校舍充足。 3. 设备设施一流,拥有数字化校园的应用系统,生均教学、办公设备固定资产不低于4 000元。 4. 校园布局合理,环境优美别致,体现了学校办学理念和特色;有标志性建筑物和精心设计的景点,形成了特有的校园文化。

序号	评估指标	评 估 标 准
Ⅱ	队伍建设	5. 校长办学理念先进,有硕士或博士学位,或具特级教师称号;教科研成绩显著,出版过专著。 6. 学校领导班子和干部队伍结构合理,团结合作,有较高的道德修养和理论修养,有改革创新的意识和能力,精通业务,踏实肯干,师生员工评价好。 7. 具有硕士学位或研究生学历的教师占该校教师总数的 20% 以上;其他专任教师均达到本科学历;具高、中级技术职务的教师占 70% 以上;有一定数量的博士和外籍教师。 8. 名师荟萃,整体水平高。绝大多数教师能开设 1 门以上的选修课;有半数以上的教师在市级及以上范围开设学术讲座;有部分的教师在省教育教学比赛中获奖;有相当比例的教师能够熟练掌握 1 门外语,胜任双语教学;有 10 名左右的特级教师、省级有突出贡献的中青年专家;各学科的师资力量均较强,具有很强的课程开发能力。 9. 教师培训、培养思路开阔,有特色。教师自我提高的意识强,学校有若干行之有效的措施保障教师提高;学习型的学校基本建立,并积累丰富的经验;每年用于教师学习、培训的经费占学校教师工资总额的 10% 以上。
Ⅲ	管理水平	10. 在充分把握教育规律和国内外教育发展趋势的基础上,确定学校办学目标,制订发展规划。发展规划观念新,思路新,有创新精神,符合学校实际,体现学校特色;有若干突破性、首创性措施,体现教育未来发展方向;规划实施好。 11. 管理规范,有完善的规章制度和岗位职责,制度规范体现了先进的管理思想,融合了学校特色,为教职工普遍认可并自觉遵守。 12. 大力推进管理机制和制度的创新,在探索建立适应信息化、课程改革要求的管理模式方面,取得了很好成效。 13. 经多年创建,形成了有深刻内涵与鲜明特色的校风、教风、学风。"三风"体现了学校精神,贯穿于各项工作,使学校管理与师生员工的自觉行为有机融合,效果显著。 14. 学校管理民主,工作透明度高,师生参与性强,形成了教职工自我教育、自我提高的机制;学校办学民主,自觉接受社会监督,建立了家长参与学校重大决策和监督学校工作的制度。 15. 教职工的工作条件、生活待遇不断提高,极大地调动教职工积极性,学校朝气蓬勃,融洽奋进;各项工作有声有色,不断涌现新的经验;办学效益高,社区各种教育资源为学校充分利用,学校自身各类教育资源得到了有效利用。

序号	评估指标	评 估 标 准
Ⅳ	素质教育	16. 创造性地贯彻党和国家有关德育工作规定,工作有特色;德育与各项工作有机融合,做到教书育人、管理育人和服务育人;以学生为主体开展活动,效果好。 17. 有符合课程改革要求、体现学校办学理念的课程发展规划,有保障课程开发与不断更新的制度与机制;形成了符合素质教育要求、有学校特色的课程体系,学生有充分的选择自由;创造性地执行国家及地方课程方案,高质量地实施各类课程,有一大批深受学生欢迎、能为兄弟学校示范的精品课程;学校开发的校本课程、编写的教材受省内外学校欢迎。 18. 大力优化教与学过程。积极构建旨在培养创新精神和实践能力的教学方式和学习方式,有较成熟的经验和理论总结,在省内外有较大影响;学生每天自学时间达 3 小时以上,每学期能参加 4 次以上课外学术讲座,部分科学类课程实行双语教学;现代信息技术在教学过程中应用普遍,基本实现教学内容的呈现方式、学生学习方式、教师教学方式、师生互动方式的变革。 19. 根据素质教育要求,积极改革评价制度。立足学生、教师及教育的发展,形成了科学的课程评价、学生评价、教师评价和教育教学质量监控等体系;重视社会、家长的评价,建立定期邀请家长随堂听课的制度;有效地促进了教育教学的改革。 20. 教科研参与面广,全体教师及管理人员都自觉参与教科研,学术气氛浓厚;教科研水平高,能抓住实践中的重大问题组织攻关,成果具较高的理论价值和实践意义;学校平均每年承担有省部级重点课题 1 项以上,一般课题 3 项以上,大多数教师和学校管理人员每年每人平均公开发表论文不少于 1 篇,相当多的成果已成为学校改革与实践的具体行为。 21. 积极举办或参加各类学术交流活动,大力开展国际合作与交流,在与国外学校互派师生、联合办学、合作科研等方面有突破。
Ⅴ	办学绩效	22. 学生全面发展,素质优秀。有强烈的学习愿望与兴趣,有较强的创新精神、实践能力、终身学习和适应社会生活的能力;学校综合考试优秀率、合格率高;每年绝大多数毕业生为全国一流高校录取;每年都有成批学生在国内外的重大比赛中获奖,或有令人瞩目的发明创造,或有重大影响的先进事迹。 23. 学校有鲜明特色,在国内外有较大影响和较高知名度;毕业生声誉好,为社会所公认,有一批业绩突出的杰出人物。 24. 不断创新,有独特的办学思想、办学理念,为教育理论界关注;在长期办学实践中探索形成的办学模式、管理模式、培养模式等成为典范,被广泛学习运用。 25. 积极支持兄弟学校建设与发展,参与社区建设,在促进教育均衡发展和区域教育现代化建设中作出了突出贡献。

第四节　上海市浦东新区学校发展性教育督导评估方案和指标评析

一、背景分析

上海市"浦东新区学校发展性教育督导评估方案和指标"产生于2000年,推出之际正值中共中央、国务院《关于深化教育改革全面推进素质教育的决定》(中发[1999]9号)出台后不久。20世纪90年代中后期,我国基础教育领域改革矛头直指应试教育的种种弊端。中小学片面追求升学率,考试成为学校办学的"指挥棒",出现了"考试成为了学校的法宝;分数成为了学生的命根","考什么即教什么"等现象;过于强调"双基"的掌握,一方面造成了学生课业负担重,对学生的身心健康发展造成了不良影响,另一方面忽视了学生综合素质的培养,学生动手能力和创新能力得不到发展,学生"高分低能"现象普遍;课堂教学面向少部分学生,实行的是精英教育,等等。21世纪是知识经济时代,国际竞争的核心是人才的竞争,应试教育背景下的人才培养已不适应新时代发展的要求。为了大力提高国民素质,建设人力资源强国,中共中央、国务院作出了在全国全面推进素质教育的决定。素质教育是以克服基础教育阶段片面追求升学率倾向、促进中小学生素质全面发展为目的的教育。素质教育具有全体性、全面性、主体性等三大基本特征。全体性是指教育对象的全体性,即面向全体学生的教育,这是素质教育的本质要求。全面性是指素质教育目标的全面性,即德、智、体、美等方面全面而和谐地发展。主体性是指要把学生当成活生生的"人",充分发挥学生的能动性、独立性,培养学生的主体意识,提高学生的创新精神和实践能力。

评价具有监督、激励、促进等作用,在中小学教育教学中具有重要的导向作用,因而在实现由应试教育向素质教育转轨的过程中,树立正确的评价观是非常关键的。教育督导机构在我国教育体系中具有重要的位置,承担着督政和督学双重任务。1993年2月,中共中央、国务院印发《中国教育改革和发展纲要》提出:"建立各级各类教育的质量标准和评估指标体系。各地教育行政部门要把检查评估学校教育质量作为一项经常性任务。要加强督导队伍、完善督导制度,加强对中小学校工作和教育质量的检查和指导"。1999年6月,《中共中央国务院关于深化教育改革全面推进素质的决定》提出:"全面推进素质教育是党和政府的重要职责……建立自上而下的素质教育评估检查体系,逐级考核省、市、县、乡各级党委和政府及其主要领导干部抓素质教育工作情况"。"进一步健全教育督导机构,完善教育督导制度,在继续进行'两基'督导检查的同时,把保障实施素质教育作为教育督导工作的重要任务"。由此可见,教育督导室的职能决定了其在推进区域素质教育发展的过程中起着监督、促进和保障作用,是不可缺少的一部分。

正是在此背景下，浦东新区教育督导室"为了切实担负起时代赋予教育督导的历史任务，充分发挥教育督导在实施素质教育中的保障作用"，开展了区域发展性教育督导评估的实践研究，编制了《浦东新区学校发展性教育督导评估手册》，以对全区中小幼学校进行评估，促进各学校发展。

二、方案与指标内容特点分析

本案例评析的对象"浦东新区学校发展性教育督导评估方案和指标"来自浦东新区教育督导室于 2000 年 6 月编写的《浦东新区学校发展性教育督导评估手册》。此手册分为中学、小学和幼儿园三本（以下简称《手册》），分别包括学校发展计划制订的基本要求与框架、学校发展性教育督导评估方案、学校发展性教育督导等级评估标准和申报程序、学校自评工作、学校接受督导评估前的准备工作、督导评估工作、学校自评和督导评估工作总结和督导评估资料归档八个方面的内容。本案例主要分析中、小学分册（试用本）。

通读各《手册》，特别是"发展性教育督导评估方案"以及指标体系部分，我们可以从中总结出如下特点：

（一）三个层级的设置体现了评价的发展性功能

20 世纪 80 年代，在存在主义与现象学、解释学、建构主义等哲学思潮的影响下，美国学者古贝和林肯提出了自然主义探究评价模式，主张评价应该在自然情境下进行，认为评价所得到的结果适用于特定的情境。针对以往评价主要针对管理，而不是为了服务、缺乏对评价对象主体性关注的倾向，自然主义探究评价模式充分借鉴了斯太克的应答评价模式的基本思想，认为评价的意义在于服务，评价者首先需要关心的是服务对象的问题、兴趣与焦点，以"回应"服务对象为起点。这就需要评价者从评估对象的需求出发，以促进评估对象的未来发展为目的，充分考虑评估对象的发展背景及整体情境对评价结果的影响，充分听取不同方面的看法、意见，通过评价者、评价对象、所有评价参与者之间不断地协商、对话和交流，协调各种教育价值观，整合各种观念分歧，最后形成评估结果，达成共识。在自然主义探究评价模式基础上，英国的纳托尔和克里福特于 20 世纪 80 年代正式提出了"发展性教育评价"理论，认为评价应以教育的发展为对象，以教育的发展为目标。由此，"以评促建"的思想在教育评价实践领域蔚然兴起。

《手册》标题即为"发展性教育督导评估"，显然是以促进学校发展为目的。《手册》方案的基本原则之一即是"发展性原则"，"督导评估指标体系是根据学校发展的不同阶段设计的，并运用绝对评估与个体内差异评估相结合的方法，即现状评估与发展评估相结合，既对学校的办学水平作现状评估，又对学校的发展趋势作出发展评估"。要求学校在对学校发展背景进行分析的基础上，参照学校发展性教育督导评估方案制订发展计划。

从指标设置上同样可以看出评估的发展性原则。发展性教育督导评估指标体现由基础性教育督导评估指标、整体性教育督导评估指标与主体性教育督导评估指标构成。可以将其看作 3 个层级的指标，每一层级都是在前一层级基础上发展起来的，三者之间具有内在的递进性。以 3 个一级指标为例，不同层级指标的要求是逐级递进的，如表 8-2 所示：

表 8-2　学校情况的指标层级

学校情况　　指标层级	学校教育资源	学校管理	学生发展
基础性指标	教育资源配置	法制化与制度化	基础水平
整体性指标	教育资源优化	科学化与民主化	整体水平
主体性指标	教育资源开发	自主性与创造性	主体水平

各学校可根据自身情况，在 3 个层级的指标体系中任选一套使用，也可以其中一套标准为主，另任选其余两套指标中的几个 B 级指标，设计者称其为"指标的模块移动"，正是这种做法凸显了学校的主体地位。从不同学段的指标设置来看也体现了发展性原则，如小学阶段的一级指标"学生基础发展水平"中二级指标"劳动生活"的三级指标分别为"劳技科技"和"劳动态度"，而初中阶段的三级指标则分别为"劳技成绩"和"劳动习惯"，在小学阶段注重培养学生对劳动的正确态度，在初中则是让学生形成良好的劳动习惯，体现了对学生不同年龄的发展要求。

（二）指标权重的配置体现了分类评估的思想

评价自产生之时起，标准即是其不可缺少的一个因素。因此，在实践中，评估工作的一个核心步骤是确立标准，合理的标准是评价规范化、科学化的前提。标准是衡量不同学校的一个标尺。但实践中的悖论是，用同一标准去衡量各级各类学校又可能忽视了各类学校之间的差异，导致学校失去特色，形成"千校一面"的局面。既要确保学校发展的基础性发展，又要促进学校各有特色的发展，树立分类评估的思想是非常重要的，既关注共性，又注重个性发展。

《手册》分为中、小、幼三册，不同学段的评估标准和指标既有相同点，如教育资源配置、学校常规管理和学生基础发展水平三个一级指标中小学阶段完全相同；又体现了各学段阶段的特点，主要是以指标权重的配置来凸显不同学段的特点，如"语言文字规范"这一指标，小学阶段的权重为 0.10，初中阶段为 0.05，因为小学阶段是学生语言发展的起步阶段，在小学阶段更应重视学生的语言学习，而初中学生的语言日益丰富，发展日益定型，因而权重应高于初中。"电教与实验"这一指标，小学阶段的权重为 0.10，而初中阶段则为 0.15，这体现了初中阶段重视学生的动手能力和创造能力。

（三）内部评估与外部评估相结合完善了评估方式

在对学校进行严格的督导评估的同时，浦东新区教育督导室非常重视学校自我评估,将其作为督导评估的一个重要环节与基础。事实上,自20世纪80年代以来,采取学校自评与外部督导评估相结合的方式对学校进行评估已成为国际上的一种趋势,一方面通过政府对学校"赋权",能提高学校办学自主性和积极性,另一方面自我评估能融入学校的日常实践,从而提高评估的有效性和针对性,帮助学校实现有效改进。浦东新区教育督导室的实践无疑体现了这一评估趋势。

为了提高学校自评的有效性,《手册》将学校自评工作作为整个教育督导评估方案的一部分予以规定与说明,对年度自评、督导自评、自评的程序等内容做了详细规定。

《手册》规定,年度自评必须围绕学校的发展计划和年度工作目标,并对目标的达成度进行自我评估;总结工作中的成绩与经验;坚持实事求是原则,不回避存在的问题,把存在的问题放到学校整体中去认真分析研究,找出原因,并提出有针对性的整改措施和调整目标的意见,等等。年度评估需要学校依据实情填写"年度工作自评表",对年度工作目标进行自评,总结成绩与经验,分析存在的问题,查找原因,并提出整改措施。督导自评主要是根据督导评估方案进行综合的自我评估。学校通过对照评估指标,自我诊断、自我调整,达到自我完善的目的。根据要求,督导自评要成立由学校主要领导及各部门负责人与教师、家长、社区代表等参加的自评领导小组,制定自评工作计划,按规定程序和方法进行学校自评,等等。通过邀请学校利益相关者参与到学校自评过程,能够提高评估的透明度,也能从多角度更广泛地听取有关学校发展的建议。自评程序分为三个阶段,一是学习宣传动员阶段,做好自评的前期准备工作,包括成立自评领导小组,制定自评计划;二是信息收集评估阶段,通过多种方法、多渠道收集信息,并填写相关自评表,在此基础上写出专项小组自评分报告;三是综合分析报告阶段,学校自评领导小组汇集"专项小组自评分报告"及有关资料,写出学校自评报告初稿,由学校校务会议集体审议通过。相关表格包括自评机构与分工安排表、学校基本情况统计表、C级指标自评表和自评结论量化表。

三、思考与借鉴

总体来说,从编制时间来看,《手册》无疑是以推进素质教育为宗旨的学校发展性评估指南,具有鲜明的时代性和先进性。同时,应该看到作为自上而下的督导工作,方案与指标有其自身工作性质的规定性。但这不妨碍我们从中引发一些思考,相信对各类教育评估方案与指标会有借鉴作用。

(一)以均衡发展为导向,进一步凸显评估方案的分类思想

当前,推进教育均衡发展是各级政府正着力解决的一个民生问题。在我国,教育发展不均衡表现在区域教育、城乡教育、校际之间以及群体之间等多个方面。从《手册》设置的3个层级的指标来看,体现了督导评估以促进发展为目的。然而,由于浦东新区同一区域内也存在城乡差距,各学校之间的发展起点不同,发展定位

不同,学校之间可能存在发展不均衡的现象。教育督导机构要以促进各类学校的均衡发展和协调发展为导向,在宏观层面上确定区域教育均衡发展的方向,指引学校的发展。因此,建议在注重区域内各学校"硬件"均衡的同时,更要关注各类学校的"软件"均衡,制定学校内涵发展指标,促进学校整体教育教学质量的提高,鼓励各类学校在原有基础上获得发展,办出各自特色。

(二)制定个性化的督导评价方案,进一步强化督导的指导性

教育督导评估是一项自上而下的行政行为,各地政府根据国家有关文件和本地区实情对学校进行督导评估,强调督导评估的执法性和权威性。各地教育督导部门在进行评估之前会制定相应的督导标准和统一的督导方案,这是督导评估规范化的前提。但应该承认的是,统一的督导方案和标准可能产生督导缺乏灵活性的问题。因为每一所学校都是一个独立的个体,会具有同类学校的共同点,但也有更多的不同点。每一所学校办学的历史不同、办学者的理念不同、学校教师和学生群体不同、学校文化不同,等等,这些不同都会对学校的发展产生不同影响,统一的督导评估指标可能会忽视学校的特点。从《手册》的评价标准和指标设置来看,对相同学段学校之间的差异关注不够,也即对同质中的异质关注不够。

教育督导不仅要面向全体,也要尊重实际,承认不同学校间的差异。因此,建议在制定统一的督导方案和评价指标体系的基础上,尽可能地从学校实际出发,制定个别化的督导方案,从而提高督导评估的针对性,更好地发挥督导的指导作用,而不仅仅只是"督查",这也是现代学校制度建设理念下教育督导职能转变的一个方向。

附件1:《浦东新区中学发展性教育督导评估方案》(节选)
附件2:《浦东新区中学基础性教育督导评估指标体系》
附件3:《浦东新区中学整体性教育督导评估指标体系》
附件4:《浦东新区中学主体性教育督导评估指标体系》

附件1:

浦东新区中学发展性教育督导评估方案(节选)

1. 指导思想

为推动浦东新区全面实施素质教育,加强学校科学管理,充分调动学校办学积极性;构建教育督导评估新机制,充分发挥教育督导评估作用,制订了《浦东新区中学发展性教育督导评估方案》。

2. 制订依据

本方案以《中共中央国务院关于深化教育改革全面推进素质教育的决定》为指导,以党和国家教育方针、政策、法律、法规及有关教育文件为依据,根据教育督

导评估理论和学校发展规律,并结合浦东新区中学实际制订。

3. 基本原则

《浦东新区中学发展性教育督导评估方案》坚持以下原则:

(1) 发展性原则:督导评估指标体系是根据学校发展的不同阶段设计的,并运用绝对评估与个体内差异评估相结合的方法,即现状评估与发展评估相结合,既对学校的办学水平作现状评估,又对学校的发展趋势作出发展评估。

(2) 主体性原则:鼓励与支持学校参与督导评估工作。学校可根据自身实际情况选择相应的督导评估指标,充分体现学校在督导评估中的主体地位。

(3) 整体性原则:将学校的督导评估置于社会大系统之中,充分考虑人口、环境、资源对学校的影响,对学校的综合评估着眼于全面考察、历史分析、整体发展。

(4) 激励性原则:为发挥教育督导评估的激励作用,对学校的评估实行等级评估。发展评估分为三等,依次为 A 等、B 等、C 等,分别表示发展快、发展较快、发展一般;现状评估分为七级,依次为特级、示范一级、示范二级、规范一级、规范二级、合格一级、合格二级。

4. 指标体系

浦东新区中学发展性教育督导评估指标体系由基础性教育督导评估指标(简称"基础性"指标)、整体性教育督导评估指标(简称"整体性"指标)与主体性教育督导评估指标(简称"主体性"指标)构成。

(1) "基础性"强调学校教育资源配置、学校管理法制化与制度化、学生发展的基础水平。

(2) "整体性"强调学校教育资源优化、学校管理科学化与民主化、学生发展的整体水平。

(3) "主体性"强调学校教育资源开发、学校管理自主性与创造性、学生发展的主体水平。

5. 指标权重

督导评估方案各项指标权重分配的基本依据,是它们各自在指标体系中的地位和相互关系。

每项指标在学校办学中所起的作用是不同的,凡是一些关键指标赋予的权重相对就大些。指标中一类是动态指标,反映了办学过程;一类是静态指标,反映了办学成果。因为教育效果具有滞后性特点,所以对反映办学过程的动态指标赋予较大权重。

6. 评估标准

根据党和国家制定的教育政策、法规以及教育科学、心理学、系统科学所揭示的学校发展基本规律,制订本方案评估标准。

评估标准中,定量类指标后面圆括号内的数字给出了量标的区分点。例如

"电教覆率:20%（20%，18%，16%）"，即表示量标依次分为四档：大于20%（含20%）；18%～20%（含18%）；16%～18%（含16%）；小于16%。如定量类指标后面没有出现圆括号的数字，即没有给出量标的区分点，则表示量标只分为达标与不达标二档。

评估指标中，定性类指标则根据学校达到量标的程度分为好、较好、一般、差四档。

7. 指标使用

根据主体性原则，学校可根据自身实际情况，使用相应的督导评估指标。"基础性"指标、"整体性"指标与"主体性"指标可任选一套使用，也可以以其中一套指标为主，另任选其余两套指标中的几个 B 级指标，这称作模块移动。打"△""★"指标是必用指标。

为便于表达，"基础性"指标、"整体性"指标、"主体性"指标代号前分别冠以 Ⅰ、Ⅱ、Ⅲ，例如"基础性"指标 C_5，可记作 $Ⅰ-C_5$，"整体性"指标 B_3 可记作 $Ⅱ-B_3$，依此类推。

8. 方案解释

本方案解释权属于浦东新区教育督导室。

浦东新区中学基础性教育督导评估指标体系

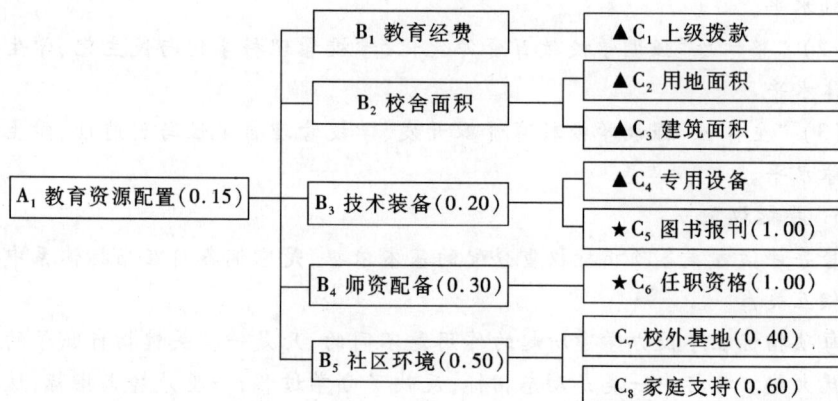

A_2 学校常规管理(0.55)
- B_6 行政工作(0.20)
  - C_9 办学计划(0.30)
  - C_{10} 机构运作(0.40)
  - C_{11} 规章制度(0.30)
- B_7 师资队伍(0.25)
  - ★C_{12} 职业道德(0.50)
  - C_{13} 业务培训(0.50)
- B_8 教育教学(0.40)
  - ★C_{14} 教育教学秩序(0.15)
  - C_{15} 学校德育工作(0.25)
  - C_{16} 教学过程管理(0.30)
  - ★C_{17} 电教与实验(0.15)
  - C_{18} 教育教学研究(0.10)
  - ★C_{19} 语言文字规范(0.05)
- B_9 总务后勤(0.15)
  - ★C_{20} 经费使用(0.30)
  - ★C_{21} 财产管理(0.20)
  - C_{22} 校园环境(0.50)

A_3 学生基础发展水平(0.30)
- B_{10} 道德行为(0.25)
  - C_{23} 行为规范(0.60)
  - ★C_{24} 刑事案发(0.40)
- B_{11} 文化知识(0.30)
  - ★C_{25} 留级率(0.20)
  - ★C_{26} 毕业率(0.80)
- B_{12} 体能状况(0.15)
  - ★C_{27} 体育成绩(0.40)
  - ★C_{28} 体卫达标(0.60)
- B_{13} 美育水平(0.15)
  - C_{29} 音美成绩(0.40)
  - C_{30} 艺术活动(0.60)
- B_{14} 劳动生活(0.15)
  - C_{31} 劳技成绩(0.40)
  - C_{32} 劳动习惯(0.60)

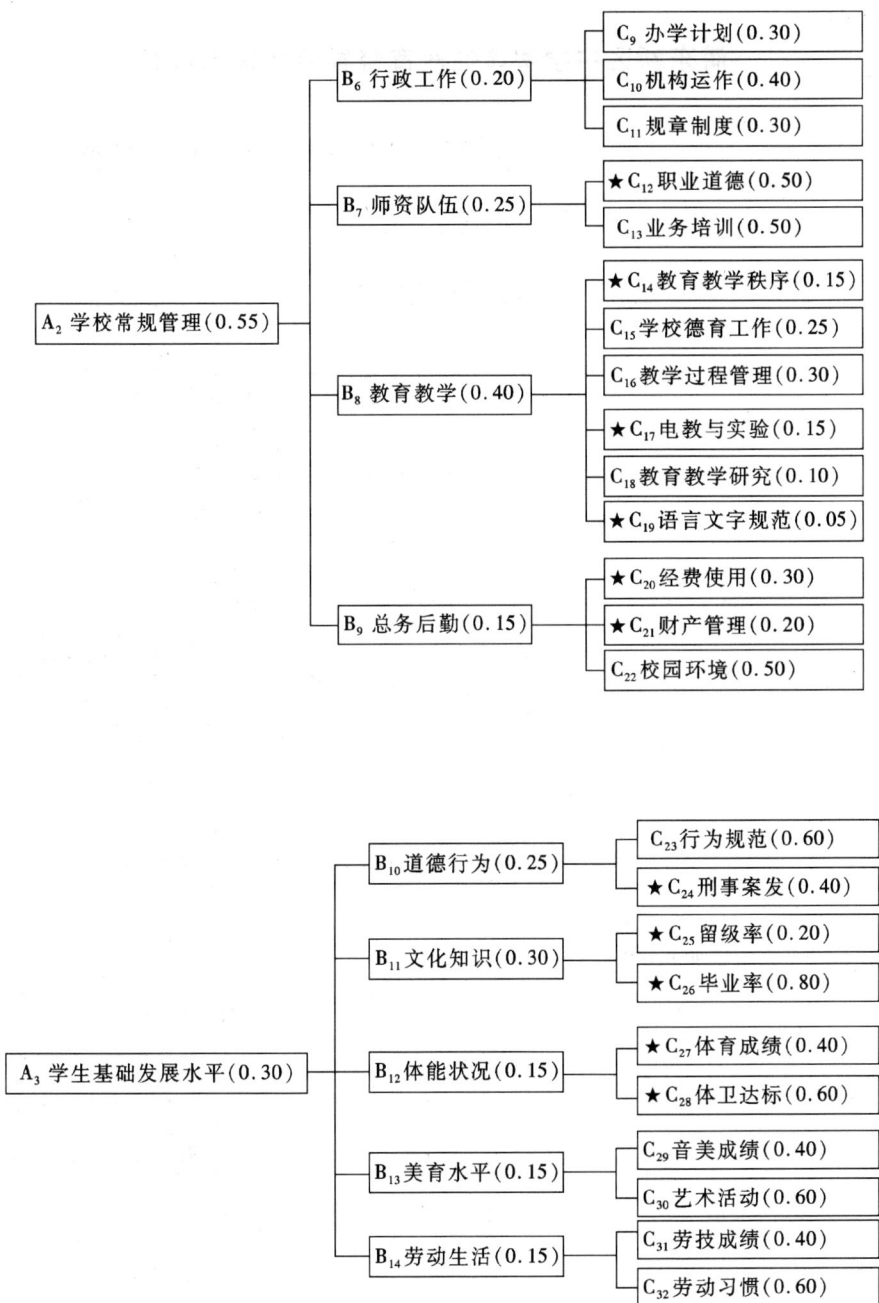

注:凡打▲指标属政府行为,故不计权重

浦东新区中学整体性教育督导评估指标体系

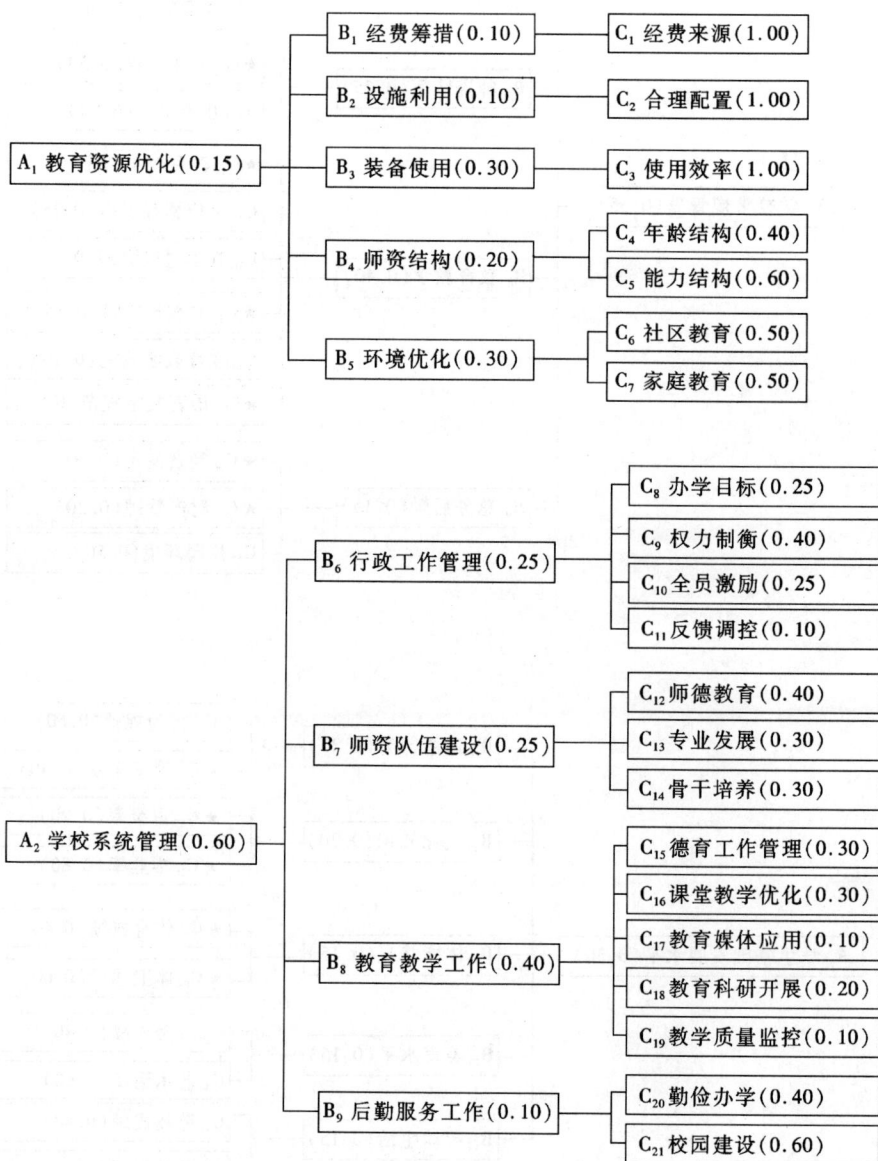

```
                              ┌ B₁ 经费筹措(0.10) ── C₁ 经费来源(1.00)
                              │
                              ├ B₂ 设施利用(0.10) ── C₂ 合理配置(1.00)
                              │
A₁ 教育资源优化(0.15) ────────┼ B₃ 装备使用(0.30) ── C₃ 使用效率(1.00)
                              │
                              │                    ┌ C₄ 年龄结构(0.40)
                              ├ B₄ 师资结构(0.20) ─┤
                              │                    └ C₅ 能力结构(0.60)
                              │
                              │                    ┌ C₆ 社区教育(0.50)
                              └ B₅ 环境优化(0.30) ─┤
                                                   └ C₇ 家庭教育(0.50)


                                                    ┌ C₈ 办学目标(0.25)
                                                    │
                              ┌ B₆ 行政工作管理(0.25)├ C₉ 权力制衡(0.40)
                              │                    ├ C₁₀全员激励(0.25)
                              │                    └ C₁₁反馈调控(0.10)
                              │
                              │                    ┌ C₁₂师德教育(0.40)
                              ├ B₇ 师资队伍建设(0.25)├ C₁₃专业发展(0.30)
                              │                    └ C₁₄骨干培养(0.30)
                              │
A₂ 学校系统管理(0.60) ────────┤                    ┌ C₁₅德育工作管理(0.30)
                              │                    ├ C₁₆课堂教学优化(0.30)
                              ├ B₈ 教育教学工作(0.40)├ C₁₇教育媒体应用(0.10)
                              │                    ├ C₁₈教育科研开展(0.20)
                              │                    └ C₁₉教学质量监控(0.10)
                              │
                              │                    ┌ C₂₀勤俭办学(0.40)
                              └ B₉ 后勤服务工作(0.10)┤
                                                   └ C₂₁校园建设(0.60)
```

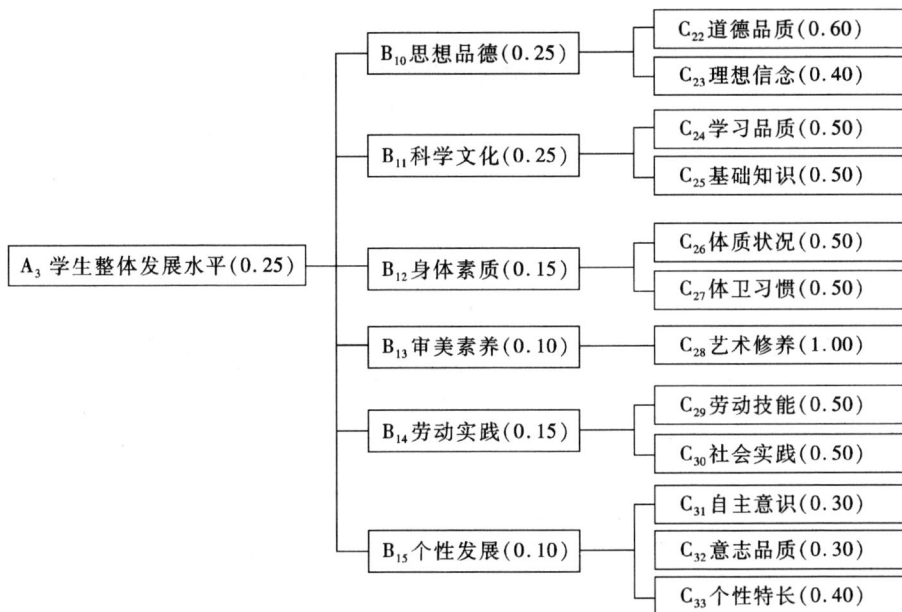

```
                                              ┌─ C₂₂道德品质(0.60)
                        ┌─ B₁₀思想品德(0.25) ─┤
                        │                     └─ C₂₃理想信念(0.40)
                        │
                        │                     ┌─ C₂₄学习品质(0.50)
                        ├─ B₁₁科学文化(0.25) ─┤
                        │                     └─ C₂₅基础知识(0.50)
                        │
                        │                     ┌─ C₂₆体质状况(0.50)
A₃学生整体发展水平(0.25) ┼─ B₁₂身体素质(0.15) ─┤
                        │                     └─ C₂₇体卫习惯(0.50)
                        │
                        ├─ B₁₃审美素养(0.10) ──── C₂₈艺术修养(1.00)
                        │
                        │                     ┌─ C₂₉劳动技能(0.50)
                        ├─ B₁₄劳动实践(0.15) ─┤
                        │                     └─ C₃₀社会实践(0.50)
                        │
                        │                     ┌─ C₃₁自主意识(0.30)
                        └─ B₁₅个性发展(0.10) ─┼─ C₃₂意志品质(0.30)
                                              └─ C₃₃个性特长(0.40)
```

附件 4:

浦东新区中学主体性教育督导评估指标体系

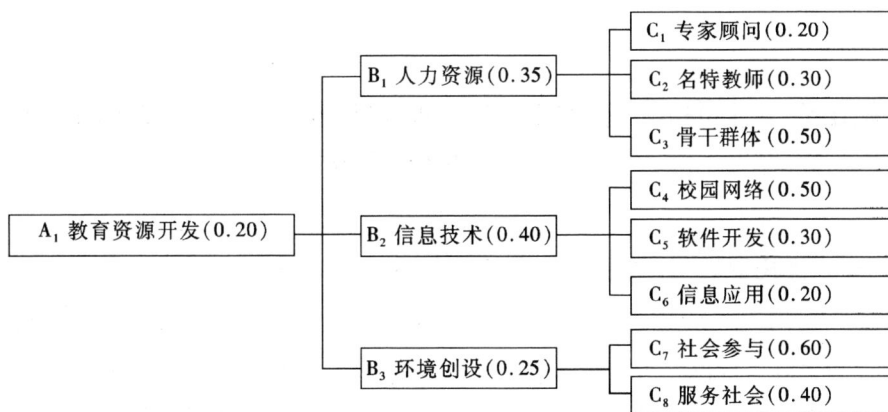

```
                                         ┌─ C₁专家顾问(0.20)
                      ┌─ B₁人力资源(0.35)─┼─ C₂名特教师(0.30)
                      │                   └─ C₃骨干群体(0.50)
                      │
                      │                   ┌─ C₄校园网络(0.50)
A₁教育资源开发(0.20) ─┼─ B₂信息技术(0.40)─┼─ C₅软件开发(0.30)
                      │                   └─ C₆信息应用(0.20)
                      │
                      │                   ┌─ C₇社会参与(0.60)
                      └─ B₃环境创设(0.25)─┤
                                          └─ C₈服务社会(0.40)
```

163

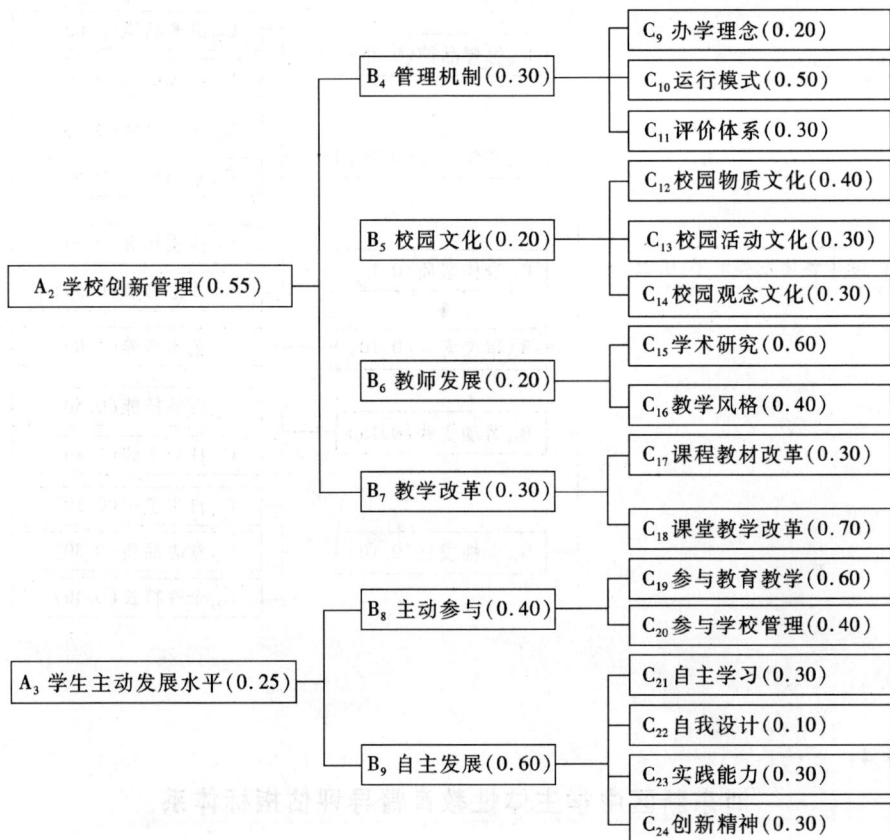

第五节 上海市"农村义务教育学校委托管理"工作评估方案及指标评析

一、"委托管理"评估项目实施背景介绍

近年来,上海基础教育已经从以规模扩张、硬件更新为主要特征的外延发展阶段进入到了以质量提升为主要特征的内涵发展阶段。同时,由于历史等原因,农村学校的教育质量成为义务教育均衡发展的短板。在此背景下,2007年,上海市启动了首轮市农村义务教育学校委托管理工作(以下简称委托管理或托管),选择中心城区的品牌中小学以及长期从事教育研究与实践的教育科研机构(以下简称支援机构)和郊区农村义务教育阶段薄弱学校(以下简称受援学校),通过委托管理的方式,积极推进优质教育资源向郊区农村辐射,提升郊区农村学校的教育教学质量和管理水平。这是近年来市教育主管部门在加大转移支扶力度、实行城乡学校结对帮扶、鼓励优秀教师支教等一系列措施的基础上,推进郊区农村义务教育阶段学校内涵发展的又一项积极探索。

首轮托管项目共 20 个,为期两年。当前,托管工作已经进第 2 轮,共启动了 43 个托管项目。受政府教育行政部门委托,由第三方机构市教育评估院负责组织协调委托管理项目的质量评价与保障工作。本项评估所要解决的重点问题在于:一是如何对托管项目的实施绩效进行科学客观的评价?二是如何以评价为手段,促进托管项目的有序、有效推进,保障项目的最终绩效?三是如何借助于评价机制不断完善托管项目的运作体系?基于上述三大问题,市教育评估机构对评估方案和评估指标进行了精心的设计和深入的论证,通过分段评估和多元服务相结合、自我评估与专家评估相结合的方式,对托管项目的绩效作出科学、合理的判断,并借助于过程管理和各类服务平台的搭建等途径,进一步完善项目制度设计,保障提升委托管理项目的绩效。

二、"委托管理"评估项目的内容与特点分析

(一) 项目设计立足增值评估理念,实施分段评估

为了对托管项目的绩效作出科学判断,评估方案的设计借鉴了 CIPP 评估模式和增值评估的理念。CIPP 模式倡导四阶段评估,即"背景(context)评估"、"输入(input)评估"、"过程(process)评估"、"结果(product)评估"[1]。增值评估以学校教育活动对学生预期成绩的增值为教育评价标准,用来判定学校对学生发展的影响。与传统的学校评价模式相比,具有综合考察学生发展影响、强调发展性评价标准、重视起点关注过程、促进学校改进等特点。[2] 结合本托管项目的实际,托管绩效评估在借鉴增值评估理念和 CIPP 评估模式的基础上,采用分段评估的形式对托管项目绩效作出科学判断。

整个评估过程分为四段:一是初态评估,即在项目实施前,对受援学校的初始状况进行评估;二是托管方案论证,即在项目实施之初,对支援机构制定的托管方案的科学性和合理性进行论证;三是中期评估,即在项目实施中期,对托管方案中期目标的达成度作出判断;四是终期评估,即在项目实施两年后,对最终绩效进行评估。通过系列化的评估,加强过程管理和监控,提升评估的可靠性。见图 8-1。

① 陶西平主编:《教育评价辞典》,北京师范大学出版社 1998 年版,第 87 页。
② 边玉芳、林志红:《增值评价:一种绿色升学率理念下的学校评价模式》,《北京师范大学学报》2007 年第 6 期。

分段评估	具体要求
初态评估	由市教育评估院负责,对受援学校的初态状况进行评估,为绩效评估做准备。
方案评估	由受援学校所在区(县)教育局自行组织,或委托评估机构组织实施,对支援机构制定的托管方案的科学性和合理性进行论证。
中期评估	由受援学校所在区(县)教育局自行组织,或委托评估机构组织实施,对托管方案的中期目标达成度作出判断,加强对托管项目的过程管理和调控。
绩效评估	由市教育评估院负责,对托管项目的绩效进行评估。进一步完善托管项目的制度设计,总结托管工作在促进郊区农村学校内涵发展,推动管、办、评机制改革等方面的经验。

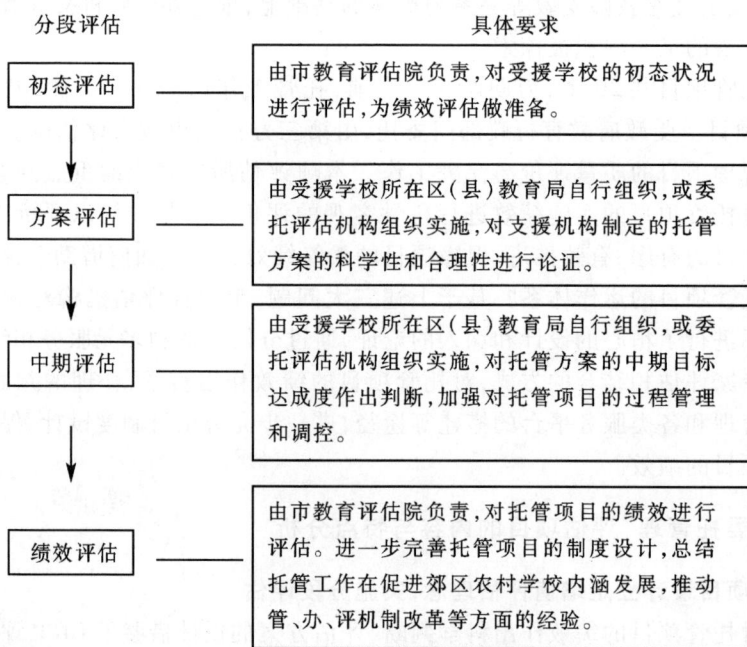

图 8-1 分段评估及要求

1. 实施初态评估和终期评估,关注教育增值

为对项目实施两年后的绩效作出科学、客观的评价,评估项目采用了初态评估和终期评估相结合的形式,关注教育增值,依据项目实施前后受援学校的变化与发展情况,对各托管项目的绩效作出有效判断。

初态评估在项目实施前组织实施,对受援学校的初始状态进行评价,全面了解受援学校内涵发展各个层面的基本情况,为终期评估奠定基础。终期评估于项目结束前组织实施,对两年中受援学校在内涵建设方面所取得的成就进行系统梳理,在同初态评估相关结论进行比较分析后,对项目的绩效作出最终判断。

鉴于初态评估和终期评估两者间的关系,在开发评估工具时,要注重评估指标、调查问卷等评估工具的一致性和连贯性,以加强两项评估结果的可比性。同时,在组建评估专家组时,也充分考虑了专家的连续性,确保专家能在了解受援学校初态的基础上,对项目实施两年中的变化和发展进行评价,提升绩效判断的科学性和有效性。

2. 实施方案论证和中期评估,加强过程管理和监控

为了切实加强对托管项目实施的过程管理,保障项目的有效推进,评估项目设计了托管方案论证和中期评估两个环节,通过持续性的、科学合理的过程管理来保

障项目的实施绩效。为凸显区(县)教育行政部门的管理责任主体地位,培育第三方评估机构,切实调动各方的积极性和主动性,托管方案论证和中期评估两个环节由区(县)教育行政部门自行组织,或委托相关评估机构组织实施。

托管方案论证:各支援机构依据受援学校初态评估的结果,并在前期深入调研分析的基础上制定符合受援学校实际的托管方案,并将其作为开展各项托管工作的依据。因此,托管方案的科学性直接决定了托管工作的最终绩效。有鉴于此,评估项目设计了托管方案论证这一环节,组织专家依据现状调研到位、提出问题清晰、目标清晰要求、对策切实可行四大原则对各支援机构制定的托管方案的科学性和适切性进行诊断,并提供有针对性的意见和建议,从源头上保障托管项目的顺利推进。

同时,为确保支援学校依据专家提出的意见对方案进行修改,并落实到各项托管举措中去,市教育评估机构组织了面谈会,由专家直接同支援学校(机构)负责人进行面对面的沟通和指导,完善托管方案。

中期评估:为加强托管项目的过程管理,评估项目设计了中期评估环节,于委托管理项目实施一年后组织实施。中期评估是托管工作中承上启下的重要一环,兼具诊断性和发展性的功能。一方面,全面系统了解各个托管项目的实施过程,检验中期目标的达成度,并在分析诊断的基础上对托管项目的发展态势作出综合评价;另一方面,及时总结调整各托管项目的目标和措施,为下一阶段委托管理工作的有效推进以及最终的绩效评估奠定基础。

(二)自评与他评相结合,引导学校建立内部质量保障体系

为了兼顾各个托管项目的个性和共性特征,引导学校建立内部质量保障体系,托管项目中期评估和终期评估采用自评和他评相结合的方法。

1. 机构自评

自评工作着眼于各个托管项目的个性特征,要求各支援机构对照的托管方案制定个性化的指标体系,并进行自我评价,主要目的在于充分调动托管责任主体的积极性和主动性,突出各校托管工作的个性特征,鼓励托管中的创新行为和独特经验,提升绩效评估的针对性和有效性。在此基础上,帮助支援学校(机构)形成质量监控机制,为托管项目的推进构筑起有力的内部质量保障体系。

在自评工作中,支援学校(机构)需依据托管方案制定自评指标体系。然后,对照指标进行逐一评价,明确指出各项指标所对应的工作目标,阐明围绕该目标所采取的行动,提供具有说服力的事实和数据支撑,并对该项目标的达成度和措施的有效性作出自我判断。最终形成系统、客观的自评表(参见表8-3)和自评报告。

表 8-3 某校"委托管理项目"终期评估自评表(节选)

指标名称		目　标	具体措施	自我评价
A、领导管理	1	建立科学合理的评价导向机制,形成规范高效的学校管理制度	1. 在充分调研的基础上,制定委托管理四年办学规划,并围绕规划制定了每学期学校工作计划。	达到
			2. 完善与细化学校的原有制度,并形成制度文本。	达到
			……	……
	2	通过规范管理,实施民主监督,确保管理的民主性	1. 完善与细化校务公开制度,创新校务公开的形式。	达到
			2. 每年召开两次教代会,讨论审议学校重大方案和群众关心的热点等问题。	达到
			……	……
…	…	……	……	……

2. 专家评估

专家评估的指标设计着眼于托管工作中的共性因素,考察全市层面上托管工作的整体状况,梳理并总结托管工作的成功经验及其存在的共性问题,并对各个托管项目作出综合判断。

专家评估指标体系主要分为两个方面:一是检验各支援学校(机构)的自评工作。主要围绕自评指标体系的科学性与针对性、自评工作的规范性、自评结果的客观性等方面进行评估,进一步加强对机构自评工作的引导和管理力度。二是托管工作绩效,主要围绕各校托管工作的开展、托管目标的达成度、受援学校内涵的提升及可持续发展趋势、托管工作的社会影响等方面进行评估。

(三)评估指标紧扣托管工作特点,凸显办学成效

依据分段评估的设计,制定了对应的指标体系。初态评估指标侧重于全面反映受援学校发展现状,为支援机构制定托管方案提供依据,并为受援学校内涵发展的增值效应(即绩效)判断提供基础。方案评估指标主要是对托管方案的科学性、合理性和可行性进行论证。中期评估指标侧重于对托管方案中期目标的达成度作出判断,明确托管实践中存在的主要问题,并据此对下一阶段工作进行及时调整。在终期评估的指标体系设计中,强调与初态评估指标的前后对比性与连贯性,聚焦托管目标的最终达成度,对托管期间受援学校的发展进行系统梳理,在同初态评估相关结论进行比较分析后,对项目的绩效作出判断。

托管工作的有序、有效开展和学校内涵建设与提升是托管项目指标体系设计的主要着眼点。就托管工作的开展而言,在对托管内涵进行深入分析的基础上,对托管工作的关键要素进行了梳理,设定了托管责任目标、托管团队及其工作机制、托管目标和托管经费等四项指标,综合判定各校托管工作开展的规范性和有效性。

就学校内涵建设而言,在初态评估和绩效评估的指标设计中,对学校内涵发展进行了分析与界定,将内涵发展理解为相对于规模发展的质量发展、相对于粗放发展的精细发展,以及相对于同质发展的特色发展。① 在此基础上,抽离出学校发展愿景、学校管理、课堂教学改革、课程开发、师生发展等学校内涵建设的关键要素,关注各校托管工作的特色与亮点,在此基础上构建评估指标体系。与此同时,作为内涵建设的重要宗旨,学校可持续发展机制的形成也是评估指标体系设计的重要关注点。由于教育行为转变的长期性和教育成效显现的滞后性,托管工作的效果可能无法在两年内完全体现出来。为了避免托管工作中急功近利的取向,鼓励支援机构关注受援学校的可持续发展,评估指标设计注重引导托管工作以受援学校的可持续发展为导向,在把握学校发展现状的基础上,关注学校的发展趋势,考察支援机构的托管工作是否已经帮助受援学校形成(或正在形成)学校发展的内在"造血"机制,对受援学校的可持续发展机制和能力作出判断。

(四)搭建多元服务平台,完善项目制度设计

保障托管项目的有效推进及最终绩效,在此基础上促使项目本身得到不断改进和完善,是托管绩效评估方案设计中重点考虑的两大问题。为此,托管绩效评估工作以多元的服务平台为载体,通过及时了解项目进展、各方深入交流研讨等形式,完善托管项目的制度设计,保障托管项目的有序、有效推进,提升项目绩效。具体而言:一是组建托管工作沙龙,形成工作例会制度。组织区(县)教育行政部门、支援机构和受援学校的相关负责人,以及参与委托管理评估的专家,围绕委托管理的本质和意义、托管双方的选择、办学责任主体转移的认定、托管团队的资质考察、托管过程中的预警反馈、托管模式的选择、托管期限的确定、托管经费使用的指导性意见,以及相应的退出机制等问题,从理论和实践层面展开深入研讨,进一步明确托管的内涵,完善其制度设计;二是受援学校现场调研。一方面,全面了解各托管项目的实施情况,挖掘有价值的托管实践模式,并敦促各区(县)和学校及时诊断、调整托管工作,确保托管项目的有序推进。另一方面,协调区(县)、支援机构和受援学校的工作,帮助解决实际工作中面临的困难,并听取托管各方对于委托管理项目的意见和建议,为后续的项目决策提供依据;三是撰写工作简报、专报并提供给区(县)教育行政部门、支援机构和受援学校,及时通报项目的最新进展,为各个托管项目提供交流展示的平台,做好项目的宣传和经验推广工作。与此同时,针对托管实践中取得的阶段性成绩和面临的重要问题撰写专报,并提出相关的决策建议,协助教育行政部门不断完善托管项目的运作机制。

---

① 郑金洲:《教育絮语》,华东师范大学出版社 2009 年版。

三、关于委托管理绩效评估的思考

学校绩效评估可以理解为"对从目标设定、资源使用、过程安排到效果显示的学校教育活动全过程实施的动态评估",①目的在于提高办学效能。绩效评估强调教育资源的合理配置与有效利用,遵循教育资源的"投入—产出"框架,关注学校在原有发展基础上所取得的教育增值效应。

作为一项办学绩效评估,委托管理绩效评估的重要目的在于对两年托管工作的绩效作出科学判断。有鉴于此,绩效评估采用分段评估的方法,设定了初态评估和终期评估环节,通过两项评估结果的前后对照,突出支援机构办学的增值效应,强调了受援学校在原有办学基础上的发展。

但需要指出的是,托管绩效评估中忽略了对教育资源的配置及使用效率等方面的问题,尚未遵循投入与产出框架对学校的发展效益作出判断。由于在各托管项目的推进过程中,各支援机构和受援区(县)行政部门在托管工作中所投入的人、财、物等资源不一,因此在绩效评估中应将这一因素考虑在内,一方面便于对托管绩效作出科学判断,引导托管双方从教育资源整合优化的视角诊断和解决问题,提升学校发展效能。另一方面有利于避免在托管工作中形成教育资源过分堆积或资源不足等现象。

附件:《上海市农村义务教育学校委托管理工作评估方案及部分指标》(节选)

附件:

上海市农村义务教育学校委托管理工作
评估方案及部分指标(节选)

上海市农村义务教育学校委托管理工作(第二轮)绩效评估方案

受上海市教委委托,市教育评估院负责组织协调"农村义务教育学校委托管理工作(第二轮)"的相关评估和服务工作。为保障此项工作的顺利推进,特制定本评估方案。

一、工作依据和指导思想

根据上海市教育委员会颁发的《以教育内涵建设项目推进郊区义务教育均衡发展的实施方案》的通知(沪教委基〔2007〕10号)以及市委八届九次全会《关于推进社会主义新郊区新农村建设的决议》、《上海市教育委员会关于推进新郊区新农村教育改革与发展的若干意见》等有关精神,上海市启动了第二轮农村义务教

---

① 邓国胜等:《事业单位治理结构与绩效评估》,北京大学出版社 2008 年版,第 178 页。

育学校委托管理工作,探索提升农村学校内涵发展新路径,积极推动优质教育资源的跨区域流动,构建"管、办、评"联动机制,推进基础教育均衡发展。受市教委委托,市教育评估院将搭建起全方位、全程化的服务平台,通过初态和绩效评估、过程管理和多元服务等途径保障项目的顺利实施。

二、工作实施要点和步骤

参与本轮托管工作的支援机构共有 37 个,受援学校共有 43 所。其中,同时参与第一轮和第二轮托管的学校共 12 所,新参与托管的学校共 31 所。受市教委委托,市教育评估院对本轮托管的评估工作进行全面协调,包括初态评估、对托管方案论证、中期评估及绩效评估,其中,重点负责初态评估和最后的绩效评估。

(一)精心做好前期准备

1. 组织研究力量,研制与开发评估工具

评估工作正式启动之前,市教育评估院组织有关专家,形成研究队伍,在深刻理解此项工作的意义及深入领会市教委文件精神的基础上,针对本项目的特点及委托管理学校的实际情况,研制与开发评估工具,包括评估方案、评估指标体系、一系列调查问卷等,对评估工作进行周密的设计。

2. 多方咨询论证,完善评估方案与指标

评估方案与评估指标体系形成后,市教委和市教育评估院召开各类专家咨询与征询会议,从评估的目标定位、绩效考量等角度,多方位论证,不断地完善评估方案与指标,尽可能使评估工作发挥最大的效益。

3. 遴选专家队伍,组织专题培训

为确保此项目顺利进行,市教育评估院在项目进行的两年之中,组织相对稳定的、熟悉学校管理与教育教学业务的专家队伍,就此项工作的目的意义、评估的要求、操作程序等进行专题培训,以保证评估工作的质量。

(二)规范组织实施评估

1. 组织试评估,加强评估工作的规范

专家进入现场评估之前,为了统一掌握评估标准,防止评估工作的随意情况及减少各组之间理解、掌握标准等方面的组际差异,市教育评估院将组织专家进行试评估,以达到评估工作客观、公正的目标,为评估工作的全面展开奠定较好的基础。

2. 加强评估指导,确保评估过程的质量

市教育评估院将组织专家对所有的受援学校进行深入细致的初态评估和绩效评估。同时,在托管方案评估和中期评估工作中,通过派出专家参与和分片联系、适时反馈、集中巡视的方法,加强评估专业指导,确保评估工作的质量。

3. 协调评估机构,推进评估资源的整合

在本次委托管理项目评估工作中,市教育评估院要积极协调市、区(县)现有评估机构的力量,发挥市、区(县)两级评估机构的作用,探索不断培育、完善、壮大、整合社会中介评估机构力量的方法和途径。

（三）立足服务,搭建平台

1. 共享专家资源

市教育评估院将为区(县)提供参与初态评估的专家库,各区(县)在实施托管方案评估和中期评估时,可从参与学校初态评估的专家中选择相关专家,同区(县)专家共同组成评估小组,便于评估小组提出具有针对性的意见和建议,并避免评估工作的重复及资源的浪费。同时,市教育评估院受市教委委托,为托管方案评估和中期评估提供技术等方面的指导,并进行抽样监督,确保评估的规范性和有效性。

2. 组织研讨和沙龙

市教育评估院将定期组织研讨沙龙,就受援学校、支援机构、相关专家以及管理人员就项目推进过程中的有效经验、所出现的各类问题和可能对策进行广泛的交流和沟通,便于总结经验和教训,推动项目的有效开展。

3. 出版简报或专报

市教育评估院将在项目推进的过程中定期或不定期出版简报或专报,报送市教委和各区(县)有关学校、机构,及时准确地通报项目的最新进展,对各类资料进行细致的梳理,做好项目的宣传和经验推广工作。

三、项目工作流程

表8-4　项目实施流程指南

时间	项目流程	责任方	工作要求
2009年6月	项目启动	基教处	落实支援和受援双方。
2009年8月	签　约	基教处	组织受援区(县)教育局和支援机构签约,明确各方职责,明确学校管理权限和责任的转移。协议由基教处存档,市教育评估院备案。
2009年9月	初态评估	评估院	对受援学校的初态进行评估,为绩效评估做准备。评估结果报送市教委基教处,抄送区(县)教育局。
2009年11月	方案评估	受援区(县)教育局	对支援机构的托管方案进行评估,市教育评估院初态评估的专家共同参与。评估结果上报基教处,并报市教育评估院备案,同时反馈给相关学校和机构。
2010年9月	中期评估	受援区(县)教育局	对托管项目进行中期评估,市教育评估院提供专家资源。评估结果上报基教处,并报市教育评估院备案,同时反馈给相关学校和机构。

时间	项目流程	责任方	工作要求
2011 年 5 月	绩效评估	评估院	对托管项目的绩效进行评估,并形成绩效评估总报告,报送市教委基教处,抄送区(县)教育局。
2011 年 7 月	项目总结	基教处 评估院	对托管项目在郊区学校内涵发展、优质教育资源流动、推动"管、办、评"机制改革等方面进行梳理总结。

四、四项评估的具体工作方案和要求

（一）初态评估

1. 评估目的

市教育评估院组织专家对受援学校项目实施初态进行评估,为后期的绩效评估作准备,同时也供支援机构制订托管方案时参考。

2. 评估对象和主体

评估主体为市教育评估院,评估对象为新加入第二轮托管工作的 31 所受援学校(原有 12 所受援学校以第一轮绩效评估结论作为初态评估结果)。

3. 评估环节与要点

每校评估时间为 2 天。基本评估环节应包括:查阅资料,校领导、中层干部和教师访谈,教师和学生座谈,教师、学生和家长调查问卷等。

现场评估前,受援区(县)教育行政部门负责组织专家对受援学校进行全面听课(听课覆盖率不低于 50%),全面了解学校课堂教学初始情况。

现场评估中,评估专家将围绕办学思想、管理现状、课程教学、教师队伍、学生情况、文化建设、社校关系等方面全面了解受援学校的办学状况,并听取基教科等相关教育行政部门的评价。

区(县)教育部门派责任处室的负责人员作为观察员,全程参与现场评估工作。

支援机构负责人参加评估意见口头反馈环节(现场评估第二天下午),便于支援机构根据专家意见及时调整托管方案。

（二）托管方案评估

1. 评估目的

托管方案评估旨在组织专家基于学校的办学情况,诊断托管方案的科学性和适切性,并提供有针对性的意见和建议。

2. 评估主体和对象

评估工作由受援区县教育局分管局长牵头,由教育局负责组织或委托有资质的评估机构组织实施评估工作。市教育评估院提供专家库中参与初态评估的专

家,和区县专家组成评估小组,开展对托管方案的论证评估,便于评估小组对托管方案的适切性有更为正确的把握,提出具有针对性的意见和建议,并且避免评估工作的重复。

3. 评估环节与要点

方案评估时间原则上为每校1天。对托管方案的评估着重应关注以下四个要点:

(1) 现状调研到位:支援学校的托管方案对受援学校的管理、课程、教学、师资队伍等现状有清晰的认识和把握。

(2) 提出问题清晰:对受援学校在办学中存在的问题认识明确。

(3) 目标清晰可测:根据受援学校办学现状,制定出清晰可测的发展目标,时间节点明确。

(4) 对策切实可行:托管方案中所提出的问题解决对策措施应具有针对性和可行性。管理力量、师资资源的支持要具体到位。

(三) 中期评估

1. 评估目的

中期评估旨在通过对托管方案实施情况的评估,对托管工作进行过程监控和调整,为下一步工作提出指导性建议。

2. 评估对象和主体

评估工作由受援区县教育局分管局长牵头,由教育局负责组织或委托有资质的评估机构,在项目实施过程中(一年后)对支援机构方案实施的进展与状况和受援学校的状况进行中期评估。

3. 评估环节与要点

评估时间为每校1至2天,基本评估环节包括:听取支援机构汇报,查阅资料,校领导、中层干部和教师访谈,教师和学生座谈,教师、学生和家长调查问卷,口头反馈。中期评估主要分为支援学校(机构)自评、专家评估和市级巡视督查三个环节:

(1) 支援学校(机构)自评

支援学校(机构)自评旨在敦促各支援学校(机构)在全面回顾和系统总结的基础上,对下一步托管工作进行及时有效的调整。在自评工作中,支援学校(机构)需依据托管方案制定符合本托管项目实际、体现工作特色的自评指标体系。其后,对照指标进行逐一评价,最终形成系统、客观的自评表和自评报告。

(2) 专家评估

专家评估的要点如下:一是各支援学校(机构)的自评工作,包括自评指标体系的科学性与针对性、自评工作的规范性、自评结果的客观性及对托管工作的推进性等;二托管工作的开展及受援学校办学水平的提升的情况,主要围绕托管责任主体的明确与托管责任的落实;托管团队的力量配备与工作形式;托管目标的明确性

174

和适切性;管理状况;课程教学;师资队伍建设;学生发展;校园文化;学校与家庭和社区关系等方面进行评估。

（3）市级巡视督察

市教委基教处和市教育评估院根据各受援区县的评估时间安排进行巡视督察,确保中期评估的质量。

（四）绩效评估

1. 评估目的

绩效评估旨在对委托管理项目实施两年的绩效进行评估,并对托管项目在提升郊区学校办学水平,推进优质教育资源跨区域流动,推动管、办、评机制改革等方面的经验进行梳理总结,为政府决策提供依据。

2. 评估主体和对象

绩效评估由市教育评估院负责组织实施,对43个托管项目的绩效进行评估。

3. 评估环节与要点

评估时间为每校2天。基本评估环节应包括:听取支援机构汇报,查阅资料,校领导、中层干部和教师访谈,教师和学生座谈,教师、学生和家长调查问卷,口头反馈等。

现场评估前,受援区县教育行政部门负责组织专家,对受援学校进行全面听课(听课覆盖率不低于50%),全面了解托管两年中学校课堂教学的提升情况。

绩效评估主要分为支援学校(机构)自评和专家评估两个层面:

（1）支援学校(机构)自评

支援学校(机构)自评有利于充分调动托管责任主体的积极性和主动性,突出各校托管工作的个性特征,提升绩效评估的针对性和有效性。在自评工作中,支援学校(机构)需依据托管方案,在中期评估自评指标体系的基础上,制定符合绩效评估原则要求的自评指标体系。然后,对照指标进行逐一评价,最终形成系统、客观的自评表和自评报告。

（2）专家评估

专家评估要点如下:一是检验各支援机构的自评工作,包括自评指标体系的科学性与针对性、自评工作的规范性、评结果的客观性等;二是托管工作的绩效,主要围绕各校托管工作的开展、托管目标的达成度、受援学校内涵的提升及未来的发展趋势、托管工作的社会影响等方面进行评估。区县教育部门派出责任处室的负责同志作为观察员,全程参与现场评估工作。

委托管理绩效评估指标

一级指标	二级指标	评估要点	优秀	合格	信息采集	评估等第
A1 托管工作开展	*B1 责任主体	1. 责任主体明确	采用托管责任人直接担任受援学校校长、委派新校长或聘用原校长（有法定程序并建立起相关制度）等形式实现托管责任的转移。支援机构有较强的办学责任主体意识，并能有效行使受援学校的办学权。	采用托管责任人直接担任受援学校校长、委派新校长或聘用原校长（有法定程序并建立起相关制度）等形式实现托管责任的转移。支援机构有办学责任主体意识，基本上能行使受援学校的办学权。	【参阅】托管方案；托管团队工作计划和总结；托管协议；相关规章制度。 【访谈】就托管责任主体的落实、托管领导机构的建立与运作、支援机构派出团队的资质及工作情况等问题，访谈支援机构派出团队、受援学校相关负责人和教师。 【观察】责任主体的落实；托管领导机构运作；支援机构派出团队的工作情况。 【问卷】教师问卷。	
		2. 托管责任落实	支援机构依照协议切实承担起受援学校的领导管理责任。	支援机构依照协议基本上能承担起受援学校的领导管理责任。		
		3. 托管组织架构及其运行状况	托管团队进入受援学校的决策层，建立起权责明晰、运作有效的托管领导机构，并注重受援学校"造血"功能形成。	托管团队进入受援学校的决策层，建立起托管领导机构，管理基本规范有效。		
	B2 托管团队	1. 派出团队	有一支较为稳定、结构合理、责任明确且符合受援学校需求的派出团队。团队具有较强的工作能力，得到受援学校师生认同，有较高的威信。	有一支较为稳定、合理的派出团队，团队的工作得到受援学校的基本认同。		
		2. 工作机制	（1）制定派出团队的工作计划，建立明确的工作制度，执行情况良好。 （2）派出团队能积极理顺同受援学校的关系，双方形成合力。 （3）托管团队能深入学校管理各个方面，有效实施托管工作各阶段目标，带动受援学校自身骨干成长，并做到及时检测反馈。	（1）制定了较为明确的团队工作制度，基本得到执行。 （2）派出团队和受援学校的关系较为融洽。 （3）托管团队参与学校管理，基本贯彻托管工作各阶段目标。		

176

一级指标	二级指标	评估要点	优秀	合格	信息采集	评估等第
A1 托管工作开展	*B3 托管目标	1. 托管目标的适切性（调整情况）	(1) 托管思想正确,能根据托管方案评审和中期评估结论及时调整方案。 (2) 方案中制定的托管目标有较高的科学性、适切性和可操作性。 (3) 托管目标得到受援学校的广泛认可。	(1) 能根据托管方案评审和中期评估结论及时调整方案。 (2) 托管目标基本符合受援学校校情。 (3) 托管目标得到受援学校的基本认可。	【参阅】托管方案;有关托管目标调整和托管经费使用的档案。 【访谈】就托管目标的调整情况、适切性和达成度;托管经费的使用和监控等问题,访谈校长、相关负责人和教师。 【观察】托管目标的达成情况。 【问卷】教师问卷。	
		2. 托管目标达成情况	托管方案的执行情况良好,方案中制定的各项托管目标达成度高。	托管方案能按计划执行,基本达成托管方案中制定的各项托管目标。		
	B4 托管经费	经费使用情况	严格按照《关于委托管理专项经费使用的意见》规范使用托管经费,经费使用合理有效。	严格按照《关于委托管理专项经费使用的意见》规范使用托管经费。		
A2 学校内涵提升	B5 学校管理	1. 目标理念	办学思想符合素质教育要求,符合受援学校实际,内涵界定清晰,并被师生广泛认同。	办学思想符合素质教育要求,基本符合受援学校实际,并得到师生的基本认同。	【参阅】学校发展规划;教代会记录;各部门工作计划。 【访谈】就办学理念,学校发展规划及其制定、实施和认可等情况,访谈校长、相关负责人和教师。 【观察】规划的实施情况。 【问卷】教师问卷。	
		2. 发展规划	(1) 从学校实际出发,分析基础,找准问题,有针对性地制定或修订托管期间学校发展规划。能发动师生参与制定规划,并经教代会审议通过。 (2) 规划提出的办学目标和育人目标,定位准确。有分阶段和分年度目标,操作性强。 (3) 能围绕规划目标制定学校各部门的工作计划。	(1) 学校能制定或修订规划,并经教代会通过。 (2) 目标定位基本准确,基本可操作。 (3) 学校部门工作计划与学校规划有一定的相关度。		

一级指标	二级指标	评估要点	优秀	合格	信息采集	评估等第
A2 学校内涵提升	B5 学校管理	3. 管理团队	(1) 支援机构派出人员与受援学校干部,重新整合形成新的学校管理团队。管理团队团结合作,结构合理,职责明确,运行有序。 (2) 管理过程能体现支援机构责任主体作用,注重受援学校管理队伍的培养。	(1) 支援机构和受援学校组成新的管理团队,能履行学校各项管理职能,运行基本正常。 (2) 能关注受援学校管理队伍的培养。	【参阅】学校各项规章制度。 【访谈】就管理团队,管理的规范性、民主性和管理效率等情况,对相关负责人和教师进行访谈。 【观察】依法治校的理念、民主化管理、管理效能。 【问卷】教师问卷、家长问卷、学生问卷。	
		4. 制度建设	(1) 重视制度建设,能根据学校改革发展的需要不断修订和完善制度,并形成文本,逐步系统化,精细化。 (2) 制度的执行有力度,有监督,能有效规范师生行为。	(1) 修订和完善了部分学校制度,各项常规管理得到基本保证。 (2) 能基本落实新制定或修订的制度,执行具有一定成效。		
		5. 规范办学	严格执行各项规范办学的要求。	基本符合规范办学的各项要求。		
		6. 管理效能	管理工作协调有序,管理效率较高,能调动和激发教职工积极性和创造性。	各项工作有序运行,并取得一定成效。		
	B6 课程教学	1. 课程计划	(1) 严格执行市规定的课程计划,开足开齐课程。 (2) 活动总量得到控制。 (3) 基础课、拓展课和探究课三类课程列入课表,开展有序。	(1) 执行市规定的课程计划,开足开齐课程。 (2) 活动总量基本得到控制。 (3) 拓展课与探究课已启动。	【参阅】有关教学计划、课程表、教材等课程教学的各种档案;听课记录。 【访谈】就课堂教学的规范和质量、教学方式和教学效率、教学质量反馈机制、学生的学习方法和习惯等情况,对教师和学生进行访谈。 【观察】课堂教学的规范和质量、教学方式和效率、学生学习习惯。	
		2. 课堂教学质量	(1) 教学工作贯彻落实二期课改精神,学校有细化的工作要求。 (2) 采取有效措施,转变教师教学方法,提高教学效率,成效明显。 (3) 学生的学习态度、学习方法与学习习惯得到改进。 (4) 课堂教学五环节得到落实,质量保障制度健全。	(1) 教学工作贯彻二期课改精神,学校能提出相应的要求。 (2) 能采取措施,转变教师教学方法,提高教学效率。 (3) 能指导学生改进学习方法。 (4) 课堂教学五环节得到基本落实。		

一级指标	二级指标	评估要点	优秀	合格	信息采集	评估等第
A2 学校内涵提升	B6 课程教学	3. 监控反馈机制	(1) 重视教学常规管理，教学工作有序开展。 (2) 形成质量监控和反馈机制，制度明确，措施得力，成效显著。	(1) 重视教学常规管理，教学工作有序开展。 (2) 初步形成质量监控和反馈机制。	【问卷】教师问卷、学生问卷、家长问卷。	
	B7 师资队伍	1. 队伍建设	(1) 教师队伍建设措施落实、效果明显。 (2) 骨干教师队伍的数量和质量得到明显提升。	(1) 教师队伍建设有一定举措与效果。 (2) 骨干教师队伍正在逐渐形成。	【参阅】师资队伍建设计划；教研组、备课组活动的计划和活动记录；教学、科研成果。 【访谈】就学校的教师专业化发展举措、校本研训制度等情况，对教师进行访谈。 【问卷】教师问卷、学生问卷、家长问卷。	
		2. 精神面貌	敬业爱岗，关爱学生，人心思上，具有团队精神。	工作认真，关心学生，有一定的协作精神。		
		3. 校本研训	(1) 建立了校本研训制度，制定了面向全体教师的培训规划，措施有效。 (2) 教科研工作正常开展，成效显著。	(1) 学校能重视校本研训，初步建立教师专业发展机制。 (2) 教、科研工作正常开展。		
	B8 学生发展	1. 行为规范	(1) 学生行为规范养成训练有目标、有序列，成效显著。 (2) 行为习惯差与学习后进生比例明显降低，发展趋势良好。 (3) 心理健康教育成效明显。 (4) 学生案发率为0。	(1) 学生行为规范有进步。 (2) 行为习惯差与学习后进生比例有所下降。 (3) 重视心理健康教育。	【参阅】学生评价记录；学生行为准则；学生奖惩记录；有关学生学业进步状况和身心发展的各项数据；学生作业。 【访谈】就学生的行为习惯和行为习惯等情况，对师生进行访谈。	

続表

一级指标	二级指标	评估要点	优秀	合格	信息采集	评估等第
A2 学校内涵提升	B8 学生发展	2. 学习习惯	(1) 学风、学习习惯和学习方法进步明显,无明显的后进班。 (2) 学习态度积极,学习兴趣提高。 (3) 学生作业质量进步明显。 (4) 学校图书资源和数字化资源得到较充分利用。	(1) 学风、学习习惯和学习方法有进步。 (2) 学习态度有进步。 (3) 学生作业质量有提高。 (4) 学校图书资源和数字化资源得到一定的利用。	【观察】学生基本礼仪规范;学习习惯;图书资源和数码资源利用情况。 【问卷】教师问卷、家长问卷、学生问卷。	
		3. 学业情况	(1) 学科优良率、及格率进步明显。 (2) 近两年毕业生的合格率进步明显。 (3) 近两年学生体质健康标准测试结果、近视新发病率、学生常见传染病控制情况符合规定要求。 (4) 学生团体和个人获奖多,进步明显。	(1) 学科优良率、及格率有进步。 (2) 近两年毕业生的合格率有进步。 (3) 近两年学生体质健康标准测试结果、近视新发病率、学生常见传染病控制情况基本符合规定要求。		
	B9 文化建设	1. 德育工作	(1) 德育常规工作体制健全,工作机制健全。 (2) 年级组、班主任队伍建设有举措、有实效,班主任反映好。 (3) 共青团、少先队组织活动丰富,发挥了主体性作用。 (4) 德育活动内容系列化,专题性教育有计划,针对性强、有资料、效果好。 (5) 社会实践活动有计划、有机制,实施有效果	(1) 德育常规工作体制健全、有工作机制。 (2) 注重年级组、班主任队伍建设,有过程资料。 (3) 共青团、少先队组织能发挥一定的主体作用。 (4) 德育活动内容逐步系列化,能开展专题性教育活动。 (5) 社会实践活动有一定的计划性。	【参阅】年级组、班主任队伍建设的培训、考核、激励措施;德育活动、社会实践和校园文化活动的档案。 【访谈】就德育常规工作的规范性,社会实践活动和校园文化活动,校风、教风和学风,人际关系等情况,对相关负责人和师生进行访谈。	
		2. 校风、教风、学风	(1) 形成积极的校风、教风和学风,内涵清晰,得到广大师生和社会广泛认同。 (2) 校内人际(干群、师生)关系较和谐。	(1) 注重校风、教风和学风建设,内涵较为清晰。 (2) 注重校内人际(干群、师生)关系的改善,有一定成效。		

180

一级指标	二级指标	评估要点	优秀	合格	信息采集	评估等第
A2 学校内涵提升	B9 文化建设	3. 校园文化活动	(1) 校园和班级文化环境良好。 (2) 各类校园文化活动的开展有计划,学生参与面广,成效显著。	(1) 校园和班级文化环境得到改善。 (2) 各类校园文化活动的开展有计划,学生参与面较广。	【观察】德育工作、人际关系、校园环境。 【问卷】教师问卷、学生问卷、家长问卷。	
	B10 学校社区	1. 社会资源开发和利用	社区了解学校托管目标与要求,学校与社区共建有组织、有活动,措施落实,已经形成共建机制。	社区对学校托管有所了解,学校与社区共建有组织、有活动,逐步建立起共建机制。	【参阅】相关的家校合作计划、规章制度、活动记录以及对口生源入学情况等档案。	
		2. 社会声誉	(1) 社区对学校总体评价满意率较高。 (2) 近两年学校对口生源流失率明显下降,发展态势良好。	(1) 社区对学校总体评价满意率有提高。 (2) 近两年学校对口生源流失率呈现下降趋势。	【访谈】就家校关系、社校关系、对学校的满意率等情况,对学校相关负责人、家长和社区进行访谈。	
		3. 家校互动	(1) 学校注重与家庭教育的整合,家校互动工作机制较健全。 (2) 家访率有明显提高。	(1) 学校注重与家长的沟通,逐步建立起家校互动工作的机制。 (2) 家访率有所提高。	【问卷】家长问卷、学生问卷、家长问卷。	
	*B11 满意度	1. 家长满意度	(1) 家长对托管以来学校办学质量提高情况的满意率高。 (2) 家长对教师师德和工作态度的满意率高。 (3) 家长对托管以来子女进步情况的满意率高。	(1) 家长对托管以来学校办学质量提高情况的满意率较高。 (2) 家长对教师的师德和工作态度的满意率较高。 (3) 家长对托管以来子女进步情况的满意率较高。	【问卷】教师问卷、学生问卷、家长问卷。	
		2. 教师满意度	(1) 教师对托管以来学校办学质量提高情况的满意率高。 (2) 教师对两年托管工作的满意率高。	(1) 教师对托管以来学校办学质量提高情况的满意率较高。 (2) 教师对两年托管工作的满意率较高。		

一级指标	二级指标	评估要点	优秀	合格	信息采集	评估等第
A2 学校内涵提升	*B11 满意度	3. 学生满意度	(1) 学生对托管以来学校整体变化的满意率高。 (2) 学生对托管以来教师课堂教学的满意率高。	(1) 学生对托管以来学校整体变化的满意率较高。 (2) 学生对托管以来教师课堂教学的满意率较高。	【问卷】教师问卷、学生问卷、家长问卷。	
*A3 特色亮点及后续发展			根据学校管理、师资、课程、文化等方面的内涵提升情况,梳理托管工作的个性化特色和亮点,明确学校在可持续发展方面所取得的主要成就和存在的关键问题,并对其可持续发展的机制和能力做出综合判断。对于第二轮延续学校,需考察在首轮托管基础上,学校深化改革、推进内涵建设方面的新举措及实施成效。				
A4 自评工作认定			主要围绕自评指标体系的科学性与针对性(和相关《托管方案》的吻合度);自评工作的规范性(组织程序和开展情况);自评结果的客观性等方面,对自评工作进行认定。			
A5 区县支持力度			支援、受援双方教育局对托管工作的重视和支持情况。			
总体评价			□优秀 □合格 □不合格			

注:1. 标注"＊"的指标为关键指标,共4项,分别为B1、B3、B11和A3。

2. 14项指标中,8项以上(含8项)指标评价为"优秀",且4项关键指标评价皆为"优秀"时,总体评价为"优秀";7项指标(含7项)评价为"不合格",或4项关键指标评价中出现"不合格",总体评价为"不合格"。

第六节　中国爱生学校标准评析

一、中国爱生学校标准的由来

爱生学校(Child-Friendly School,CFS)是20世纪90年代后期联合国儿童基金会(UNICEF)与东亚一些国家开展基础教育合作过程中所推行试验项目

"Toward Child-Friendly Learning Environment",直译为"建设爱生的学习环境"。爱生学校项目在泰国、菲律宾等国家的试验中取得了可喜的成果,切实促进了儿童权利在学校的落实,推动了孩子们获得高质量的学习和身心健康发展。在1996年到2000年,中国与联合国儿童基金会合作周期的"贫困地区基础教育和早期儿童关爱"项目中,把创建爱生学校作为一项重点工作,旨在推进项目地区的学校以学生为本、改善学校管理,加强学校、社区、家庭的联系,提高学生的学业成绩。

此后,教育部与联合国儿童基金会合作实施"全纳和爱生学校"项目,旨在促进儿童的全面发展和素质教育的全面推进。在2001—2005年教育部与联合国儿童基金会教育项目合作的第一周期,我国广西省、内蒙古自治区和重庆市的7个县100所农村中心小学进行了爱生学校项目试点工作。试点工作以教师培训为切入点,强调以儿童为中心来完善和改进学校管理,改善师生关系,促进家庭和社区更加关注儿童。通过试点,进一步提高了试点校教师的认识,以儿童为中心的理念深入人心,促进了家长和社区更积极地参与到学校发展中来,取得了一定的成绩,积累了一些经验。

在爱生学校试点工作和调研的基础上,根据2006至2010年教育部和联合国儿童基金会的"爱生学校"计划,教育部基础教育司决定开展爱生学校国家评估标准的制订工作,矫正部分教育理念,促进学校、儿童、家庭和社区之间构建更和谐的关系,从而让儿童得到更有质量的教育。

据联合国教科文组织亚太地区办事处主任谢尔顿·谢弗介绍,国际上公认的爱生学校的评价标准包括5个方面:一是全纳,即面向和接收所有儿童;二是学业的有效性和相关性;三是健康、安全和保护;四是尊重性别差异;五是鼓励学生、家庭和社区参与。教育部基础教育司相关负责人认为,"爱生学校"促进儿童的全面发展,激发儿童的智慧潜能的理念与中国正在推进的素质教育的目标是一致的。[①]在充分讨论全纳和爱生学校评价维度的基础上,教育部与联合国儿童基金会合作制订中国爱生学校的评估标准,为中国基础教育制定规划和政策提供科学依据,引导和促进学校、教师和教育行政部门实施高质量的义务教育而努力。教育部最后决定由中央教育科学研究所为主具体承担相关标准的制定工作,并于2006年组建了中国爱生学校标准制定专家团队。

二、中国爱生学校的目标愿景

根据联合国《儿童权利公约》和中国的教育方针,中国爱生学校的目的是在学校层面创建以学生发展为中心、以保障儿童教育权利为本的教育质量模式,中国爱

---

① 《爱生学校评估标准制订工作启动》,http://www.jyb.cn/cm/jycm/beijing/zgjyb/1b/t20060927_39775.htm.

生学校要确保学校吸纳全体学龄儿童,并在教育教学过程中平等对待所有学生;要确保学校为学生提供安全、健康、有保障的学习环境,并不断改进;要通过渗透生活技能教育的适切课程和有效地教学,促进学生获得有用的知识、技能与态度,提高教学质量;要确保师生、家庭、地方民主地参与学校管理,使学校成为一个和谐的学习社区。

中国爱生学校终极目标是全体学生的全面发展和个人潜能的充分展现,使每个学生都能自信而成功地学习和成长。中国爱生学校的学生要学会学习、好学、会学、学好;中国爱生学校的学生要学会做事,能应用所学解决问题,养成生活技能;中国爱生学校的学生要学会做人,尊敬师长、尊重他人,品德良好,身心健康;中国爱生学校的学生要学会共处,能与同学合作学习,乐于助人,富有团队精神。总之,中国爱生学校的学生要在德、智、体、美、劳诸方面都得到发展。

三、《中国爱生学校标准》内容介绍

中国爱生学校的实践方式是建立在"标准"的基础上,由教育部和联合国儿童基金会的指导,通过实地调研,并经中外专家、行政领导、校长教师共同努力,推动中国爱生学校质量标准框架及其质量保障体系的逐步形成。

中国爱生学校质量标准框架如下图所示,由四大维度构成,每一个维度又由体现其主要内容的3～4个领域组成,每个领域下确定核心标准。在每个标准下都有若干核心指标,用以评价学校在多大程度上达到标准,指标又分为过程指标和结果指标。[1]

第一维度"全纳与平等"是体现爱生学校精神的核心标准。"全纳"是指学校积极动员并帮助每个适龄儿童、特别是处境不利儿童入学并从学校教育中受益,"平等"是指关注男女儿童平等的入学机会和发展,营造无歧视的、尊重学生多样性和差异的学校环境。在现阶段,该维度关注以下几个主要方面:

学校应主动积极为所有适龄儿童提供入学机会和创造平等就学条件,并且要特别关注女童、残疾儿童、贫困儿童以及流动和留守儿童在入学过程中所面对的特殊困难;

无论学生背景和能力如何,都能够在教育教学中得到平等对待,以获得未来发展中所需要的基本的知识、态度与技能;

尊重和理解学生基本文化、语言、家庭、经验等方面的多样性,建立包容、友善、平等、尊重的校园文化;

学校提供无性别歧视的教育教学环境,为女孩和男孩平等走向社会做好准备。

第二维度"有效的教与学"是爱生学校的中心工作。"有效的教与学"指教师作为学习的引导者,运用自己的专业知识和技能,激发学生的学习动机,帮助学生

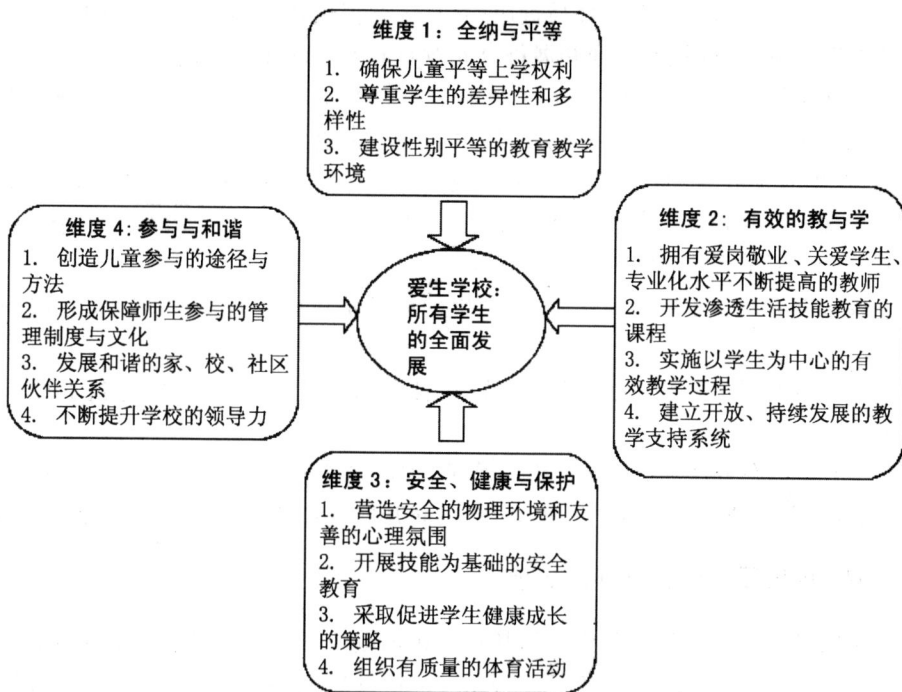

图 8-2　中国爱生学校质量标准框架

取得最佳学习效果,并促进学生主动、全面、有差异的发展的教学活动。在现阶段,该维度关注以下几个主要方面:

通过掌握以学生为中心的教学方法,充分利用课程资源,设计有效的教学策略,组织学生积极参与课堂学习。

通过专业化的教师,实施和试验渗透生活技能教育的课程。

形成开放、互动、"研训一体"的教学支持系统。

第三维度"安全、健康与保护"是学校一切工作的基础。从儿童的视角出发,在尊重儿童的前提下采取积极的预防措施,保护学生的安全,促进儿童的身体发展和心理健康,使儿童感受到无论是在身体方面、还是在心理和情感方面学校都是一个可以获得支持和帮助的场所。在现阶段,该维度关注以下几个主要方面:

学校要通过基本硬件设施的配置,应急避险管理制度的制定与落实,使学校成为儿童认为是安全、卫生的场所。

学校要开展全面、有效的安全与健康教育,帮助学生培养安全和健康意识,掌握基本的自救自护的知识和技能,最终形成安全、卫生的行为习惯和健康生活方式。

学校应该为学生提供基本的食品卫生安全、传染病防控和健康体检等卫生服务,为学生开展心理咨询活动,促进学生的身心健康发展。

学校应该重视增强学生体质健康,并且为此提供相应的体育锻炼场地与设施、师资和时间保障,因地制宜地开展符合儿童身心发展的体育活动。

第四维度"参与与和谐"明确了爱生学校的管理方向。它是指:在学校管理中从学生视角出发,通过学校与家庭、社区的合作,促进学生在校内外学习、生活中的参与,在校内外形成"相互尊重、理解和支持"的人际关系与积极氛围,保证学生权利的实现,共同为学生营造一个快乐、轻松、和谐的学习、生活环境。具体而言,"参与与和谐"在学校管理中主要体现在以下几个方面:

校长能够从学生的视角出发,为学生的成长提供健康和愉快的人文环境和制度环境。

校长具有民主意识,促使学生、教师、社区成员尤其是学生参与到学校管理中来。

学校内外的相关群体具有"相互尊重、理解和支持"的意识与能力,学校与家庭、社区之间形成相互支持的互动关系,共同开展教育活动,形成全员育人的氛围。

四、中国爱生学校标准的启示

中国爱生学校的理念和模式的基石是我国政府参与签署的《联合国儿童权利公约》,保障儿童受教育权利是多层次的,包括发展人的个性,发展对人权和基本自由的尊重,使所有人做好有效参与社会的准备,发展对自然环境的尊重。在认识爱生学校"权利平等"、"儿童中心"基本内涵的同时,我们也发现爱生学校建设的核心是教育质量问题,中国爱生学校标准就是一个国家层面的、体现国际教育理念的基础教育学校的质量标准。

随着我国"两基"攻坚目标的基本实现,基础教育进入内涵发展的新阶段,已经由过去注重规模转向注重质量。正是教育发展模式的转变,使得教育质量评估与质量标准问题,成为社会各界广泛关注的焦点。《国家教育规划纲要》明确提出,把提高质量作为教育改革发展的核心任务。树立科学的质量观,把促进人的全面发展、适应社会需要作为衡量教育质量的根本标准。制定教育质量国家标准,建立健全教育质量保障体系。

可见,基础教育阶段学校质量标准的建立是一项政府行为,作为国家和政府监测、评估教育活动,科学、有效地引领和实施学校建设的重要标杆,学校质量标准不仅要体现、代表广大公众利益的政府意志、要求和期望,还要符合现代学校制度建设的规律和国内外基础教育改革的发展趋势。建立质量标准是我国教育行政管理部门应尽的责任和义务。学校质量标准的建立对于我国政府实施基础教育的宏观调控,落实义务教育法,推动教育管理体制改革,促进基础教育整体水平的提升都具有重要意义。

党的"十七大"强调建设创新型国家,建设人力资源强国,这就需要有合乎中国国情、符合教育规律和新时期发展需求的国家教育质量标准。中国爱生学校标准不是用于政府自上而下对学校的评估,而是用于学校自身的质量监测和工作改进。例如,学校可以通过爱生学校标准定期诊断学生学习发展情况,也可以作为教师对学生进行有效教学和针对性学习指导的依据,同时是课程计划实施情况和教学质量成效显现的反馈信息,也是帮助家长或社会更关注和支持学校教育的有效工具。正是通过建立这样一种发展性自我评价的理念,使得中国爱生学校标准的导向功能和激励功能充分发挥,学校从提供入学机会到提高学习质量,逐步创建以学生发展为中心,保障儿童教育权利为本的教育质量模式。

再从评估技术专业的视角来看。中国爱生学校质量标准框架采用了"维度—领域—标准"的分层指标设计,按照各级指标内涵逐层分解到具体的标准,形成一个4维度、15个领域、45项标准的指标框架。为了确保在项目实施和教育实践过程中,每个标准可测量、易操作,能对标准的达到程度进行科学评估和应用,针对每一项标准设计了过程性指标和结果性指标(少数标准的结果性指标合并)。过程性指标是指导学校教育实践的建设要求。结果性指标是爱生学校建设的最终评估依据,主要是落实在学生发展成效方面。可见,中国爱生学校质量标准的特点是以结果性指标为导向,以过程性指标为保障,让参与爱生学校建设的学校结合自身发展规划和建设目标,按照过程性指标的内容制定具体方案和措施,切实提高学校的教育质量。这可以为我们国家各级各类学校标准以及评估指标的研制开发提供启示。

附件:中国爱生学校标准(试行)

附件:

中国爱生学校标准(试行)

维度一:全纳与平等

领　域	标　准	指　标	
		过程指标	结果指标
1.1 确保儿童平等上学权利	1.1.1 全纳教育成为学校办学理念	●学校的校训、宣传栏,学校重要会议议程中,有关于爱生与全纳方面的内容 ●学校有强调儿童平等入学权利的措施并能执行 ●教职员工都学习过《义务教育法》和《儿童权利公约》,并了解其基本内容	●全纳教育成为学校制定发展计划的基本理念 ●有更多的校长、教师和家长知晓儿童权利基本内容 ●儿童在描述学校生活时表现出更强的权利意识、责任意识和参与意识 ●每个学生都能获得免费的义务教育

领域	标准	指标	
		过程指标	结果指标
1.1 确保儿童平等上学权利	1.1.2 学校积极动员并吸纳每一个适龄儿童入学	●学校定期与公安、民政、计生等政府相关部门联络,掌握辖区内所有学龄儿童的数字及分布情况 ●招生政策中,对各类入学有困难的儿童,如孤儿、艾滋病家庭儿童、家庭有特殊困难及残疾儿童等有登记并提供方便入学的便利措施,如放宽入学年龄、提供双语环境以及生活关照等 ●学校有具体的工作流程保障入学有困难的儿童顺利接受入学 ●学校有针对性地对家长宣传儿童(尤其是女童)入学的权利和意义	●入学率,特别是社区内有特殊需求的适龄儿童的入学率 ●女童入学率
	1.1.3 学校具有"控辍保学"监测机制	●学校有针对所有儿童尤其是特殊需要儿童的上学情况建立了个人档案和变动记录 ●将学生的出勤率和保持率纳入学校的自我评估和教师考核体系 ●严格执行学生考勤制度,学生出现缺勤情况时教师能够积极寻找解决办法 ●学校的领导和老师与社区合作防止有困难的学生流失,帮助失学儿童重返校园	●所有儿童尤其是有特殊需要儿童入学后的保持率 ●有更多的教师对家庭有特殊困难儿童和厌学儿童的了解情况

领 域	标 准	指 标	
		过程指标	结果指标
1.2 尊重学生的差异性和多样性	1.2.1 学校采取切实有效措施,确保儿童的特殊教育需求得到满足	● 全体教职员工接受过有关全纳与特殊教育方面的培训并制定相应的行动计划 ● 教材和教学用语考虑了学生不同的语言背景 ● 学校为寄宿制学生配备专门的生活指导老师并定期开展培训 ● 学校和老师,协同社区力量为父母在外务工的儿童提供情感关怀	● 学校的设施设备照顾到了全部学生尤其是有困难学生的需求 ● 学习有困难的儿童不断取得进步 ● 教师能够描述识别学生差异并给予恰当教育的事例
	1.2.2 学校建立友善、和谐、尊重学生多样化背景的校园文化	● 学校为学生提供学习不同民族的文化与习俗的机会,如在学校的广播、宣传栏、黑板报以及文化活动中展示规范汉字的同时展示不同的语言及风俗文化 ● 教师对其基本权利、所处的社区社会经济、文化有基本了解 ● 教师有传承民族文化与乡土文化的意识与具体做法 ● 丰富学生的校园生活,让每个学生都有机会展现并发展自己的特长 ● 在少数民族地区学校教师队伍中应当包括民族教师和汉族教师	● 所有学生尤其是学习有困难的学生都能感觉到教师对自己的信任和支持 ● 教师和学生讲任何一种语言都不会遭到嘲笑和歧视 ● 学生愿意了解和体验不同的文化、语言和习俗

领 域	标 准	指 标	
		过程指标	结果指标
1.3 建设性别平等的教育教学环境	1.3.1 学校倡导性别平等，确保教育教学内容及环境具有性别敏感性	●所有的教职员工在学校都能够接受到关于性别平等方面的培训 ●教师能够指出教学材料中存在明显性别偏见的内容并避免学生受到影响 ●在学生未来职业和爱好的引导方面，学校和教师能突破传统性别观念的影响 ●学校的海报和宣传栏中，展示积极的男性和女性角色榜样，特别是那些从事非传统性别角色工作的男性和女性 ●在课堂提问和反馈问题时教师不因学生的性别而降低或提升问题的难度 ●男女生在班级和学校事务管理上负有同等的责任，享有同等的机会	●学生能够敏感地辨别出带有性别偏见和歧视的话语 ●男女生都没有受到性别歧视，学习和生活的自信心不断增强 ●课程设置和教材无性别、民族、文化歧视 ●男女生在升学和学科学习上享有平等机会
	1.3.2 男女教师都能平等参与学校管理，享有平等的发展机会	●全体教职工都知晓男女平等是我国的一项基本国策 ●女教师感到自己在工作中受到与男教师同等的重视 ●依法落实对孕产期女教师提供特殊照顾的规定 ●男女教师拥有同样的外出培训和发展机会	●教师团队的性别比例均衡 ●各级行政领导中男女教师所占比例均衡 ●不同职称水平上男女教师所占比例均衡

190

领域	标准	指标	
		过程指标	结果指标
2.1 拥有爱岗敬业、关爱学生、具备专业素质的教师队伍	2.1.1 教师具备关爱学生、敬业爱岗的专业道德和态度	●教师尊重学生基本权利,平等对待每一个学生 ●教师具有倾听学生意见的意识与技能,了解每个学生,特别是对少数民族学生、女生和学习困难学生给以更多的关注 ●教师勤奋工作,积极参与校本教研与进修活动 ●教师具有先进的教育理念 ●教师持续致力于自我反思、合作学习和终身学习	●没有学生受到体罚、责骂或心理伤害 ●所有学生(特别是处境不利学生)的优点和进步被及时发现和表扬 ●学生的看法和兴趣能得到教师的关注 ●绝大多数学生喜欢自己的老师 ●学生家长认可教师的责任心 ●教师能清晰地描述自己的教育理念,并恰当地运用于教育教学当中 ●教师能处处以身作则
	2.1.2 教师具有完成教育教学任务所需的专业知识	●教师掌握学科与课程的基础知识,以及对学生发展最具有价值的知识 ●教师掌握了解、诊断和解决学生在学习过程中问题与困难的方法与实践案例,特别是帮助学习困难的学生的策略 ●教师能够了解学生的背景、学习风格及学习需求	●学生有浓厚的学习兴趣 ●学生知道每节课的学习目标和任务 ●学生的学习困难能得到及时发现和解决 ●学生感到学习内容与自己的生活经验具有密切联系
	2.1.3 教师具有科学制定教学计划、管理班级和组织课内外活动的专业技能	●教师接受应用多种教学方法和管理方法的培训 ●教师具有使学生主动参与教学的技能(根据学生情况制定教学设计、利用资源、组织合作学习等) ●教师具有调动学生积极参与班级管理和其他校内外活动的能力 ●教师具有根据学生兴趣和需要组织课外活动与社会实践的能力 ●教师养成了因材施教和参与式课堂管理的能力	●学生有丰富、有趣、可选择的课外活动并能积极参与 ●家长有了解学生在校学习与生活的渠道 ●家长认为学生的行为和习惯有所改善 ●教师的教学行为体现了新课程倡导的教学方式

领　域	标　准	指　标	
		过程指标	结果指标
2.1 拥有爱岗敬业、关爱学生、具备专业素质的教师队伍	2.1.4 教师具有运用教育评价并及时反馈的专业技能	●教师能根据学生表现及相关情境,运用兼顾过程与结果的多种评价方法 ●教师能根据各方面特别是学生的反馈意见改进教育教学工作 ●教师建立学生综合素质发展档案,为学生个性化发展提供依据 ●在评价和反馈过程中能尊重学生的隐私,善于利用评价结果促进学生成长	●学生的反馈意见能促进教师及学校改进教育教学活动 ●学生能够从教师评价及反馈结果中看到自己的进步,从而建立自信 ●没有学生因学习及其他方面的困难而受到歧视
2.2 实施或实验渗透生活技能教育的课程	2.2.1 所有课程中融入情感、道德、生活价值观念和创新精神的教育	●所有课程注重培养诚实、自信、爱心、尊重、责任等基本生活价值 ●所有课程渗透道德、价值观念和社会心理能力(特别是应对压力和挫折的能力)培养 ●科学课和科技活动中培养探究技能 ●所有课程中渗透表达沟通与合作技能 ●学校提供学生了解社会的多样性和复杂性的学习机会,鼓励学生对事物进行批判性思考的能力 ●教师能够利用地方文化生活中反映的基本生活价值,开发相关教学资源或校本课程	●学生有兴趣地积极投入小组和班级的学习活动 ●学生能够适应学校生活和学习环境 ●学生表现出批判性思考问题和创新的能力 ●学生自信,会处理学校内外的人际关系,有良好的社会适应能力
	2.2.2 所有课程培养解决问题的能力、劳动观念和实践能力	●所有课程中融入良好的生活习惯 ●劳技课结合当地情况学习实用技术和劳动能力 ●所有课程注重学生参加社会实践	●学校开设了有针对性的生活技能课程 ●学生提高应用知识解决问题的实践能力 ●学生养成注意个人卫生、安全的生活能力和习惯

领域	标准	指标	
		过程指标	结果指标
2.3 实施以学生为中心的有效教学过程	2.3.1 教师备课和教学过程中充分考虑学生的经验和需要	●学校的教学安排考虑儿童需要 ●组织教师合作备课 ●教室布置符合儿童的年龄特征，例如教室内张贴的图文考虑到学生的兴趣和理解能力 ●教师备课过程中充分联系学生的生活实际和经验 ●教师主动收集学生对教学的反馈意识，及时调整教学进度	●学生能够跟上教师课堂教学进度 ●有特殊需求的学生成绩得到提高 ●男女学生的基本读、写、算能力得到提高 ●教师能够灵活地运用分层教学策略
	2.3.2 师生在课堂上有效互动，学生主动参与课堂学习	●师生双方形成沟通的默契 ●教师鼓励并指导学生关注和关照学习伙伴 ●教师指导和安排适当活动促进学生之间的相互质疑和启发 ●教师能够充分利用教室空间资源及人力资源创设学习和活动的机会 ●教师能够布置个性化程度高且需要利用校园资源和社区资源的作业	●学生能够并乐于在课堂上熟练使用个人与个人之间、小组、大组、团队的交流与沟通方式 ●大部分学生得到同伴的有效关注，边缘学生得到同伴的关照和帮助 ●每节课的主要目标基本实现并得到检测的证明 ●产生了个性化学习结果并得到表达与呈现的机会
	2.3.3 学生学习情况得到及时反馈与适切评价。	●教师通过作业批改和评语等多种方式促进学生不断进步 ●教师友善地和家长沟通学生的学习情况，及时提供反馈信息 ●教师在课后安排专门的答疑时间 ●教师运用档案袋等多元方式进行学习评价	●学生通过评价得到及时反馈和有效指导 ●学生解决问题的能力得到提高 ●教师的评价能够促进学生学业进步，维护学生的自尊心和自信心 ●学校建立并使用学生信息管理系统

领 域	标 准	指 标	
		过程指标	结果指标
2.4 建立开放、互动、"研训一体"的教学支持系统	2.4.1 教师和学生能够方便地获得教学与学习支持，并能共享优质教育资源	●学校有专业图书和必要的教具、学具，并定期更新教学辅助资料 ●学校有学生阅读的场所和学生喜爱的书刊 ●学校有鼓励师生在教与学过程中、在课内外活动中运用数字化教育资源的政策和措施 ●学校能统整各种来源的教育资源，初步形成支持教育教学的资源库	●教师能够方便地接触到远程培训资源，并方便地获得学校提供的其他支持，例如图书馆的开放时间和资源获取 ●教师能够运用多种资源开发电子教案、课件、课堂教学实录、学生电子作品等校本资源
	2.4.2 教师的多样化教学需求得到满足	●村校、教学点的教师有获取培训资源的信息渠道 ●有适合女性教师（哺乳期教师）进修学习的渠道和条件 ●少数民族教师的生活习惯、文化和培训需求得到尊重 ●新教师在教学中能够得到专人及时的指导 ●建立和完善教师学习资源中心	●有多样化的师资培训资源，如双语教育、特殊教育、复式教学等培训资源
	2.4.3 学校的信息通讯设备能基本满足师生的学习需求	●学校有健全的设备管理和维护制度 ●学校信息通讯设备能保持良好的运动状态 ●学校有专人负责设备维护，并对师生进行指导	●教师能运用信息技术进行备课，在多媒体教室进行教学 ●计算机生机比达到全国或省内平均水平 ●教师和学生可以通过校园网在教室实现远程学习
	2.4.4 学校师生能负责任地充分运用 ICT 设备和资源支持有效的教和学	●教师普遍接受过应用资源开展学生为中心的教学方法的培训 ●学校能经常性开展基本资源的教和学的校本研修活动，教师能运用远程教育教学资料备课，课堂能积极开展师生交流 ●学校有 ICT 设施安全使用规章制度，学生能全面接受健康安全使用 ICT 设施教育	●所有学生都能通过在多媒体教室或计算机教室上课 ●所有学生都在参与基于远程教育资源的活动 ●中高年级学生接受 ICT 教育的比例达到100% ●全体学生知道网络可能存在风险，能做到健康和安全地上网

领域	标准	指标	
		过程指标	结果指标
2.4 建立开放、互动、"研训一体"的教学支持系统	2.4.5 建立和完善以校为本的教师学习中心	●学校有促进教师自主学习的制度和措施,如教师的自学、伙伴学习和小组学习可纳入教师的进修考核 ●学校定期开展校本培训和校本教研活动,保证每一个教学点的教师参加活动 ●每一个教师都有自己的专业发展计划 ●学校能从社区得到有利于教师成长的各种支持	●校长了解教师的专业发展需求和计划 ●教师完成国家规定的继续教育学分 ●学校从社区得到有利于教师成长的各种支持 ●学校形成终身学习的氛围

维度三:安全、健康与保护

领域	标准	指标	
		过程指标	结果指标
3.1 营造安全、卫生的物理环境和友善的心理氛围	3.1.1 安全和卫生的学校基础设施和环境	●有保障学生安全、健康的教学、生活和卫生的基本设施和设备(教室、体育场地与器材、食堂、饮用水设施、厕所等) ●学校有医务室及专兼职医务人员 ●校园中有符合学生身心健康发展的布置和温馨提示 ●学校有卫生部门检验合格的饮用水	●学校的建筑和校舍的维修符合国家的相关标准及规定 ●学生因教育教学设施设备不安全造成伤害事故(如体育器材致伤等)的发生率下降 ●学生的突发意外和伤害能够得到及时有效的救助 ●学生可以喝到数量足够的、符合卫生标准的饮用水 ●学生(尤其是女生和行动不便的学生)感到厕所使用方便、安全 ●学生新发近视率下降

领域	标准	指　标	
		过程指标	结果指标
3.1 营造安全、卫生的物理环境和友善的心理氛围	3.1.2 有对师生友善的心理环境	●学校有关爱和保障弱势群体的政策 ●校园与教室的布置符合学生身心健康发展的布置和温馨提示;体现出学生参与、学生为主 ●教师在心理健康方面为学生起到表率作用	●所有学生和教师在需要时都可以得到支持和帮助 ●学生由于心理问题引起的缺课率和辍学率下降 ●师生在学校中不受侵害(如暴力、骚扰、性侵犯等)
	3.1.3 有保护师生避免受到伤害的措施	●学校对体罚学生等行为有明确的惩治措施 ●学校对暴力、骚扰、性侵犯学生等现象有恰当的预防和应对措施 ●学校内无心理侵犯性行为(如尊重个性和隐私、无歧视、不忽视等)发生 ●学校有保护师生免遭伤害的政策和途径	●师生了解相关的保护政策和途径
3.2 开展技能为基础的安全教育	3.2.1 有应急避险的管理制度	●有切实可行的应急避险预案 ●学生在校园的所有场所活动时应得到有效的关注 ●学校定期组织有教师、学生和家长参与学校安全评估活动 ●学校每次评估后都有改进措施	●师生、家长了解学校应急预案的基本内容,知道各自如何应对 ●师生具备基本的应对伤害、灾害和突发事件的知识和技能 ●学校组织的各种活动中无意外伤害(如交通事故、溺水等)的发生
	3.2.2 教师接受过安全教育的知识和技能培训	●所有教师接受过安全教育的知识和技能培训 ●定期有针对性地对家长和教师开展应急预案、安全专题讲座和宣传活动 ●教师具有应付突发事件的基本知识和技能	
	3.2.3 为学生提供技能为基础的安全教育内容	●为学生设置了有针对性的应付突发事件的技能训练(专门课程、专题活动或讲座)和实践演练 ●在课程和教学过程中渗透安全教育的内容	

领 域	标 准	指 标	
		过程指标	结果指标
3.3 采取促进学生健康成长的策略	3.3.1 有健康管理制度	●学校严格执行各种有关学校卫生和健康方面的要求 ●教师接受过健康教育的知识和技能培训 ●学校设有心理咨询室,配备专兼职的心理健康辅导教师 ●建立学生健康体检制度并开展定期体检;建立学生健康档案,并定期对学生的健康状况进行评价,评价结果要及时反馈给家长 ●建立传染病防控和食品卫生安全的基本制度 ●学校每学期要对学生视力状况进行两次监测	●学生因病缺课率下降 ●学生知晓学校的卫生健康管理制度 ●学生中没有发生群体性卫生事件
	3.3.2 为学生开展以技能为主的健康教育	●有计划地开展以技能为基础的健康教育(如疾病预防、科学营养、卫生安全、心理健康等教育) ●有针对性地开展国家重点防治疾病的专题教育活动(如禁毒、预防艾滋病等教育) ●教师在学生养成健康生活行为习惯方面起到表率作用(比如不在学生面前抽烟、不随地吐痰等) ●教师都要关注学生的用眼状况,坚持每天上下午组织学生做眼保健操,及时纠正不正确的阅读、写字姿势,控制近距离用眼时间	●学生具备保持身心健康的知识和技能,并加以应用 ●学生知道当地疾病的预防知识和技能,并加以应用 ●学生具备健康意识和良好的卫生习惯 ●学生具备预防突发公共卫生事件的知识和技能,并加以应用

领　域	标　准	指　标	
		过程指标	结果指标
3.4 组织有质量的体育活动	3.4.1 有体育活动设施	●有符合教学要求的基本体育活动器材 ●定期对体育活动设施检查,确保安全	●学生达到国家学生体质健康标准的及格率不低于85%
	3.4.2 有合格的体育教师	●学校有合格的、数量足够的体育教师 ●按照国家课程标准要求,开足课时,进行符合所有学生特点的教学(特别是对残疾或发育缓慢儿童有适当的要求) ●学校定期组织教职工开展体育活动	●获得阳光体育奖章的学生逐年上升 ●学生形成积极参与体育活动的意识和习惯 ●学生具备良好的体育精神和体育道德 ●学生对体育活动的满意率高
	3.4.3 有符合儿童身心特点的体育活动	●学校因地制宜地开展课外体育活动 ●学校应组织好课间操和眼保健操 ●每年召开全校运动会,宏扬体育精神和体育道德教育 ●学校定期听取学生对体育活动的建议与评价	

维度四:参与与和谐

领　域	标　准	指　标	
		过程指标	结果指标
4.1 创造学生参与的途径与方法	4.1.1 学生有获取信息、发表观点和提出建议的机会、渠道与平台	●学校建立了定期发布信息的方式,如:公示栏、校长信箱、校长接待日等 ●学校每学期至少召开一次公开听取学生意见的会议	●学生了解学校发展规划中与其有关的内容 ●学生了解学校各项管理制度中与其有关的内容 ●60%以上的学生能够表达对学校生活感受、意见和建议,并逐年提高 ●学生能够及时得到反馈意见

领域	标准	指标	
		过程指标	结果指标
4.1 创造学生参与的途径与方法	4.1.2 学生能够参与学校管理	●学校有由学生组成的纪律、安全和卫生检查小组 ●学校有学生组织（如：少先队、学生会、共青团等），并定期开展活动 ●针对学校和社区中存在的问题，学校每学期组织学生开展一次调研活动 ●学校制定相应的制度，鼓励学生自主管理与自身相关的学校工作（如：学生阅览室、体育活动器材等）	●学生有积极参与学校管理活动的意愿 ●学生能够描述参加学校活动的事例，并表达自己的感受 ●有学生代表参加学校有关学生的工作会议
4.2 形成保障师生参与的管理制度与氛围	4.2.1 学校有保障教师参与的学校管理制度和活动	●学校每个学年召开一次教职工代表大会 ●教职工代表是来自不同年级、不同学科、不同发展水平、不同性别的教师 ●教职工代表要就代表大会议题征求自己所在年级学生的意见和建议 ●学校决策的主要过程和结果向全体教职工和学生公示	●教师明确自己在学校管理中的角色 ●教师对学校管理的建议受到重视，并及时得到反馈 ●教师和学生的愿望和利益能够在教职工代表大会中得到反映和关注
	4.2.2 学校有保障学生参与的班级管理制度	●学校每学期至少组织一次班、团、队干部培训 ●学生每周至少组织一次班、团、队活动 ●学校定期组织班主任、班级之间的班级管理经验交流会	●所有学生都知道班级管理制度的主要内容 ●60%以上的学生有机会参与班级管理，并逐年提高 ●所有班干部都是由全体学生通过民主选举程序推选出来，或由全体学生轮流担任 ●各种评优由全体学生通过民主程序推选

领域	标准	指标	
		过程指标	结果指标
4.2 形成保障师生参与的管理制度与氛围	4.2.3 学校建立了以发展为导向的教师激励机制	●学校有激励教师进行教学改革与创新的措施 ●学校有鼓励教师专业发展、专心于本职工作的制度 ●学校在教师的工作评价中把教师对学生的关注作为一个重要方面 ●学校关注教师的生活状况和身心健康发展	●每位教师的优点得到发现和发挥 ●教师感到学校对教师的评价是公平的 ●教师明确自己近期的发展目标和长期发展目标 ●教师的流失率逐年降低
	4.2.4 学校建立了和谐的校内人际关系	●师生有解决冲突、化解矛盾的技能 ●学校每年组织一次教师的文体活动 ●校长和教师有促进团队合作的意识和技能 ●学校领导每年至少和每个教师谈心或座谈一次	●80%以上的学生比较喜欢学习、喜欢学校、喜欢任课教师，并逐年提高 ●教师和学生的困难都能够及时被同伴发现和关注 ●教师和学生都知道自己为集体做些什么 ●教师团队工作富有成效
4.3 发展和谐的家、校、社区伙伴关系	4.3.1 学校有与家长、社区互动的制度、渠道和活动	●学校有家长委员会和社区代表委员会，每学期至少开展一次活动 ●学校每学期至少组织一次家长和社区代表开放日活动 ●学校安排专人负责与家长、社区代表委员会联系 ●家长和社区代表委员会的决议能够得到学校的关注和反馈	●学生知道家、校、社区联系制度的主要内容和联系渠道 ●学校有家长和社区代表委员会的会议记录 ●家长和社区代表愿意参加学校组织的各项活动

领 域	标 准	指 标	
		过程指标	结果指标
4.3 发展和谐的家、校、社区伙伴关系	4.3.2 学校与社区的资源共享、互相支持	●学校充分挖掘和利用社区的资源组织学生课外活动和社会实践活动 ●学校的设施、设备努力向社区开放 ●学校教师每学期至少参与一次社区教育活动 ●学校每学期为家长至少提供一次家庭教育指导	●所有学生能够享受社区的资源 ●所有学生都能够通过不同方式参与社区建设
4.4 不断提升校长领导力	4.4.1 校长具有组织校内外相关成员参与制定并实施学校发展规划的能力	●校长制定学校发展规划时能够运用参与式技术,听取相关群体(学生、教职工、家长、社区代表等)意见 ●校长能够在综合各方面和意见的基础上,提出学校的发展目标和行动策略,并在学校发展规划中体现出来	●教职工、学生、家长和社区代表知道学校发展规划,并认可其主要内容 ●学生能清楚说出学校发展的目标和方向
	4.4.2 校长具有引领和深化教学改革的能力	●针对学校的教学改革,校长每学期专门组织一次座谈会,听取教师和学生的意见和建议 ●校长能够采取有效措施鼓励并指导教师从学生需求出发进行教学改革 ●校长能够及时学习和研究与教学改革有关的政策、理论和经验	●校长对学校的教学改革的实践和方向有自己的见解,并充满信心 ●80%以上的教师认可学校的教学改革,积极参与,并逐年提高 ●80%以上的学生认可学校的教学,并逐年提高
	4.4.3 校长具有促进教师发展队伍建设的能力	●校长了解教师的特长,并能够用其所长 ●学校有明确的教师队伍建设的规划和措施 ●校长支持教师参加业务培训,并积极创造条件 ●校长对学校教师队伍建设的想法能够体现在学校的管理制度和措施上	●校长对促进教师队伍建设有自己的见解,并充满信心 ●90%以上的教师在学校身心健康地工作和生活,并逐年提高 ●学校至少有5%的公用经费用于教师培训

201

领 域	标 准	指 标	
		过 程 指 标	结 果 指 标
4.4 不断提升校长领导力	4.4.4 校长具有协调校内外各种关系的能力	●校长坚持学习领导学校所需要的理论、经验和方法,具备良好的沟通技能 ●校长注重宣传学校形象,争取广泛的社会支持 ●校长与其他学校的校长定期联系,每学期至少组织一次与其他学校的交流活动	●学生的需求和发展获得学校、家长和社区人员的一致关注 ●学生在学校、家庭和社区中都能够愉快地学习和生活,并获得一致的教育影响 ●学校在学生、家长、社区和同类学校中的声誉和口碑不断提升
	4.4.5 校长具有不断自我提高的人格魅力	●校长有自己的职业生涯发展规划,并付诸实施 ●校长注重自己的修养和形象,在为人处世上努力成为教师的榜样 ●校长对自己的优缺点有清醒的认识,并注意在工作中发扬优点,避免和改正缺点 ●校长按国家规定,完成相应的培训学习	●每位教师感到自己的工作和生活得到校长的关心 ●学生、教师、家长和社区代表欣赏校长做事的风格 ●教师能够感觉到校长本人的发展变化

参 考 文 献

[1]　吴钢.现代教育评价教程[M].北京:北京大学出版社,2008.

[2]　张向众.中国基础教育评价的积弊与更新[M].北京:教育科学出版社,2009.

[3]　陈玉琨.发展性教育质量保障的理论与操作[M].北京:商务印书馆,2006.

[4]　彼得·罗希,马克·李普希,霍华德·弗里曼.评估:方法与技术[M].邱泽奇,等,译.重庆:重庆大学出版社,2007.

[5]　程书肖.教育评价方法技术[M].北京:北京师范大学出版社,2004.

[6]　马永霞.教育评价[M].北京:当代世界出版社,2001.

[7]　冯平.评价论[M].北京:东方出版社,1995.

[8]　陶西平.教育评价辞典[M].北京:北京师范大学出版社,1998.

[9]　李小融,唐安奎.多元化学校教育评价[M].杭州:浙江教育出版社,2009.

[10]　单志艳.如何进行教育评价[M].北京:华语教学出版社,2007.

[11]　陈玉琨.教育评价学[M].北京:人民教育出版社,1999.

[12]　Egon G. Guba,Yvonna S. Lincoln.第四代评估[M].秦霖,蒋燕玲,等,译.北京:中国人民大学出版社,2008.